股权众筹融资微观
法律问题研究

王建雄 著

中国社会科学出版社

图书在版编目（CIP）数据

股权众筹融资微观法律问题研究 / 王建雄著 . —北京：中国社会科学出版社，2020.10
ISBN 978 - 7 - 5203 - 7162 - 9

Ⅰ. ①股… Ⅱ. ①王… Ⅲ. ①企业融资—法律—研究—中国 Ⅳ. ①D922.291.914

中国版本图书馆 CIP 数据核字（2020）第 169038 号

出 版 人	赵剑英
责任编辑	许 琳
责任校对	鲁 明
责任印制	郝美娜

出 版	中国社会科学出版社
社 址	北京鼓楼西大街甲 158 号
邮 编	100720
网 址	http://www.csspw.cn
发 行 部	010 - 84083685
门 市 部	010 - 84029450
经 销	新华书店及其他书店
印 刷	北京君升印刷有限公司
装 订	廊坊市广阳区广增装订厂
版 次	2020 年 10 月第 1 版
印 次	2020 年 10 月第 1 次印刷
开 本	710×1000 1/16
印 张	19.25
插 页	2
字 数	285 千字
定 价	118.00 元

凡购买中国社会科学出版社图书，如有质量问题请与本社营销中心联系调换
电话：010 - 84083683
版权所有　侵权必究

序　言

　　股权众筹是指创新型初创企业通过互联网在线平台公开发行证券，从大量的个人或组织处募集资金来满足项目、企业或个人资金需求的活动。该融资模式利用大众智慧选择发行产品，借助于互联网的便捷、快速和高效，重塑交易结构、减少交易成本、提高资金配置效率，已对传统金融发展模式带来实质性影响，但因其运行机制还不成熟，缺乏有效监管，存在较高风险。

　　本书以美国和意大利的股权众筹监管规则作为主要研究对象，试图从法律建构的视角进行微观比较，以期图解外国法律建构中的思考方式、价值选择、规则设计和优劣得失，希冀有助于我国股权众筹立法实践，并助益于我国金融制度现代化建设。

　　本书主要包括导言、正文和结语三部分，其中，正文分为六章。导言阐明了本书的研究背景、目的、意义、方法和体例，认为我国对股权众筹的监管存在风险，需要学习境外立法经验。正文以对变动金融发展史的简要回顾为起点，扼要指明技术工具的发展推动金融市场的演变，力促传统众筹向带有资本功能的股权众筹分解；并以资本市场的渐进发展为线索，围绕"什么是股权众筹—如何进入市场—如何设计行为规则—如何设计披露规则—如何设计风控机制"这条逻辑主线，分别从发行人、投资者和在线平台三个维度，纵向论述了股权众筹证券公开发行的前置性条件、市场准入门槛、参与人行为规则、信息披露、监管处罚等法律问题。结语对整部书稿进行总结，并指出需要继续研究的问题。

　　本书侧重于从微观方面对美国和意大利的股权众筹融资规则进行

分析，核心关注两国的股权众筹融资立法活动，试图剖析其立法动因、规则设计及其可能附带的金融风险。除此之外，本书还讨论了如何与传统的证券发行机制相区分，在有效防范欺诈的前提下保持适度监管的问题。

本书认为股权众筹融资监管已经趋于本土化，但股权众筹融资法律逐渐开始国际化。美国和意大利两国的监管规则具有很强的时代性和地域性，既是对各自国情的应对性和规划性安排，也着眼于金融规则的国际竞争，体现了"占领"新市场"游戏规则"制高点的潜在蕴意。对于我国而言，要不断提高立法质量，因为随着金融全球化的扩张，我国可用的制度借鉴空间已日趋狭小，如果没有原创性智力贡献，将会被新的国际产业分工及其规则裹挟进西方国家的治理体系中。

正因为有此焦虑，本书试图详细分析西方法治比较发达国家的立法活动，企图通过分析其立法优点和缺点，为我们的立法活动提供参考，从而探寻具有本土特色的优秀立法经验。但是，本人深知自己可能安于故习，溺于所闻，自己研究视角的偏差、低估、夸张，甚至时代错误都可能影响对客观对象的观察，进而陷入自我勾画的陷阱之中。

故此，本书若有不当之处，敬请批评指正。

王建雄
2019 年 12 月 24 日于南京

目　录

导言 …………………………………………………………………（1）
　一　本书选题的来源及背景 …………………………………（1）
　二　本书选题的研究现状 ……………………………………（2）
　三　本书的研究方法 …………………………………………（9）
　四　本书的逻辑与结构安排 …………………………………（10）

第一章　金融秩序的变动与股权众筹融资市场的形成 ……（13）
　第一节　金融秩序的变动与众筹融资的产生 ………………（13）
　　一　金融秩序的变动与互联网技术的兴起 ………………（13）
　　二　互联网技术下的众筹融资市场 ………………………（17）
　第二节　股权众筹与股权众筹市场 …………………………（24）
　　一　股权众筹融资 …………………………………………（24）
　　二　股权众筹市场的形成 …………………………………（33）

第二章　股权众筹融资市场准入问题研究 …………………（44）
　第一节　股权众筹公开发行的前置性条件 …………………（44）
　　一　股权众筹金融工具的性质问题 ………………………（44）
　　二　股权众筹证券的公开发行问题 ………………………（47）
　　三　股权众筹的豁免问题 …………………………………（50）
　　四　小结 ……………………………………………………（53）
　第二节　股权众筹发行人准入法律问题研究 ………………（54）

一　股权众筹发行人的内涵 …………………………………（54）
　　二　股权众筹发行人的注册地和发行限额要求 ……………（56）
　　三　股权众筹发行人的特定条件要求 …………………………（62）
　　四　小结 ……………………………………………………………（65）
　第三节　股权众筹投资者适当性管理法律问题研究 …………（66）
　　一　股权众筹投资者适当性准入门槛问题 …………………（66）
　　二　股权众筹投资者适当性管理中的投资限额规则 ………（71）
　　三　股权众筹投资者适当性管理中的其他问题 ……………（78）
　　四　小结 ……………………………………………………………（80）
　第四节　股权众筹在线平台准入问题 ……………………………（80）
　　一　股权众筹在线平台的内涵 …………………………………（80）
　　二　股权众筹在线平台的准入要求 …………………………（82）

第三章　股权众筹融资参与人行为规则法律问题研究 …………（93）
　第一节　股权众筹发行人行为规则 ………………………………（93）
　　一　发行人发行行为及其问题 …………………………………（93）
　　二　发行人广告行为及其问题 …………………………………（96）
　　三　发行人其他行为及其问题 …………………………………（99）
　　四　发行人轻微违规行为的处置 ……………………………（106）
　第二节　股权众筹投资者行为规则 ……………………………（108）
　　一　注册与申报问题 …………………………………………（108）
　　二　申购与交易问题 …………………………………………（109）
　第三节　股权众筹在线平台行为规则 …………………………（115）
　　一　在线平台的积极行为及其规制 …………………………（115）
　　二　在线平台的禁止性行为及其规制 ………………………（136）
　　三　在线平台安全港规则及其争议 …………………………（147）

第四章　股权众筹融资信息披露法律问题研究 …………………（158）
　第一节　股权众筹发行人信息披露问题 ………………………（158）

  一　股权众筹发行人一般信息披露…………………………（158）
  二　股权众筹发行人财务信息披露…………………………（180）
  三　股权众筹发行人信息披露形式问题……………………（190）
 第二节　股权众筹在线平台信息披露问题………………………（196）
  一　在线平台对自身信息的披露……………………………（196）
  二　在线平台对发行人信息的披露…………………………（201）
  三　在线平台对投资者教育信息的披露……………………（210）

第五章　股权众筹融资责任承担与救济法律问题研究…………（220）
 第一节　股权众筹融资责任承担机制法律问题…………………（220）
  一　股权众筹融资中的责任承担与金融消费者保护………（220）
  二　股权众筹金融消费者保护责任的监管理论问题………（222）
  三　股权众筹金融消费者保护监管处罚的理论问题………（224）
 第二节　股权众筹融资责任承担与救济机制的设计……………（227）
  一　股权众筹融资的刑事责任与救济问题…………………（227）
  二　股权众筹融资的行政责任与救济问题…………………（232）
  三　股权众筹融资的民事责任与救济问题…………………（242）
 第三节　股权众筹责任承担与救济机制中的撤销豁免注册
    资格问题………………………………………………（243）
  一　《JOBS法案》对撤销豁免注册处罚的原则性
    规定………………………………………………………（243）
  二　《众筹规则建议稿》对撤销注册处罚的规定……………（245）
  三　《众筹规则建议稿》撤销注册处罚存在的问题…………（248）

第六章　对境外股权众筹监管规则的分析与评价………………（258）
 第一节　境外股权众筹监管规则立法技术分析…………………（258）
  一　美国股权众筹监管规则立法理念分析…………………（258）
  二　美国股权众筹监管规则立法技术分析…………………（261）

第二节 对境外股权众筹监管规则的整体评价 …………（263）
  一 境外股权众筹监管规则宏观方面的特征 ……………（263）
  二 境外股权众筹监管规则微观方面的特征 ……………（270）
  三 境外股权众筹监管规则其他亟须讨论的问题 ………（272）

结束语 ………………………………………………………（274）
参考文献 ……………………………………………………（279）
缩略语表 ……………………………………………………（297）
致　谢 ………………………………………………………（299）

导　言

一　本书选题的来源及背景

2012年年末，在研究筹备中的中国（上海）自由贸易试验区及其相关问题时，翻阅有关金融港的文章和研究动态，发现当年中国风险投资协会年会的最后一个论题就是众筹。出于对新生事物和陌生概念的好奇，开始阅读国内外有关众筹的文献资料，并尝试性接触国外的众筹网站。鉴于在传统国际法领域，法律全球化已经初步呈现出"法律美国化"的征兆，尤其是在国际金融法领域，美国的立法动态对国际金融市场具有较大的影响力，因而，开始关注美国的《JOBS法案》及其后续的发展。但是，真正促使写作本书的动因却在一年之后。2013年众筹业务在中国开始急速扩张，很多领域出现了众筹模式以及异变的众筹平台，在没有相关监管规则的情况下，投资者、券商、交易所，甚至银行、金融集团面对来势汹汹的"互联网金融"时，显得手足无措，投资安全成为众筹融资市场普遍关心的问题。因而，中国证券业协会颁布了《私募股权众筹融资管理办法（试行）（征求意见稿）》，随后又进行了大幅度修改，但最终没有颁行，取而代之的是中国人民银行等10部委联合发布的《关于促进互联网金融健康发展的指导意见》。正是中国证券业协会"半途而废"的立法实践，勾起了作者对股权众筹立法实践进行深入思考的兴趣。

当下的中国金融市场，已经制定了大量的法律和规章，不能说不重视立法，但是也应该注意到，部分立法动议比较随意，立法过程不严谨，立法技术比较粗糙，导致很多法律和规章在执行时面临很大阻力，甚至出现颁行的制度在一周后撤销的"典型案例"。可能有学者会辩称这是现代金融市场建设中面临的过程性问题,是建立多层次资本市场中积累经验的必不可少的经历。但我们担忧的是,随着金融全球化的发展和各国金融业务的深度融合,国际金融市场留给我们的试错期和试错机会将越来越有限。金融市场的竞争,将不可避免地突破国家保护主义的壁垒,从过去单纯的金融资源的竞争发展至金融资源和金融制度的混合竞争。如果我们不能进一步提升建设良好金融制度的能力,将会丧失金融领域的话语权;如果我们仍然坚持用"发展中的问题"来为自己落后的立法能力辩护,继续模仿和移植他国律法,而不能提出原创性的智力贡献,必将受制于他国经验,将会被新的国际产业分工及其规则再一次裹挟进西方国家的治理体系中。

因此,我们应该反思本国的立法实践,并学习他国先进的立法经验或立法技术。但是就科学研究而言,立法经验是一个比较宽泛的概念,它是客观事实与知识经验的综合,具有明显的价值取向,由于其缺乏客观判断标准,因而,在实践讨论中容易引起非议或争论。所以,限定讨论的对象,并有效界定经验价值的范畴,可能更有助于提高对话的质量。因而,必须寻找一个合适的视角和适中的话题来仔细分析不同国家在具体立法案例中的理念差异,将有助于我们深入了解我国在立法中面临的困难。

鉴于此,本书选取世界上第一个对股权众筹立法的国家(美国)和世界上第一个对股权众筹颁行监管细则的国家(意大利),试图从微观法律建构的视角对美意两国的股权众筹监管法律规则进行考察、分析,以期图解外国法律建构时的思考方式、价值选择、规则设计和立法态度,希冀有助于我国立法实践,助益于我国金融制度现代化建设。因此,本书思考的主要问题是西方国家是如何设计金融规则的?同样,聚焦到本项研究,如何设计股权众筹监管规则便成了本书的核心命题。

二 本书选题的研究现状

(一)对股权众筹融资发展背景的研究

关于众筹融资模式的起源及其表现形式,目前学术界并无定论,但是一般认为股权众筹融资模式是在2008年美国次贷危机之后才出现的,虽然其渊源可能追溯到20世纪末的金融电子化浪潮,甚至回溯到18世纪德国图书出版市场中的市场调研方法,但真正形成股权众筹融资市场是在互联网技术的普及之后。虽然现在仍然不能判断这种金融创新与美国次贷危机有无直接关系,但不可否认的是美国次贷危机以及随后美国金融监管规则的调整,是股权众筹融资产生的历史背景,尤其是美国股权众筹监管规则本身便是次贷危机后在"加强监管"与"促进创新"之间平衡的产物。因而,适当回顾次贷危机的经验教训,[1] 有助于我们全面了解该规则的产生。这方面的国内外研究成果非常丰富,比较权威的是美国金融危机调查委员会所做的《美国金融危机调查报告》,该报告认为:"这次危机是由人类的过失、判断错误以及不负责任的行为造成的"、"是这个国家(美国)制度当中的一系列政策和行为导致了我们如今的困境"、"在问责机制和道德规范方面存在着系统性的缺失"。[2]

(二)国内对股权众筹融资的研究

2012年,众筹融资问题进入中国学者的研究视野,散见于风险投资、中小企业融资和民间借贷的新闻中,中国风险投资协会2012年年会,最后一个讨论主题就是众筹问题。此外,学界也有零星的研

---

[1] 何帆认为是过度泛滥的抵押贷款和证券化,见何帆、张明《美国次级债危机是如何酿成的》,《求是》2007年第20期,第62—63页;丁灿、许立成认为是过快的金融自由化、滞后的金融监管,有毒的资产、有缺陷的风险管理和信用评级机构的失职等合力形成的,见丁灿、许立成《全球金融危机:成因、特点和反思》,《中央财经大学学报》2010年第6期,第38—42页;理查德·布克斯塔伯认为是具有高度复杂性的现代金融创新的必然结果,见理查德·布克斯塔伯《我们自己制造的魔鬼——市场、对冲基金以及金融创新的危险性》,黄芳译,中信出版社2008年版,第124页;索罗斯认为是金融监管的不负责任和金融创新的过度发展的必然结果,见索罗斯《索罗斯带你走出经济危机》,刘丽娜等译,机械工业出版社2009年版,第87页;江平认为是国家干预的太少的原因,见江平《金融危机与法制建设》,《甘肃社会科学》2009年第1期,第62—66页;杨紫烜认为是资本主义的基本矛盾,见杨紫烜《论当前危机的性质、根源和经济法对策》,《法学论坛》2010年第2期,第30—34页;朱苏力认为是资本主义贪婪所引起的产物,见朱苏力《金融危机和政府监管》,《湖南省社会主义学院学报》2009年第5期,第8—9页。

[2] The Financial Crisis Inquiry Commission, ed., *The Financial Crisis Inquiry Report*, Us Independent Agencies and Commissions, 2011, pp. 2–10.

究，主要介绍美国立法，如鲁公路、李丰也、邱薇认为：众筹较早在美国发展，有其历史原因，因为在2008年金融危机之后，美国银行信贷紧缩，小型公司的间接融资渠道收窄；在资本市场，小型公司的公开发行、非公开发行都面临诸多困难，导致社会创新能力下降、失业率增高、经济增长后劲不足；有鉴于此，美国力主改革，试图通过修改监管规则来拓宽小型公司与资本市场对接的通道，从而产生股权众筹融资模式；因此，他们指出美国放松小公司融资条件，并适度放松对小额公开发行的限制，但没有疏忽对投资者权益的保护，总体上采取收放相结合的管控方式，为中国资本市场的管理提供了有益借鉴，并指出我国的监管要顺应市场条件的变化，应当提高对资本市场变化的敏感性，加强对新问题的研究，要及时反映和满足市场需求。另外，我国要通过加强对第三方平台的监管来预防欺诈和道德风险，从而实现对公众小额集资行为的有效监管。①

另外，郭雳认为：美国《JOBS法案》是美国资本市场和公司证券领域的一部里程碑式的法律，它通过减轻各项法定义务、允许对注册表草稿秘密审议，放松对分析师参与的限制等为新型成长公司重启美国市场，拓展或创设了三类发行注册豁免机制，包括A条例、众筹，大幅放松私募中广告或公开劝诱的禁止，从而便利中小企业融资，分类调整公众公司门槛，增强企业的灵活自主性，这些变化显示美国金融监管尝试寻求抓大放小的再平衡，促进创业与就业。②

但整体来看，2012年国内对股权众筹融资的来源、性质和发展趋向，还没有深入的研究。

2013年，是中国互联网金融发展的关键一年，P2P异军突起，各种"宝宝"纷纷出现，中国互联网金融市场生机盎然。但是，由于众筹发展时间较短，学界专门对我国股权众筹融资的研究尚少，大多

---

① 鲁公路、李丰也、邱薇：《美国JOBS法案、资本市场变革与小企业成长》，《证券市场导报》2012年第8期，第10页。
② 郭雳：《创寻制度乔布斯（JOBS）红利——美国证券监管再平衡探析》，《证券市场导报》2012年第5期，第10页。

是对国内外众筹融资发展的简单介绍。① 如肖本华认为：众筹在很多方面与天使投资、风险投资等融资方式不同，参与众筹的融资者其目标是多重的，不仅仅是简单的融资；并且，他认为众筹在美国迅速发展的原因有三：一是后危机时代美国中小企业尤其是初创企业融资困难，二是众筹模式可以使企业更贴近和满足消费者的需求，三是互联网普及背景下金融资本的核心价值减弱为通过众筹融资方式进行创业提供了可能；他还认为美国众筹融资目前存在两个难题，一是股权融资限制问题，二是投资者保护问题。②

另外，值得一提的是，在2013年，美徽传媒在淘宝网站发售股份事件，引起我国学者的关注，学界围绕众筹以及股权众筹是合法行为还是违法行为展开研究，零星讨论了中国股权众筹融资合法化和市场化问题。

2014年，美国出台监管细则受阻，但国内的相关研究犹如"井喷"。根据知网的统计，该年度共发表592篇关于众筹的文章，除了对美国的股权众筹融资立法进行介绍之外，还广泛涉猎到英国、法国、澳大利亚、加拿大、日本、德国、意大利等国的相关规定，部分研究还结合中国资本市场，积极探索如何管理我国股权众筹融资的问题。③ 在

---

① 比较有代表性的有：宋奕青：《众筹，创新还是违法？》，《中国经济信息》2013年第12期，第44—45页；梅俊彦：《国内众筹平台闯入股权融资"禁地"》，《中国证券报》2013年10月9日；王晓洁、冯璐：《天使汇：网络股权众筹扮演创业"红娘"》，《经济参考报》2013年10月25日；郭新明、王晓红等：《众筹融资的发展与规范问题研究》，《金融时报》2013年12月16日；肖芳：《国内众筹网站举步维艰》，《互联网周刊》2013年第9期；黄健青、辛乔利：《众筹——新型网络融资模式的概念、特点及启示》，《国际金融》2013年第9期，第64—69页；李雪静：《众筹融资模式的发展探析》，《上海金融学院学报》2013年第6期，第73—79页；范家琛：《众筹商业模式研究》，《企业经济》2013年第8期，第72—75页；施俊：《众筹模式与P2P应深度合作》，《新财经》2013年第7期，第18页；黄飙、屈俊：《国外P2P和众筹的发展》，《中国外汇》2013年第12期，第49—51页。

② 肖本华：《美国众筹融资模式的发展及其对我国的启示》，《国际金融》2013年第1期，第52页。

③ 比较有代表性的有：杨东、苏伦嘎：《股权众筹平台的运营模式及风险防范》，《国家检察官学院学报》2014年第4期，第157—168页；汪莹、王光岐：《我国众筹融资的运作模式及风险研究》，《浙江金融》2014年第4期，第62—65页；吴国志、宋鹏程、赵京：《资本市场监管：平衡的艺术——美国众筹融资监管思路的启示》，《征信》2014年第3期，第88—92页。

2014年，随着对股权众筹融资了解的逐渐深入，开始反思股权众筹融资监管的本土化问题，如龚映清从互联网金融的角度分析了互联网金融对中国证券行业的影响，她认为：以众筹等形式的互联网金融改变了证券行业价值实现方式、引发证券经纪和财富管理的渠道革命，弱化了证券行业金融中介的功能，重构了金融投融资格局，加剧了行业竞争。同时，她对中国目前互联网金融领域出现的问题进行梳理，指出技术水平有待提高，网上平台有待优化，市场环境有待进一步完善，并强调要在平台架构上体现互联网精神，即普惠、平等和选择自由。[①] 再如邓建鹏认为：众筹是互联网金融中的重要模式，但在中国面临巨大政策与法律风险，强调中国监管机构应该及时调整对待民间融资的固有思维，出台便利中小微企业融资的规则和监管机制，认为这是中国在金融领域赶上欧美等发达国家的重要机会。[②] 另外，该年度的研究还有一个"亮点"，即对外国文献进行理论性研究分析，比较典型的如焦微玲、刘敏楼对美国29篇文献的理论述评，[③] 比较深入地分析了众筹的理论架构。总体而言，2014年的大量研究，说明在我国的研究已经涉猎到股权众筹理论探析和风险管控分析。

2015—2020年，国内对股权众筹的研究仍旧火热，根据知网的统计数据，这5年的研究数量一直在增加。但在2015年，随着中国证券业协会起草的股权众筹监管草案出台，国内研究开始分流，一部分研究仍然持续对国际动态进行介绍，另一部分研究集中讨论股权众筹监管草案及其相关的中国资本市场问题，与前一阶段的研究相比较，单纯介绍外国法律的研究呈下降趋势，本土问题的研究趋于活跃，研究开始将理论和实践结合起来，趋于专业化和理论化。

综上所述，国内学界对股权众筹融资的研究，主要以研究外国

---

① 龚映清：《互联网金融对证券行业的影响与对策》，《证券市场导报》2013年第11期，第4—8页。

② 邓建鹏：《互联网金融时代众筹模式的法律风险分析》，《江苏行政学院学报》2014年第3期，第115页。

③ 焦微玲、刘敏楼：《社会化媒体时代的众筹：国外研究述评与展望》，《中南财经政法大学学报》2014年第5期，第65页。

法，特别是美国法居多，偶尔涉及欧盟等其他区域和国家的法律。研究虽然已经开始转向法律专业领域，但还是以外国法律的宏观简单介绍为主，鲜有深入的规则分析。就中国国内股权众筹问题的探讨，主要集中在深刻分析现有市场规则的大量缺陷，并罗列出制定新规则的很多好处和原则，基本的结论是支持制订新规则以培育股权众筹市场的发展，但是对于中国如何制订股权众筹融资规则则研究不深，甚至对现有的域外股权众筹融资规则是如何制订出来的，也是泛泛而谈，语焉不详。理论上的不清，虽然不会从整体上构成中国要不要制订新规则的障碍，但却暴露出中国在如何制订股权众筹规则方面缺乏坚实的理论指导，从更宽泛意义上讲，如果不能有效分析规则是如何形成的，这种缺失可能从根本上影响中国有效参与国际金融规则的制订能力。

（三）国外对股权众筹融资的研究

针对股权众筹融资，美国、意大利已经出台监管规则，因此，国外研究比较集中，观点比较复杂。本书收集了已经成文的法律或建议稿，如美国《JOBS法案》、《众筹监管规则建议稿》、《众筹监管规则》、《门户规则》，意大利的《221法案》、《18592号规则》等，还收集了100多篇相关的论文和大量评阅者意见，详细资料见参考文献。在此对其简单归纳后可知，国外的研究主要分为三个方面：其一，对众筹及股权众筹的起源、概念、发展特点，以及与现行法律的关系等所做的基础性研究和介绍，核心论述股权众筹在现行证券法律中的相关问题。这一类研究很专业，主要是分析美国证券法，比较有代表性的有：C. Steven Bradford, *Crowdufunding and the Federal Securities Laws*; Ethan Mollick, *The Dynamics of Crowdfunding Determinants of success and failure*; William Carleton, *Crowdfunding state by state*; Marielle Segarra, *The JOBS Act*: *Crowdfunding and Emerging Businesses*; Jeff Howe, *The Rise of Crowdsourcing*; Daren C. Brabham, *Crowdsourcing as a Model for Problem Solving*: *An introduction and Cases*; Joan Macleod Heminway, *What Is a Ssecurity in the Crowdfunding Ear?*; Paul Slattery, *Square Pegs in a Round Hole*: *SEC Regulation of Online Peer-to-Peer Lending and the CFPB Alternative*; Shekhar Darke, *To Be or Not to Be a Funding Portal: Why Crowdfunding Platforms will Become Broker-Dealers*; Brigitte Bradford, *Week in Review: The True Power of Crowdfunding*; Jeff Schwartz, *The Law and Economics of Scaled Equity Market Regulation*; Stacie K. Townsend, *The Jumpstart Our Business Startups Act Takes the Bite Out of Sarbanes-Oxley: Adding Corporate Governance to the Discussion*; James J. Williamson, *The JOBS Act and Middle-Income Investors: Why It Doesn't Go Far Enough*; 等等。

  其二，对外国法和相关问题的研究，主要分析外国股权众筹法律问题，并与本国法律进行对比，比较有代表性的有：Ross S. Weinstein, *Crowdfunding in the U. S. and Abroad: What to Expect When You're Expecting*; Matt Vitins, *Crowdfunding and Securities Laws: What the Americans Are Doing and the Case for an Australian Crowdfunding Exemption*; 等等。

  其三，针对美国《众筹监管规则建议稿》的讨论，这部分研究成果主要集中在 SEC 的网站上，特别是留存的大量评论者意见，以及 SEC 对这些评论者意见的说明，对研究美国股权众筹监管规则的形成有非常重要的意义，主要见：SEC, *Proposed Rule of Regulation Crowdfunding*; Jeremy Derman, *Does the SEC Rule the Job Creation Roost? Squaring SEC Rulemaking with the JOBS Act's Relaxation of the Prohibition Against General Solicitation and Advertising*; Caitlin A. Bubar, *Improving Statutory Deadlines on Agency Action: Learning from the SEC's Missed Deadlines Under the JOBS Act*; Andrew A. Schwartz, *Keep It Light, Chairman White: SEC Rulemaking Under the CROWDFUND Act*; Andrew C. Fink, *Protecting the Crowd and Raising Capital Through the CROWDFUND Act*; 等等。

  另外，需要强调的是，在美国和意大利，股权众筹监管法律和监管规则都是整个证券法律体系中的一个环节，不是一个单独的体系，因而，对有关证券市场监管的其他法律和法规的理论与实践研究，都有助于更好地了解股权众筹的特征。

三 本书的研究方法

（一）比较分析方法

比较分析法作为法学的一种科学方法，有重要的作用。因为"在研究本国法的时候，再观察分析外国法，则能够获得较为全面而适当的法律答案；尤其是对本国法所用的解决问题的方法保持一种批判的距离，这种距离感往往能扩大解决问题的精神视野与相信本国法的相对性……如果一种法学对其他国家的教训与经验置之不理，那么他是有意或无意地放弃一个认知工具"，① 因此，对比分析研究方法是本研究最主要的方法，包括金融危机前后境外主要证券市场监管制度调整的比较；不同国家或地区之间关于股权众筹融资法律或规则的比较；国家内部对于股权众筹融资规定不同看法的比较；我国与外国证券市场监管安排的比较；我国股权众筹市场管理规定与域外国家规定的比较；我国特殊境遇与域外国家特殊情况的比较。通过比较，揭示规则存在的共性、差异及其影响，为我国制定相关规则提供有益的思路。

（二）规则分析方法

证券立法是整个证券监管的基础，法律基本设定了监管的总体框架以及各监管主体的权力范围，因此，对已有证券法律规定蕴含的逻辑结构以及相互间的内在联系进行规则分析，可以清楚地呈现法条的关联性和公平性，从而有助于整体理解立法者的意图和构想，从而更加清晰地理解规则的实践意义。

（三）语义分析方法

"社会科学研究离不开有效的概念，但概念是有文化和历史背景的，用在西方背景下发展起来的概念来分析中国问题，这样误解的出现是避免不了的"，② 证券监管是国家对证券市场资源配置的制度安

---

① 范剑虹：《德国法研究导论》，中国法制出版社2013年版，第14页。
② 郑永年：《中国模式经验与困局》，浙江出版联合集团、浙江人民出版社2010年版，第30页。

排，体现了一定的经济思想，甚至政治制度；再加上股权众筹诞生于欧洲，发展于美国，其构成机制、创新理念，甚至包括"集资门户"的概念，都蕴含着西方价值观念。因此，需要对相关概念或规则做语义分析。

四 本书的逻辑与结构安排

（一）本书的基本逻辑

本选题的逻辑原点基于对400年的国际金融发展史的简要回顾，试图理清众筹，特别是股权众筹产生的经济与政治原因；通过历史背景的回溯，试图解析股权众筹对传统证券监管理念与监管体制带来的冲击，甚至挑战；进而，思考如何解决这种冲突，探寻美意两国的实践方法；最后，分析其利弊，总结可能的经验与教训。

（二）本书的结构安排

本书除导论和结语外，正文分为六章。

其中，第一章主要讲述金融秩序的变动与股权众筹融资市场的形成。本章思考的核心问题是什么是股权众筹？通过对变动的金融发展史的简要回顾，扼要指明技术工具的发展推动了金融市场的演变，因而，互联网信息技术作为一种先进的技术工具，有力促进了金融市场的不断创新，并且在2008年全球金融危机的特定历史条件下，当经济、金融与政治因素完全混合时，力促传统的众筹急速向带有资本功能的股权众筹分解；文章介绍了众筹、股权众筹的概念、分类、基本构成要素、程序等基础理论，介绍了目前的情况，并详细分析了股权众筹对传统监管体制的挑战。所以，需要制定新的监管规则。

第二章主要论述股权众筹市场准入问题。本章思考的核心问题是，如何设计一个适当的市场准入门槛？首先论述了股权众筹公开发行的前置性条件，即必须解决的金融工具属性问题、公开发行的条件问题，以及可能涉及的发行豁免问题；接着按照发行人、投资者和众筹平台的分类，分别论述了准入资格的设计问题，重点分析了美国和意大利现有规则的规定，分析其立法成因，并指出其可能存在的风险。

第三章论述股权众筹参与人行为规则问题。本章思考的核心问题是，当参与人进入市场后，应该如何行动？即其应该做什么？不应该做什么？同样，按照发行人、投资者和众筹平台三种分类，分别论述；讨论了发行问题，包括发行数额、发行平台、发行方式、发行广告、定价、限制转售、促销、轻微违规行为等事项；也讨论了投资者的注册、申报、等待期、撤销权、转售等问题；最后，讨论了众筹平台的积极行为和消极行为，重点分析了合规审查、投资者教育、建设交流平台等义务；也深入分析了众筹平台的禁止性行为规则问题。

第四章论述股权众筹信息披露问题。本章思考的核心问题是，参与人如何告诉公众（包括监管者）自己的所作所为？所以要披露信息，发行人要披露一般信息，如基本信息、业务信息和持续经营信息之外，还要披露财务信息，但是如何与传统上市公司的信息披露要求相分离，是保持适度监管的重点内容；众筹平台是股权众筹的枢纽，所以必须对其进行关键监管，要求其遵循严格的披露制度，包括对自身、发行人、投资者教育等信息的有效披露，将有助于股权众筹市场的安全运营。

第五章论述股权众筹金融消费者保护与监管处罚问题。本章思考的核心问题是，如果参与人不遵纪守法，怎么保护金融消费者权益？首先，做了一些监管处罚理论的探索性尝试，试图厘清股权众筹监管处罚的主体问题、监管处罚与法律责任的问题、处罚规则与传统证券监管处罚规则之间的关系问题；其次，分析股权众筹中涉及监管处罚的情形、规定和救济，主要分析美国的刑事处罚、禁制令、民事罚款、停止令、禁止任职令和纪律处分问题；最后，论述了美国股权众筹监管处罚中撤销豁免注册资格问题，包括《JOBS法案》、《众筹监管规则建议稿》的规定及可能存在的问题。

第六章论述域外股权众筹监管规则的反思与借鉴。本章思考的核心问题是，境外立法的优缺点是什么？首先，分析了美国的立法理念与立法技术，认为其立法权讲究监督与制衡，立法程序注重平衡与协调，立法技术追求成本、收益与效率，值得借鉴。其次，对美国和意大利股权众筹监管规则的发展作了一个比较详细的整体性评价，认为两国的规则是对本土问题的直接反应，具有很强的地域性，但也有一些共同特点，如发行实行注册豁免、赋予在线平台关键角色和监管职责、发行人身份的限定、发行金额的限定、投资者身份的不限定、投资金额的限定等。最后，分析了存在的问题和一些将来可能亟须讨论的前瞻性话题。

第一章 金融秩序的变动与股权众筹融资市场的形成

第一节 金融秩序的变动与众筹融资的产生

一 金融秩序的变动与互联网技术的兴起

19世纪中期,科学技术的发展使得机械式计算机、电话、电报相继产生,伴随着新科学理念的出现,这些发明相继更新了产品性能,并相继应用于金融市场,改变了金融交易方式,而基于人工传播的传统金融秩序,受到了前所未有的挑战。特别是20世纪中期以后,随着计算机信息技术和网络技术的日趋成熟,越来越多的金融交易参与者开始使用计算机辅助管理,并根据计算机技术和网络技术的特点,对金融市场进行改造,不仅产生了许多新的金融交易模式,如网上交易、在线电子支付、移动支付等;也开发出许多新的金融产品,如电子货币、虚拟银行、网络借贷、自动数据收集等;两者的结合形成新的金融市场,如电子交易市场、网络营销市场、网购配送市场、虚拟金融市场、网络媒体、网络教育、远程医疗、物联网等。这些新产品、新市场都要依据自身的规则而运作,因而,勾连出一个金融电子化的新秩序。这个新秩序主要依靠现代科学技术,特别是电子通信技术,力促在不断降低投融资成本的同时,大幅度提高投融资质量和投融资效率,从而实现金融服务的现代化和科学化。与传统金融市场相比较,这些新兴的市场不仅表现在市场运营模式、交易通道和市场营销方式的变化,更重要的是该新兴市场对整个金融市场长期以来形成的相对稳定的市场结构带来冲击,可能会重塑市场结构和重构交易规则,我们把这个时代称之为电子化时代或互联网时代。

但是这个时代,也有自己的难题。中世纪的货币难题仍然会影响各国实践,国家对于法定货币的供应以及国内各阶层对于货币的需求,仍然受到古典学派强调的利息、贷款和成本的困扰。而金融业经过漫长的发展,由最初的简单借贷,逐步扩展为包括资金的筹集、分配、流通、运用和管理等多种因素结合而又相互作用的庞大系统,在这个过程中,金融行业的专业性和集中度已经远远超过它在17、18世纪的情形,超大型金融机构的不断形成,导致金融权利的日渐集中。这种金融资源的集聚化不仅影响国内金融秩序的稳定,同样影响国际金融秩序的稳定。从全球金融市场来看,金融资源逐渐汇聚在少数发达国家手中,发达国家的金融产品非常丰富,金融市场急剧膨胀,虚拟经济大幅推升并超越实体经济,累积了巨大的系统性风险,[1]并把风险向全球范围扩散。[2]而欠发达国家的基本金融需求却得不到满足,加上本国金融系统的抗风险能力差,有限的外汇资金无法在本国市场得到较好的回报,只能到发达国家购买国债或机构债券等金融资产,不但削弱了本国金融资源,抑制了本国的金融需求,而且分担了发达国家的金融风险。[3]因此,国际金融秩序出现失衡,并随着全球化的发展而加速倾斜。

金融资源高度集中和金融秩序严重失衡,产生大量的金融问题和潜在的社会问题。首先,金融资源的高度集中,增加了金融垄断的风险,并且重创了金融市场赖以生存的金融资源流动自由,将迫使金融服务向少数人和少数行业倾斜,造成金融资源在行业间、地区间、区

---

[1] 对"系统性风险"有不同的理解,这里是指严重损害一个由各种参与者以及相互间的交易与管制安排构建的全球系统稳定运作的一系列破坏因素。Michael E. Hewitt, "Systemic Risk in International Securities Market", in Franklin R. Edwards and Hugh T. Patrick, eds. Regulating International Financial Market: Issues and Policies, kluwer Academic Publisher, 1992, pp. 243 – 255.

[2] 张幼文、周建明等:《经济安全:金融全球化的挑战》,高等教育出版社1999年版,第132—138页。

[3] 李国安:《金融自由化的危机本源性及其法律矫正》,《国际经济法学刊》2012年第3期,第103—108页。

第一章　金融秩序的变动与股权众筹融资市场的形成

域间和国家间的严重失衡。尤为重要的是，金融资源的集中，将导致金融中介更加乐于向能够获取高额利润的行业或领域提供服务，而不愿意向普通大众提供普惠金融服务，直接影响到大众获取金融资源的平等权利，也影响到创新型企业和中小企业的发展和成长，从而从根本上动摇了经济增长的动力。①

其次，金融资源的高度集中，将影响金融中介提供金融服务的效率和方式。高度集中的金融资源，将使金融中介热心于封锁金融信息，依靠自身获取较多的金融信息来谋取利润，扩大了投融资双方的信息不对称差距，进而影响金融交易市场的服务质量和服务水平。

再次，金融资源的高度集中，增加了金融市场发生道德风险的概率。金融资源过于集中，将会导致市场有效竞争减弱，容易形成金融寡头或庞大金融机构，由于金融寡头或庞大金融机构对市场的主导性影响力，将自身利益与市场安危，甚至国家经济的发展稳定捆绑在一起，不可避免地出现"大而不能倒"的危局，因而，当垄断形成时，金融寡头便会有恃无恐，在其自身经营情况顺利时，便会放肆攫取超额利润，而当自身经营出现困难或宏观经济不景气时，便会毫无顾忌地向投资者、社会，甚至国家转嫁其不良资产，增加了市场出现较大波动的风险，对安全、稳定的市场运行带来潜在隐患。

最后，金融资源高度集中挫伤了市场经济赖以为生的竞争自由。由于金融资源的高度集中，助推了金融市场和金融行业的高准入门槛，进入金融市场有着较高的要求和严格的限制性条件，这将新成立企业和创新型企业基本排除在竞争之外；由于缺乏竞争，金融市场日趋保守、固化，缺乏创新动力，既有的参与者为了固守其既得利益，又反过来极力排斥市场创新，故意阻隔市场竞争，进而陷入"市场竞争乏力"的恶性循环。长此以往，将会剥离金融市场与实体经济的密切联系，导致虚拟经济脱离实体经济，② 从而累积大量的系统性风险。

---

① European Commission, *Entrepreneurship 2020 Action Plan—Reigniting the Entrepreneurial Spirit in Europe*, http：//www. unescochair. uns. ac. rs/sr/docs/enterpreneurship2020ActionPlan. pdf. 2013 - 01 - 09.

② 韩龙：《国际金融法前沿问题》，清华大学出版社 2010 年版，序言。

互联网时代上述现象的全球出现，具有普遍性，也有历史必然性，但是，鉴于当前各国金融资源的严重不平衡，以及当下国际金融秩序及其规则调整都深受发达国家国内金融规则的国际化影响，① 发展中国家在金融全球化所引起的上述"自然竞争"格局中处于一种更加艰难的被动地位，来自国内金融市场和国际金融市场的双重压力，迫使发展中国家自愿或不自愿地加速向发达国家主导的国际规则靠拢。② 这促使个人、国家和国际社会开始集体反思，是否应该"尊崇"单一的规则导向，③ 是否应该顾及发展中国家的具体国情，④ 是否应该追求安全、民主、自由、多元化、去中心化的金融价值理念。基于以上反思，人们普遍认为全球金融秩序需要一个更加安全、合理、健康的新局面，一个更加强劲、更有韧性的全球金融体系。⑤

因而，当国际社会迫切地为构建更加安全、合理、健康的金融秩序寻找途径和方向时，互联网信息技术与金融深入结合，带来了第三轮金融变革浪潮。⑥ 这次变革，不仅是一场技术变革，或者说对社会的影响不仅局限在技术层面，更重要的是由于互联网对信息传递、呈现和处理方式的改造，使得互联网的影响逐步深入到经济、社会、思维等层面，通过互联网的传播，将分享、协作、民主、普惠、自由、平等等互联网理念向外扩散，形成互联网金融向整个社会贡献的精神价值，⑦ 并引领金融市场朝着民主、普惠的方向发展，激励并推动金

---

① 李国安主编：《金融服务国际化法律问题研究》，北京大学出版社2011年版，第8—10页。

② 高鸿钧：《美国法全球化：典型例证与法理反思》，《中国法学》2011年第1期，第5—44页。

③ ［葡］博温托·迪·苏萨·桑托斯：《迈向新的法律常识——法律、全球化和解放》，刘坤轮、叶传星译，中国人民大学出版社2009年版，第320—362页。

④ 李国安主编：《金融服务国际化法律问题研究》，北京大学出版社2011年版，第7页。

⑤ 《茂物及后茂物时代的横滨愿景——亚太经合组织第十八次领导人非正式会议宣言》，载宫占奎主编《2011亚太区域经济合作发展报告》，高等教育出版社2011年版，第323—329页。

⑥ 有观点认为是第三波金融革命或互联网金融革命，见余丰慧《互联网金融革命：中国金融的颠覆与重建》，中华工商联合出版社2014年版；汤浔芳《众筹模式兴起：互联网金融掀第三波热潮》，http：//tech．sina．com．cn/i/2013-11-30/06198963524．shtml，2014-11-16。

⑦ 王曙光：《互联网金融的哲学》，《中共中央党校学报》2013年第6期，第53—59页。

融参与者向大众服务，关注个性化需求，重视长尾市场和创新，重视用户体验和开放性，重视平民群体和自由价值。所以，互联网时代金融秩序仍然是持续变动的，并且，这种持续变动与以往相比，将更加频繁、更加迅速、更加广泛。而众筹（Crowdfunding）正是在这个背景下诞生的。

二 互联网技术下的众筹融资市场

（一）众筹融资的起源

众筹，顾名思义，众人筹资，又称大众筹资、群众筹资。在香港称为群众集资，在台湾称为群众募资。从词源上讲，该词汇来自英文 Crowdfunding，指通过互联网向不特定的大众募集资金。与传统融资渠道如银行贷款、金融机构担保、风险投资入股等相比，众筹融资是一种崭新的金融模式。因此，众筹融资也称众筹融资模式，在很多情况下，众筹、众筹融资和众筹融资模式三个词混用，众筹往往是众筹融资和众筹融资模式的简称。

关于众筹融资的起源，理论上有争议。有人认为起源于18世纪的德国，当时在德国图书贸易市场出现一种叫"Praenumeration"的营销模式（Subscription Business Model），① 即出版商在出版杂志之前，向潜在读者提供出版计划，并提供提前预订服务，对于提前预订的读者，出版商给予低价、折扣的鼓励。在当时，这是一个常见的商业惯例，目的是帮助出版商决定印刷量。但也有人认为起源于18世纪初的英国，认为英国诗人亚历山大·蒲柏为了将古希腊诗歌伊利亚特翻译为英文，预先向订阅者筹集资金，并承诺提供翻译作品作为回报，并将订阅者的姓名记录在翻译著作上。② 无论源自何处，可以说明众筹有着很久的历史渊源，并且早期主要集中在文学、艺术、美术、音乐等领域。该模式从一开始就背负多重属性，既有商业性质、也有慈善性质，

---

① Severin Corsten ed., *Lexikon Des Gesamten Buchwesens VI*, Stuttgart: Verlag Anton Hiersemann, 1991, p.81.
② 零壹财经：《众筹服务行业白皮书》，中国经济出版社2014年版，第3页。

既有预付款性质、也有资助性质。这种模式在 19 世纪、20 世纪被传承下来，但据目前的资料显示，在 21 世纪之前，其主要使用范围仍然局限在图书出版和艺术创作领域。到了 21 世纪初，随着互联网技术的普及，加上金融环境的影响，才被一些互联网中介运用到金融交易和金融市场中，因此，此时的众筹又可以称之为新众筹或者互联网众筹。据资料显示，2001 年美国的 ARTISTSHARE，[①] 是世界上最早将互联网技术与众筹结合起来的网络平台，这是一家专门为艺术家服务的互联网众筹网站，其创始人认为创立这家公司的目的就是资助新颖创意项目，并让投资者参与、分享艺术创作过程。而在 2003 年，ARTISTSHARE 平台上成功发行的项目接连获得美国格莱美奖项，[②] 使得众筹在美国名声鹊起，因此，ARTISTSHARE 被称为是"众筹金融的领路人"。在此之后，众筹在全球急速发展，形成了新的行业和市场。

  但是，从法律角度来看，目前对众筹融资概念的界定还不清晰，如莫里克（Ethan Mollick）认为，众筹融资是指融资者借助于互联网上的众筹融资平台，为其项目向广泛的投资者融资，每位投资者通过少量的投资金额从融资者那里获得实物或回报的一种模式；[③] C. 史蒂文·布拉德福德（C. Steven Bradford）认为，众筹就是项目发行人（包括实体和个人）向很多人募集资金，每个人只出小部分资金；[④] 杰夫·豪（Jeff Howe）认为众筹与众包很相似，就是少数专业人士利

[①] ArtistShareis a platform that connects creative artists with fans in order to share the creative process and fund the creation of new artistic works. ArtistShare created the Internet's first *fan funding* platform (referred to today as "*crowdfunding*") launching its initial project in October, 2003. Since then, ArtistShare has been allowing fans to show appreciation for their favorite artists by funding their projects in exchange for access to the creative process, LTD Edition recordings, VIP access to events/recording sessions and even credit listing on the final product. Unlike other companies we build the model around the artist while providing the best fan support in the industry. See http：//www.artistshare.com/v4/Home/About, 2015 - 11 - 16.

[②] Grammy Awards, 是美国四个重要音乐奖之一；获奖情况详见 ArtistShare fan-funded recordings at the Grammy Awards. See http：//www.artistshare.com/v4/Home/About, 2015 - 11 - 17.

[③] Ethan R. Mollick, "The Dynamics of Crowdfunding: An Exploratory Study", *SOCIAL SCIENCE ELECTRONIC PUBLISHING*, Vol. 29, No. 1, 2014, pp. 1 - 16.

[④] C. Steven Bradford, "Crowdfunding and the Federal Securities Laws", *Columbia Business Law Review*, Vol. 2012, No. 1, 2012, pp. 15 - 25.

第一章　金融秩序的变动与股权众筹融资市场的形成

用很多资源完成壮举的过程;① D.C. 布拉汉姆（Daren C. Brabham）认为，众筹是一种解决问题的方法，它依靠众人的智慧和力量来完成求解过程，直至取得成功;② 斯蒂芬·莱特（Stephenson Letter）和理查德·沃特斯（Richard Waters）认为，众筹就是很多人对一个有着特定目标的项目感兴趣，通过了解项目的起因、目标、创作理念、项目发起人背景等信息，以决定是否资助的集体智慧的表现，是指很多人为某个特定的发行人或发行项目融资，用以帮助其从事拟发行项目或特定的创意或创新的活动。③

当然，也有一些另外的观点，譬如认为众筹就是创新型初创企业通过网络向大众公开招标，通过募捐或股票等将来回报鼓励民众参与投资，支持发行人完成发行项目;④ 认为众筹是通过大众评价发行项目，并决定是否参与投资的群众运动，该融资模式将大众的集体评价与投资紧密结合起来，体现了新的特征;⑤ 也有人认为众筹模式的重点不仅在于投融资运作，而且更加强调大众提供智力支持。⑥ SEC 的相关文件对众筹融资也存在不同的表述，有时将众筹融资表述为一种不断募集资金的方法，它通过互联网为产品创新理念、电影和艺术创作等各种项目募集证券领域以外的资金;⑦ 有时则定义为一个专门术

---

① Jeff Howe, "The Rise of Crowdsourcing", *Wired*, Vol. 14, No. 6, 2006, pp. 176 – 183.

② Daren C. Brabham, "Crowdsourcing As a Model For Problem Solving: An Introduction and Cases", *Convergence*, Vol. 14, No. 1, 2008, pp. 75 – 90.

③ Stephenson Letter and Richard Waters, "Startups seek the wisdom of crowds", *Financial Times*, Apr. 3, 2012.

④ P. Belleflamme, T. Lambert, A. Schwienbacher, "Crowdfunding: Tapping the Right Crowd", *Core Discussion Papers*, Vol. 29, No. 5, 2014, pp. 585 – 609.

⑤ Burtch, Gordon, A. Ghose and S. Wattal, "An Empirical Examination of the Antecedents and Consequences of Contribution Patterns in Crowd-Funded Markets", *Information Systems Research*, Vol. 24, No. 2, 2013, pp. 499 – 519.

⑥ Julie Hui, Elizabeth Gerber, Mike Greenberg, *The Demands of Crowdfunding work*, Northwestern University, Segal Design Institute, No. 4, 2012, pp. 1 – 11.

⑦ Crowdfunding describes an evolving method of raising capital that has been used outside of the securities arena to raise funds through the Internet for a variety of projects ranging from innovative product ideas to artistic endeavors like movies or music. at http://www.sec.gov/News/PressRelease/Detail/PressRelease/1370540017677, Oct. 15, 2013.

语，专指通过互联网不断募集资金的一种方法；① 而国际证监会组织对众筹融资的定义，是指通过互联网平台，从大量的个人或组织处获得较少的资金来满足项目、企业或个人资金需求的活动。②

尽管角度不同，对众筹的定义各异，③ 但仔细分析就会发现主要是围绕发行人（Crowdfunding Issuers）、中介平台（Funding Portals，又翻译为"资金门户"或"在线平台"）和出资人（Investors）而形成的三角关系。发行人又称筹资人、项目发起人或项目创建人，是在互联网网站上介绍自己的产品、创意或需求，期望得到大众帮助的个人、公司或法人；中介平台又称在线平台或平台，是指负责展示、审核发行人的项目，为投资者和发行人提供各种服务的独立中介机构；投资者又称出资者、用户或支持者，是指在平台上浏览各种项目，选择合适的投资项目进行投资的人。因而，众筹融资是行为人利用互联网平台发行项目并募集资金的一系列行为的总和。

（二）众筹融资的分类

根据参与众筹融资活动的参与人身份、参与目的、发行项目的属性、发行项目与参与人的不同组合，众筹会有不同的表现形式。根据参与目的的不同，众筹可以分为捐赠类、奖励类、预购类、债券类和股权类；根据发行人法律属性的不同，可以分为自然人众筹、公司众筹和法人众筹；根据交易时间的不同，可以分为固定时间众筹和浮动时间众筹；根据使用互联网的情况可以分为线上众筹、线下众筹和线上线下相结合的众筹；根据发行项目的属性可以分为实物众筹、资金众筹和创意众筹；根据参与人参与发行项目的程度可以分为直接参与性众筹和间接参与性众筹。目前的众筹市场中，最经常使用的分类是按参与目的的分类和发行人法律属性的分类。

---

① SEC, Issues Proposal on Crowdfunding, http：//www.sec.gov/News/PressRelease/Detail/PressRelease/, 2013-12-17.

② 中国证券业协会：《关于〈私募股权众筹融资管理办法（试行）（征求意见稿）〉的起草说明》，2014年12月18日。

③ J. Haskell Murray, "Choose Your Own Master: Social Enterprise, Certifications, and Benefit Corporation Statutes", *American University Business Law Review*, Vol. 2, No. 1, 2013, pp. 49-50.

第一章 金融秩序的变动与股权众筹融资市场的形成

根据参与目的不同，众筹融资可以分捐赠类、奖励类、预购类、债券类、股权类、经营收益权类和混合众筹类：

1. 捐赠众筹（Donate-based Crowd-funding）。捐赠众筹是指出资人出于对发行人的善意帮助，捐赠给发行人一定数额的资金，并不要求发行人偿还或回报。这种模式主要适用于艺术或人道主义项目中，最近也有支持个体实现理想的案例，但根本上仍然是人道主义或慈善行为。捐赠类众筹的构成要件主要有两个：一是客观上有确定的捐赠行为，二是出资者在主观上不求回报。在实践中，这类出资者大多是与发行人有一定社会关系的人，譬如发行人的家庭成员、亲戚、朋友和比较熟悉的其他人，如老师、学生、同学、领导、员工、邻里等。但是除了"熟人"之外，也有一些慈善团体、慈善人士或仅出于对发行人感兴趣或对发行项目感兴趣的"陌生人"，但后者所占比例较小。

2. 奖励众筹（Reward-based Crowd-funding）。严格意义上来说，根据奖励的对象不同，奖励类众筹又分为两种，一种是针对出资人的奖励众筹，另一种是针对发行人的奖励众筹。前者是指出资人出于对发行人或发行项目感兴趣，支付一定数额的资金帮助发行人完成发行项目；在完成项目后，发行人处于感激要奖励出资人，这种奖励可以是产品也可以是服务，在很大程度上仅表示纪念或者表达感激之情，如寄送给出资人一些有纪念意义的物品，如印有项目名称的T恤、印有出资人姓名的纪念品、表达感谢之意的卡片或感谢信，或者提供给出资者一种有象征意义的荣誉身份，如VIP，名誉头衔，也可以提供一定的服务等。而后一种是指在一系列发行项目中，出资人的出资作为奖励给予最先完成项目或者完成项目最优的发行人，即将出资人的出资作为对确定事项竞争过程中优胜者的鼓励，在线平台经常会使用这种模式。

3. 预购众筹（Subscription-based Crowd-funding）。预购众筹是指出资人以发行项目未来产品的购买者身份，将一定数额的资金以预付款或定金的形式预先支付给发行人，帮助发行人完成发行项目；项目完成后，发行人要将一定数量的项目产品以履行交货义务的方式交付给购买人，即出资人。预购众筹是典型的"预售+团购"，意思是指将发行项目的产品作为未来销售的商品,而将投资者视为未来商品的消费者。从法律角度看,预购类众筹本质上是一个没有追责机制的产品预购合同,即出资人是未来产品购买人,发行人是未来产品出售人,出资人的出资是作为未来产品的货款而预先支付给发行人,但是这份产品预购合同并没有追责条款,即未来产品能否生产出来以及生产出来以后能否交付给出资人,全部依赖发行人的诚信、勤勉和自律。就目前的众筹市场而言,如果发行人发行项目失败,或者发行人不交付相关的产品,出资人是无法要求发行人退回出资资金或返还全部预付款。所以出资人的预付款面临一定风险,而作为该风险的对价,出资人的出资一般情况下比未来产品的市场价格要低。

在当下,这一类众筹占了很大的市场份额,原因在于它不仅能够满足投资者小众化、个性化的产品需求,还因为发行人经常使用这种方式来测试产品的市场接受度和潜在的市场份额,通过市场对拟设计产品的性能、规格、包装和价格等要素的反馈意见,帮助发行人判断、评估和界定拟设计产品的未来市场定位。

4. 债权众筹(Lending-based Crowd-funding)。债权众筹是指投资者(出资人)通过购买发行人一定数量的债券,获得发行人一定比例的债权,未来收回本金并获取利息的一种筹资方式。债权类众筹的本质是一种借贷性的债权债务关系,出资者出资的目的是为了获取出让资金的利息,实现比较稳定的投资利益。因而,出资人是以投资者的眼光来判断发行人及发行项目是否有还本付息的能力,而不是单纯依靠发行项目的新颖性或自己的喜好来决定是否出资。在债权类众筹中,投资者会比较不同发行项目或发行人之间的风险收益比值,往往倾向于风险较小但收益平稳的项目。

但是也有学者指出,在最初的借贷众筹行为中,投资者希望通过借出小额资金获取回报,但这种回报不是用金钱或利息率来衡量的,投资者更看重社会公益或者社会评价。[①] 有学者研究了投资者通过互

---

① 焦微玲、刘敏楼:《社会化媒体时代的众筹:国外研究述评与展望》,《中南财经政法大学学报》2014 年第 5 期,第 67 页。

第一章　金融秩序的变动与股权众筹融资市场的形成

联网投资于公益类项目的动机，认为投资者的目的是多元的，部分投资者处于一种较高的精神境界，即享受助人为乐的乐趣；① 而也有投资者会关注社会的评价，出于依据"互惠、公平和遵守社会准则"而投资，因为他们担心自己的投资是否偏离了社会准则而受到别人指责。② 因而，这种情形下的借贷众筹，类似于前面所述的奖励性众筹。

在目前的众筹市场中，债权类众筹有两种操作模式，即 P2P 和 P2C。③ P2P 又称为人人贷，是指有一定资金（不一定是剩余资金）的投资者，通过互联网中介平台将资金出贷给需要资金的个人发行人；而 P2C 是指有一定资金（不一定是剩余资金）的投资者，通过互联网中介平台将资金出贷给需要资金的公司发行人或法人发行人。相比较而言，P2P 和 P2C 只是根据不同的资金需求量和不同的业务流程，对网络借贷市场进行细分。但是需要注意的是，在 P2P 中，一般情况下投资者的投资资金来自于储蓄或者经营收入等自有资金，但在

---

① Hughes D., G. Coulson, J. Walkerdine, "Free Riding on Gnutella Revisited: The Bell Tolls?", *IEEE Distributed Systems Online*, Vol. 6, No. 6, 2005, pp. 1 - 18.

② Xia, M., Huang, Y., Duan, W., and Whinston, A. B., "To Continue Sharing or Not to Continue Sharing? An Empirical Analysis of User Decision in Peer-to-peer Sharing Networks", *Information Systems Research*, Vol. 23, No. 1, 2012, pp. 247 - 259.

③ 对于 P2P，实务界也有很多不同的做法，一篇文章的脚注给予了比较详细的分析，可作参考。There is some uncertainty regarding the legality of some types of peer-to-peer lending. One type may be seen as purely altruistic. In this model, lenders provide fundingfor projects and receive repayment of their investment, but without interest. Kiva, which provides micro-finance for small businesses in the developing world, is the best-known exampleof this model. See, KIVA, http://www.kiva.org/start (last visited Oct. 27, 2012). This typeof loan does not meet the definition of a security because the lender has no expectation ofprofit. See, infra note 25. Another model provides loans for a number of purposes and provides the lender with repayment plus interest. This model has been the subject of debatebecause it is difficult to distinguish these types of loans from bonds, which are clearly securities. In 2008, the peer-to-peer lending site Prosper Marketplace, Inc. settled with the SECfollowing the SEC's finding that Prosper Marketplace's loans were securities and that thecompany had therefore violated the securities laws in failing to register them. Prosper Marketplace, Inc., Securities Act Release No. 8984 (Nov. 24, 2008). A similar site, Lending Club, registered with the SEC around the same time that the SEC was investigating Prosper Marketplace's activities. Lending Club Corp., Registration Statement (Form S - 1) (June 20, 2008). 详见 Thaya haya, Brook, Knight, Huiwen, Leo, Adrian A and Ohmer, "A Very Quiet Revolution: A Primer on Securities Crowdfunding and Title III of the JOBS Act", *Michigan Journal of Private Equity & Venture Capital Law*, Vol. 2, No. 1, Fall 2012, p. 136.

P2C 中，投资者的投资资金除了自有资金之外，还有可能来自其他的贷款、借款或抵押款，投资者可能基于利差而获取收益。这个差别对发行人没有实质影响，但对投资者有着非常重要的影响，并且直接影响着众筹规则的制定。

5. 股权众筹（Equity-based Crowd-funding）。股权众筹融资是指创新型初创企业通过互联网在线平台公开发行证券，从大量的个人或组织处募集较少的资金来满足项目、企业或个人资金需求的活动，是投资者通过众筹平台购买发行人发行的一定数量的股份，获得发行人一定比例的股权，从而获得未来收益的一种新型投融资方式。股权类众筹是典型的股权融资，也是众筹市场中最重要的一种交易方式。但是由于众筹市场刚刚起步，法律规则还不完善，再加上从事股权众筹的发行人一般都是创新型初创企业和小企业，缺乏有效的市场经验，创业失败率非常高。因此，对投资者而言，股权众筹潜力很大，但可能面临较高的投资风险。

6. 经营收益权型众筹（Royalty-based Crowd-funding）。又称经营权众筹（或收益权众筹），是指特殊商品交易所将众筹与交易所结合起来，参与人通过互联网众筹平台对发行项目或发行公司给予融资，定期得到特定比例的公司收益作为投资回报，但是投资者并不占有发行人公司的股份。

7. 混合型众筹（Mixed Crowd-funding）。混合型众筹是指将两种或两种以上的众筹类型或融资方式混合成一种众筹模式，投资者通过互联网众筹平台单次对项目或公司进行投资，将获得相应类型的多种收获或收益。

第二节　股权众筹与股权众筹市场

一　股权众筹融资

（一）股权众筹的内涵

1. 股权众筹的定义与分类

如上所述，股权众筹融资是指创新型初创企业通过互联网在线平台公开发行证券,从大量的个人或组织处募集较少的资金来满足项目、企业或个人资金需求的活动,是投资者通过购买发行人发行的一定数量的股份,获得发行人一定比例的股权,从而获得未来收益的一种投融资模式。①

目前的众筹市场,股权众筹主要分为两种,一种是根据众筹股权是否有担保,分为有担保的股权众筹和无担保的股权众筹,这种分类本质上是一种运作流程的差异或者操作模式的不同。有担保的股权众筹是指第三方对投资者在参与股权众筹发行项目中的投资权益提供担保;而无担保的股权众筹是指投资人参与股权众筹发行过程中的投资,没有第三方提供相关担保责任。在这里,担保责任针对的是投资人的投资权益,目的是消减投资者对发行项目失败或出现发行欺诈或出现减损投资收益等风险的担忧。

但是在众筹实践中,这也是一个容易产生争议的问题,因为担保的性质、范围、期限、额度都必须做出详细规定,而参与股权众筹的投资者普遍缺乏相关经验,很容易被"担保"的概念所迷惑而作出不理智的投资决定。当然,在众筹市场发展不成熟的阶段,这或许是一个为大众参与股权众筹"保驾护航"的选择方式,但该担保本身与金融市场固有的风险以及投资者个人理性投资的市场参与观念是相悖的。不过有可能启发众筹市场的参与者将保险市场与股权众筹市场联合起来,创造出新的股权众筹保险市场。

另一种是根据投资者是否直接参与投资洽谈活动,分为直接参与性股权众筹和间接参与性股权众筹。直接参与性股权众筹是指投资者直接浏览众筹平台上陈列的可投资项目,经过考察评估,选择有潜力的项目进行投资,购买其股份;项目发行成功后,投资者通过众筹平台上规定的电子化程序,签订相关的协议,如转让协议、股权凭证、可能涉及的委托合同及其权利证明资料等,并在发行人处登记注册;在收到纸质的股权证书、投资协议后,直接成为该发行人的股东。这

---

① Profit or Revenue-sharing Model 或者 Equity Model of Crowdfunding, See SEC, *Final Rule of Regulation Crowdfunding*, 2016, p. 7.

种模式的代表者有英国的 CROWDCUBE① 与 SEEDRS②。

而间接参与性股权众筹又分为两种，一种是基金间接持股模式或者称为基金代持模式，一种是集合持股模式。基金间接持股模式是指投资者直接浏览众筹平台上陈列的可投资项目，经过考察评估，选择有潜力的项目进行投资，但资金并不经过众筹平台，而是划拨到一家风投基金的账户里，然后由基金把所有投资者的资金汇集起来以基金名义注入发行人公司。基金是发行公司的股东，而投资者是基金的持有者。基金的面值和发行公司的股票等值，投资者是发行公司的间接股东，其投票权有基金代理，代表性的有美国的 FUNDERSCLUB③；而集合持股模式是指某个具有一定资金实力和投资经验的专业人士在众筹平台上发现有潜力的项目后，自己作为领投人与总协调人号召其他人一起投资，其他投资者作为跟投人追随领投人购买发行人股权的一种方式，代表性的有美国 ANGELIST、④ 澳大利亚的 ASSOB、⑤ 中国的天使汇和大家投等。就目前众筹市场而言，直接参与性股权众筹是主要的交易方式，而间接参与模式虽然存在，但因其法律关系比较复杂，在市场运作中又会创新或发展出各种各样的框架和组织结构，有的甚至违法或者不符合众筹目的，所以占比较小。

值得一提的是，2015 年 7 月之前的中国金融市场，对股权众筹曾出现一种特殊的划分方式，即根据众筹的股权是否是公开发行，分为私募股权众筹和公募股权众筹。私募股权众筹是指融资者通过股权众筹互联网平台以非公开发行方式进行的股权融资活动，与公募股权融

---

① CrowdCube is the first equity-based crowdfunding platform that allows people to do two things: invest in business ideas and raise finances for their business. See www.crowdcube.com, 2015 – 10 – 9.

② 该平台宣称的宗旨是 "We make it simple to buy into the businesses you believe in and share in their success"，详见 https://www.seedrs.com, 2015 – 11 – 12.

③ FundersClub is the world's most selective & fastest growing online VC firm, targeting early investment in the world's most promising tech startups, See https://fundersclub.com, 2015 – 11 – 16.

④ See https://angel.co/, 2015 – 11 – 16.

⑤ The Australian Small Scale Offerings Board (ASSOB) is Australia's largest and most successful business introduction and matching platform for showcasing investment opportunities in high growth, unlisted Australian companies, See http://www.assob.com.au/about.asp?page = 1, 2015 – 11 – 15.

资相比,私募股权融资的发行对象范围比较窄,一般限定于符合特定条件的投资者群体,并且对投资者人数、最低投资额度有严格限制。因而,对股权众筹市场建设来说,私募众筹发行不仅限定了股权众筹市场的总容量,而且也违背了众筹大众化的根本特性。而公募股权众筹则面向更为广泛的潜在投资者,资金来源多,共享信息更加广泛,有利于发挥互联网的平等、大众、共享和普惠精神。所以,2015 年 7 月,以央行为首的国务院十部委联合发文,① 强调了股权众筹的"公募"性质,否定了"私募股权众筹"这一分类。

2. 股权众筹的构成性特征

(1) 基于互联网。股权众筹是建立在计算机信息技术和互联网普及化基础上的一种融资方式,借助计算机信息的高速流通优势,为中小企业和民间资本搭建互通互联的桥梁;利用通信技术为资金的聚合和流通带来便利,不但降低了融资成本,而且通过互联网和社会化媒体网络,将信息呈几何式扩散,扩大了信息的受众面。

(2) 基于大众智慧。② 股权众筹区别于其他传统融资的最明显特征,就是汇聚了众人智慧。有观点认为众筹借鉴了众包模式以集体智慧创造效率的经验,③ 将众包的智慧与大众的投资兴趣联系起来,④ 通过互联网的低成本交流,集思广益,利用集体知识对发行产品和项目进行验证,并借助于社会网络的广覆盖性信息来源对发行人和发行项目的商业模式进行评估。这种群众性运动降低了单个个人因知识和经验有限而带来的决策风险,减少了传统投资中的信息不对称,减轻了投资人的决策顾虑,降低了投资成本。

---

① 2015 年 7 月 18 日,中国人民银行、工业和信息化部、公安部、财政部、工商总局、法制办、银监会、证监会、保监会、国家互联网信息办公室联合发布了《关于促进互联网金融健康发展的指导意见》。
② "Wisdom of The Crowd", See SEC, *Final Rule of Regulation Crowdfunding*, 2016, p. 6.
③ 肖凯:《论众筹融资的法律属性及其与非法集资的关系》,《华东政法大学学报》2014 年第 5 期,第 30 页。
④ Jeff Howe, "The Rise of Crowdsourcing", *Wired*, Vol. 14, No. 6, 2006, pp. 176 - 183; Stephenson Letter and Richard Waters, "Startups seek the wisdom of crowds", *Financial Times*, Apr. 3, 2012.

(3) 有利于新企业融资。股权众筹为创新型企业和小企业提供了一个广阔的社会资金来源，企业只需通过网站将融资信息、用途以及创意告诉大众，众人感兴趣，① 就会出资认购筹资者股份，更有利于尚处在种子阶段或初创阶段的企业融资。与传统的融资相比，在股权众筹融资中，投资者和发行人的地位是平等的，协商和沟通是公开的，投资决策或者发行价格等要素都是自己掌握，双方具有很大的自由选择权。这种相对简单的商业关系更能拉近双方的距离，容易产生共鸣，而不是传统融资结构中的相互提防和互不信任，鉴于这种民主化、平等化的身份角色将加强投融资双方的信任感，因而与传统融资相比较而言，具有更强的时效性，投融资关系和结构比较简单，减少了大量的中间环节，从而降低了投融资双方的投融资成本。

(4) 社会关系对股权众筹的影响可能有限。在传统融资渠道中，发行人的社会关系对融资的影响是单向的，即发行人的社会关系越广泛，人脉关系越多，其募集资金的能力就越强，两者呈正相关关系。但是股权众筹发行人的身份和社会关系对募集资金的影响比较复杂，一种研究认为，与传统融资关系一样，发行人的社会身份和社会关系对众筹融资起着决定性作用，社会关系越广泛，投资人投资的可能性越大，因为投资人会把发行人的社会关系当做发行人的隐形声誉或无形资产，是判断发行人实力和信任发行人业务水平的一个关键信号。② 但也有学者认为，只有当发行人表现出的社会关系信号较弱时，投资者才会响应，相反，如果表现出的社会关系信号比较强，投资者会选择不参与或者观望，而只是将已形成的投资群体视为发行人显性质量

---

① 需要注意的是，股权众筹，与其他众筹不同的是，不能仅仅依靠热情或兴趣，还需要其他理性的考虑，但是现存的很多平台只是宣传投资者"凭感情用事"，如 Kickstarter 就广泛宣传 "if you have computer access and a ready supply of enthusiasm, you've got all you need"，这种宣传有误导投资者的嫌疑。详见 Kickstarter School, KICKSTARTiE, http://www.kickstarter.com/help/school/making-your-Video, 2012 - 10 - 27.

② Lin M., N. Prabhala, S. Viswanathan, "Judging Borrowers by the Company They Keep: Social Networks and Adverse Selection in Online Peer-to-Peer Lending", *Social ence Electronic Publishing*, Vol. 59, No. 1, 2013, pp. 17 - 35.

第一章 金融秩序的变动与股权众筹融资市场的形成

的纯粹反映;① 但是对于这一观点,已有的研究也是存在分歧的,一种观点认为发行的关注度与融资效果有正相关关系,② 另一种观点却得出截然相反的结论,认为发行关注度与融资效果有负相关关系。③

(5) 地理位置对股权众筹有明显影响。地理位置对法律制度的建构和金融市场的形成有重要影响。在传统融资结构和融资方式中,不同的地理位置在投融资资金的顺利对接中,起着阻碍和增加成本的负面作用;而相同的地理位置则有助于投融资的成功、便捷对接。但是,借助于互联网渠道的股权众筹,克服了传统融资中面临的地区或地域差异,方便不同地域之间的投融资者相互交流,更有利于资本的形成。与此同时,不能忽视的是互联网消解了地域的物理位置差异,但并没有消除投融资者,特别是投资者心理上的地域差异,尤其是在特定的集体文化或群体观念中,出于过去共同的历史或生活经验的积累,对特定地区或地域以及组成人群的判断,会直接影响出于该地域股权众筹发行项目融资的成败。④

(6) 高风险性。由于股权众筹拉近资金供需双方的距离,减少各

---

① Zhang J., Liu P, "Rational Herding in Microloan Markets", *Management Science*, Vol. 58, No. 5, 2012, pp. 892 – 912.

② 戈登(Gordon)认为融资期限与项目在社交网络的曝光度呈正相关,即曝光度越高,知道的公众越多,所以发行时间越长融资效果越好;见焦微玲、刘敏楼《社会化媒体时代的众筹:国外研究述评与展望》,《中南财经政法大学学报》2014 年第 5 期,第 69 页。

③ 莫里克(Mollick)认为融资期限与项目曝光度没有相关性,融资期限与融资成功负相关,即融资时间越长,融资越容易失败;见焦微玲、刘敏楼《社会化媒体时代的众筹:国外研究述评与展望》,《中南财经政法大学学报》2014 年第 5 期,第 69 页。

④ 关于这一点,有学者从股权众筹发行项目内容的角度进行分析,认为人们对属于同一文化或有着共同回忆的发行项目,有更多的认同感,但是认为这种认同感在单独的众筹行为中表现并不突出,在众筹行业的分类中会有明显的倾向;很明显,该种观点并没有充分考虑群体和个人的心理因素。另外,个人主体可能把源自个人生活经历中的"幸运"或"不幸运",错误地归结为某一特定地区或地域的原因,可能自然会对该地区产生"好"与"不好"的主观判断,并借助互联网渠道中集体行动的羊群效应进行扩大传导,进而影响特定地域股权众筹项目的顺利融资。因而,特定地域的整体形象和美誉度,以及个人或群体对地域的主观感知,都会对股权众筹产生影响。见 Agrawal A., Catalini C., Goldfarb A., "Crowdfunding: Geography, Social Networks, and the Timing of Investment Decisions", *Journal of Economics and Management Strategy*, Vol. 24, No. 2, pp. 253 – 274; 又见焦微玲、刘敏楼《社会化媒体时代的众筹:国外研究述评与展望》,《中南财经政法大学学报》2014 年第 5 期,第 69 页。

种中介机构，将组织结构尽可能地扁平化，在提高资金流通效率的同时降低投融资成本。所以，传统金融市场建立的预防风险程序被压缩和精简，所有的环节都通过投融资者的直接交流而实现，投资者只能依据自己的信息渠道和经验做出风险与收益的评估，但是参与股权众筹的投资者恰恰是缺乏获取信息的能力、没有风险判断和风险定价经验的，并且股权众筹市场运行机制还不成熟，缺乏相应的监管经验，项目发行面临很多的执行障碍和失败风险，因而，投资者面临较高的市场风险。

（二）股权众筹的法律程序

一般来说，一项完整的股权众筹融资活动主要包括以下法律程序：

1. 项目发起人起草、投递项目计划书

项目发起人起草项目计划书，是股权众筹融资的起点。同样，项目计划书也是众筹融资中最重要的法律文件，是吸引潜在投资者的关键信息源。在一份完整的项目计划书中，项目发起人要向潜在的投资者阐述项目的创意、主要思路、技术支持和商业价值，具体包括的事项因项目环境不同而有变化。比较成熟的项目创意，其计划书非常详细，具体包括摘要、产品创意或服务创意、市场调查、可能采用的研发途径、知识产权问题、融资工具、融资需求、财务预测、管理结构和时间预测等；而一些比较简单的项目，只需满足产品创意或服务创意、融资需求以及时间预测即可。

在早期的众筹融资实践中，发行人计划书比较简单，只包括项目创意、融资需求、融资工具和预计时间，并且在线平台也要求提供简单的商业计划书。但是随着《JOBS法案》的出台、行业竞争的加剧以及投资者逐渐理性化，股权众筹融资商业计划书趋向专业化，有的甚至要求与风险融资计划书或招股说明书一样完整和清晰，例如，根据《JOBS法案》的规定，项目发起人必须提交企业运行和财务情况的年度报告。

完成计划书后，项目发起人会选择合适的在线平台完成网络投递。由于在线平台本身的互联网平台设计功用不同，其投递途径和内

第一章　金融秩序的变动与股权众筹融资市场的形成

容会有变化。例如，KICKSTARTER①只限于对技术、出版、设计等13类项目融资，而INDIEGOGO②则对融资项目没有使用方面的限制。

2. 在线平台的评估、审核和公布

当在线平台收到计划书后，会指派专职审核人员对计划书进行审核、评估。这种审核是非专业性质的排查，目的是排除显而易见的不符合形式、错误和欺诈。因而，其审核内容根据在线平台的不同要求而存在很大差异。一般而言，主要核实身份、资信和项目情况。

融资项目在初步审核、评估的过程中，如果审核人员认为项目计划书或者其他材料需要修改，就会通知申请人，并且给其出具比较详细的修改意见；项目发起人收到通知和反馈意见后，对项目计划书作相应的修改，直到通过最终审核、评估为止。

通过审核后，在线平台在其网络平台上向市场公布、展示该项目计划书。但是根据美国JOBS法案第304（b）款的规定，③在线平台具有法定义务不能从事下列活动：

（1）不能向投资者提供投资建议或者推荐项目；

（2）不能对其雇员、代理商或其他人在该网站上促销项目给予任何补偿；

（3）不允许用广告宣传的方式来推销项目。

3. 募集资金或撤销项目

股权众筹融资项目主要通过两种融资机制来运作，一种是固定融资机制，另一种是弹性融资机制。固定融资机制是指发行人只有在规

---

① Kickstarter is a new way to fund creative projects. it is a home for everything from films, games, and music to art, design, and technology. Kickstarter is full of projects, big and small, that are brought to life through the direct support of people like. Since it launch in 2009, 5.2 million people have pledged $871 million, funding 51,000 creative projects. Thousands of creative projects are raising funds on Kickstarter right now. See http：//www.kickstarter.com/，2013 - 11 - 11.

② Indiegogo is democratizing the way ideas get funded and realized across the globe. We have a simple mission: to empower everyone to change the world, one idea at a time. We provide the tools to help campaigns—large and mainstream, or small and personal—boost the awareness and funds to get there. See https：//www.Indiegog o.com/about/our-story，2015 - 11 - 11.

③ U.S. JOBS ACT §.304（b）.

定的募集期间，所募集资金达到或超过预计募集总额时，才能得到所募集金额；而弹性融资机制是指发行人无论在募集期间，所募集资金是否达到或超过预计募集总额，都可以得到实际所募金额。

对于项目发起人而言，要结合项目自身情况来判断适用什么样的融资机制，而不能单纯以得到资金为由，用圈钱或欺诈的方式获得市场资金。从实务的角度来看，这种侵害投资者利益、影响整个行业秩序的行为是大量存在的。因而，美国社会对《JOBS 法案》的出台，普遍充满怀疑和批评，① 这也是 SEC 迟迟不能推出监管细则的主要原因。

但对发行人而言，当股权众筹项目在中介机构在线平台上发布时，已经启动了募集资金的程序。在线平台通常都会对众筹项目规定一定的募集期限，如 KICKSTARTER 规定为 60 天，INDIEGOGO 规定为 120 天。在募集期限内，投资者根据自己的风险偏好和兴趣喜好选择合适的项目进行投资，通过把资金划拨到指定账户完成下单。募集期限届满，如果融资成功，在线平台会根据合同约定比例把资金分批或一次性划拨给发行人；如果融资失败，在线平台将撤销申请项目，并把融资金额返还给投资者。

4. 项目监督和利益返还

项目融资成功后，项目发起人得到资金，开始实施项目。根据在线平台的规定或者项目计划书的承诺内容，投资人可以参与项目实施和项目管理，也可以不参与。如果根据计划书的承诺投资人不能参与项目的实施和管理，投资人仍然有权对项目的实施情况进行持续关注，发行人则有义务对投资人的询问进行答复。

在早期实务中，投资人和发起人就项目进展、遇见的难题、出现的问题会经常交流，形成经验上的共享；有时投资人会提出一些具体的要求，而发行人也会提供相关的资料和物品作为回报，如纪念卡片、T 恤、CD 等。

---

① 见第二章第一节三部分。

第一章 金融秩序的变动与股权众筹融资市场的形成

《JOBS法案》通过后，众筹融资市场可以使用股权等投资工具，① 这时的投资者变为股东或合伙人角色，与发行人之间的关系变得更加模糊化。项目结束后，发行人根据计划书承诺和投资工具的不同，选择提供电影票、CD、实物等作为回报返还给投资者；或者根据投资协议约定，以股权回购或股权交易等方式，使投资者实现其投资利益。

二 股权众筹市场的形成

（一）股权众筹市场的发展历程

1. 萌芽阶段

股权众筹源自互联网和金融市场的相互结合。1994—1995年在美国成立的第一家网络银行——第一安全银行，是世界上首次完全使用互联网推介金融业务的机构，该创举拉开了互联网为金融服务的序幕。随后，网上银行、网上支付、网上证券等业务不断发展演变，将互联网与金融的深度融合推向一个新的发展阶段，形成了互联网金融。

2001年，在互联网金融的基础上，美国成立了首家专门为艺术家服务的互联网众筹网站——ARTISTSHARE，因此，ARTISTSHARE被称为众筹金融的开拓者，为众筹融资模式的开启奠定了实践基础。2005年，ZOPA在英国成立，② 标志着借贷类型的众筹模式产生，该平台的产生对借贷型众筹业务在世界各地迅速开展有较强的影响力，是远距离借贷金融利用互联网络的首次有益尝试。2006年，SELLABAND③ 在

---

① 这种说法只是理论上的，在实践中，必须等待SEC的实施细则颁行之后，才能实施，否则，是违法的。见 J. Haskell Murray, "Choose Your Own Master: Social Enterprise, Certifications, and Benefit Corporation Statutes", *American University Business Law Review*, Vol. 2, No. 1, 2013, p. 49.

② Zopa is the pioneer of peer-to-peer lending, which uses the internet to cut out the banks entirely. It matches savers with individuals who want to borrow, leaving out the bank and offering better rates all round. See http://www.zopa.com/, 2015-11-15.

③ SellaBand is based in Munich and Berlin, the creative capital of Europe. Since its launch in August 2006, SellaBand has coordinated recording sessions for more than 80 artists or acts who had their albums funded by their fans. Over \$4,000,000 have been invested in independent bands via www.sellaband.com. See http://www.Sellaband.com/, 2015-11-15.

荷兰启动，它是全球首个主题性互联网众筹平台，专门服务于以音乐为主题的发行项目，标志着众筹平台以及众筹模式开始市场化、细分化，并开始区分投资人群和投资对象。2007年，法国的MYMAJOR-COMPANY成立；同年，澳大利亚的ASSOB上线等等，众筹逐渐蔓延开来。

尽管各个国家的金融市场和金融环境不同，导致众筹出现与众筹市场建立的时间不相一致，但总体来说，基本经历了一个从零星到普遍、从模糊到基本清晰、从不合法到合法的过程，并且到目前为止，这个过程整体比较流畅，没有出现反复变化的迹象。在早期的监管中，各国都曾限制众筹市场的发展，后来逐步放开了众筹市场，却限制了股权众筹的发展。而在实践中，各国的发行人和中介机构都用各种各样的方式打擦边球，用众筹的其他方式之"虚"行股权众筹融资之"实"，譬如，鉴于立法的限制，众筹融资主要采用募捐和奖励的办法，即把出资行为界定为捐赠、赠与和预先购买，相应地把发行人募集资金的行为界定为倡议、寻求帮助，而把利益回报界定为实物赠送和产品交付。这样做的目的一方面是为了规避法律的规定；另一方面是因为在立法的限制下，参与众筹的主体不能清晰地表述自己的动机，而众筹自身的界定也是模糊的，使得参与众筹的目的变得复杂多样，部分投资者完全处于慈善支援，部分投资者试图以比较便宜的价格购买未来产品，也有投资者准备分享利益或股权收益，还有投资者只是单纯享受参与的过程或者分享管理经验等等。因而，在早期，众筹融资本身的发展犹如藤蔓盘蜒一般，也是比较凌乱。

2. 形成阶段

2008年是众筹发展的一个分水岭，此后，众筹市场日趋成型，并促使众筹业务真正出现规模化，从而产生股权众筹。2008年，美国INDIEGOGO在线平台创建并启用，其便捷、快速、成功的发展模式，被世界各国的众筹平台创建者和众筹融资模式拥护者所模仿，引领众筹业务在全世界广泛开展。2009年，美国KICKSTARTER在线平台启用，其发行项目和融资额度快速增长，在全球具有重要影响。同年9月，加拿大FUNDRAZR在线平台创建并启用，北美的众筹融资

第一章　金融秩序的变动与股权众筹融资市场的形成

业务逐渐成形。

在此期间，借贷型众筹的蓬勃发展，有力推动了众筹市场的成型。因为在 2008 年金融危机爆发之后，各国加强了对具有系统重要性金融机构和金融产品的监管，这些严格的监管措施对保护投资者利益、规制金融创新和稳定金融秩序，起到了积极的作用，但是也堵塞了中小企业的传统融资渠道，导致经济不振和失业率提高。尽管各国政府采取了量化宽松的货币政策，但是处于危机后对市场的本能反应，大型银行机构仍旧收缩信贷，使得很多个人和中小企业无法获得持续发展的资金，尤其是个人在申请无抵押贷款遭到拒绝之后，开始转向众筹借贷，希望通过互联网平台直接与资金提供者平等交流，进而获取援助资金。金融危机后的整体环境，为借贷型众筹的发展提供了有力的条件，促使借贷型众筹快速成长，并造就了如 PROSPER 和 LENDINGCLUB 等大型 P2P 公司，被视为众筹市场成型的典范。

随着借贷型众筹的发展，部分市场灵敏度较高的众筹平台，开始尝试性地在借贷业务中掺杂一些投资项目，① 有些平台甚至开始以借贷为核心，组合新的投资产品，② 这些类似于股权众筹的"吃螃蟹"举动，立即引起监管当局的警觉。2008 年 10 月，美国证券交易委员会（SEC）依据《1934 年证券交易法》认定 PROSPER 一类的运营模式属于证券销售，贷款人的投资行为符合"证券投资行为"的特征，要求包括 PROSPER 在内的所有 P2P 众筹平台必须在 SEC 登记注册，并同时遵守相关的证券法律法规。

---

① 如 FUNDERSCLUB. FundersClub envisions a world where startups that move the world forward more efficiently secure the funding and support they need to innovate and thrive, and where more people benefit from their rise. See https：//fundersclub.com/vision/，2015 - 12 - 10.

② 如 PROSPER. Prosper is America's first peer-to-peer lending marketplace, with more than 2 million members and over $6 billion in funded loans. Prosper allows people to invest in each other in a way that is financially and socially rewarding. On Prosper, borrowers list loan requests between $2,000 and $35,000 and individual lenders invest as little as $25 in each loan listing they select. Prosper handles the servicing of the loan on behalf of the matched borrowers and investors. Prosper Funding LLC is a wholly-owned subsidiary of Prosper Marketplace, Inc. See https：//www.prosper.com/plp/about/，2015 - 11 - 18.

但是，SEC 的这个举动，引起了实务界的议论。因为 PROSPER 的运营涉及财务回报、利润分成或对于发行人预期可产生权益的分割，而这些行为可能被视为股权投资，是证券发行和销售的一部分，属于《1933 年证券法》上的"证券"，① 应该纳入保护私人利益和公共利益的范畴，所以应该在 SEC 的监督管理之下才能够进行。但是对于这个规定是否科学，实务界提出不同的看法，主要观点是，由于股权众筹融资的小规模和低成本，使得这种融资业务不可能像大额融资那样要在 SEC 去登记和备案，并依据《1934 年证券交易法》持续向监管部门汇报。如果按照上市公司的标准去要求股权众筹发行人，可能会扼杀了股权众筹融资的创新力和生命力。

然而，议论只是评论现有的规定是否合理，并没有人反对 SEC 的监管行为是非法的，或者是不适当的，所以，在 SEC 坚决表态之后，实务界快速调整了业务范畴。但是，客观来看，这的确对美国飞速发展的众筹市场和刚刚崭露头角的股权众筹业务带来很大消极影响，部分众筹平台倒闭，部分众筹平台选择退出美国市场；② 一些发行人放弃使用众筹来融资，转向寻求机构发放贷款，寻求金融中介服务。③ 但是，也有些平台仍然在偷偷摸摸地从事非法的股权众筹业务，④ 只是因为所涉金额较小，监管机构没有介入。

但是，美国 SEC 的"急刹车"踩住了美国股权众筹市场的发展，但并没有影响到世界其他地方众筹市场的发展和股权众筹市场的快速演进。从全球众筹的发展来看，从 2008 年起，各国众筹平台纷纷建立，2009 年以后，众筹模式的发展进入"快车道"，股权众筹平台也正式成立，世界各国都开始关注股权众筹融资交易模式。根据有关机构在 2014 年的统计，2009 年全球众筹融资额度大约为 5.3 亿美元，2013 年全球融资总额大约为 51 亿美元，与 2009 年相比，扩大了近 10 倍，众筹融资业务年均增长超过 60%，大约有 150 多万家发行人

---

① U. S. 1933. SEC. ACT § . 2（a）.
② 如 ZOPA。
③ 如 SOMOLEND。
④ 如 FUNDERSCLUB。

通过在线众筹平台成功募集到所需资金;① 而在 2011 年，全球第一家股权众筹平台 CROWDCUBE 也在英国正式成立。

得益于"小额、快速、大众"的特点，英国成立股权众筹在线平台之后，股权众筹融资模式在全球范围内实现高速发展，股权众筹平台在各国纷纷出现，截至 2012 年末欧洲地区约有 200 个股权众筹平台。到 2014 年年底，股权众筹累计筹资规模接近 10 亿美元。

(二) 股权众筹市场及其监管

1. 股权众筹对传统金融监管理念的挑战

从理论上来看，股权众筹融资市场的发展，借助于互联网的低成本和高效率，能够大幅减少交易成本，提高资金配置效率，为中小微企业解决融资贵、融资难的问题提供现实出路，从而增加就业，促进经济发展。同时，股权众筹市场的兴起，可能会造成传统金融机构数量上的减少，会对传统的金融发展模式带来实质性影响。在未来，股权众筹也有可能代表着对传统金融模式的一种颠覆性"革命"。但是鉴于当下的国内外金融市场与金融环境，再加上股权众筹融资市场刚刚起步，其发展规律、市场运行机制、监管规则、投资者能否理智参与、发行人是否存在欺诈风险、监管者的态度等事项都存在很大变数。因而，其对经济发展能起到多大作用，是否能够取代传统融资，存在很大的不确定性，实际效果还有待观察。但是，作为一种新型的投融资市场，股权众筹对传统金融市场的冲击，已经显现，并且，大量股权众筹的实践操作也已经触及传统金融监管的安全红线。

股权众筹融资改变了传统证券监管的基础。传统的证券监管基于传统的证券发行与既存的交易市场，但是股权众筹改变了传统证券市场中存在的金融交易结构，有效减少传统金融市场的交易主体，促进并改变了传统券商旧有的价值实现方式。因此，在股权众筹融资的冲击下，传统金融市场发生了很大的变化。

---

① MASSOLUTION, *Crowdfunding Industry Report*, 2013, See http：//www. massolution. com/，2014 – 3 – 22.

首当其冲的是资本市场投融资结构发生了改变，削弱了金融中介的市场地位。股权众筹融资为资金供需双方提供了一个有效的机会市场，即提供了一个额外的需求对接机会，并且，伴随着现代计算机信息技术的发展，大大降低了双方之间长期存在的信息不对称性和交易成本，资金的供需双方对对方信息基本实现远程、在线了解。因此，在证券行业投融资格局中，资金中介的作用将大大降低甚至不再需要，取而代之的可能将是一个既不同于传统的商业银行所扮演的间接融资形式、也不同于传统资本市场所提供的直接融资形式的另外一种融资形式，或者可以称为"第三种金融运行机制"。

该种新兴融资运行机制改变了传统证券监管的重点。譬如，对市场准入门槛的设定、是否区分合格的投资者、投资者是否按照不同的资质设置分流型准入门槛、进入市场后的行为规则如何设计，是否涉及准许性行为规则、限制性行为规则和禁止性行为规则等等，都要重新考虑。新市场的监管方式和监管重点，与传统上市发行条件下监管不尽相同，因为新兴市场需要更多的培育和呵护。因此，各国监管机构都试图设计一种与传统证券监管不同的"适当平衡"的监管模式，但很明显，监管的范围会比传统监管所涉领域要大，覆盖面更广。此外，股权众筹监管还要考虑互联网风险和互联网生态环境问题。

最后，股权众筹融资改变了传统证券市场的竞争和服务格局。传统金融市场主要由大型企业、大型金融服务机构主宰，但股权众筹兴起后，一大批互联网企业和新兴主体将涌入金融市场，传统金融机构垄断金融市场的格局将被打破，形成相对比较分散和多元的市场体系，优化竞争格局。并且，在传统的金融市场，主要以企业，特别是大型企业为主要服务对象，但是在股权众筹融资市场中，消费者，特别是个体消费者也成为主要服务对象。所以，如何在保持适当、充分、有序的竞争条件下，充分保护金融消费者的合法权益，将成为股权众筹金融监管面临的一个核心问题。

2. 股权众筹市场监管规则的产生

股权众筹融资的双面影响，促使各国对股权众筹市场深入关注，并谨慎思考如何将其纳入监管范畴，保证其能顺利、安全发展。各国

第一章 金融秩序的变动与股权众筹融资市场的形成

的考量关键在于分析该新型市场能为经济增长带来多少好处,以及可能给投资者带来多大风险。各国力争在两者之间找到一个适当的平衡点,使其既能发挥优势,又能控制风险。但在实践中,由于各国文化传统和法治结构不同,对于如何找到这个平衡点,途径各异,做法大不相同。有的国家步伐快一点,有的国家则比较谨慎。

2011年4月,时任SEC主席马瑞·沙皮若表示可能要对股权众筹融资市场进行相应的监管,认为美国立法机构应该思考对现有的证券法律进行修改,将股权众筹纳入证券监管框架中,自此,开始讨论股权众筹的监管问题。2011年8月,美国堪萨斯州出台针对股权众筹的《豁免法》;① 2012年4月美国总统奥巴马签署了《创业企业融资法案》(即"《JOBS法案》"),该法案第三部分对股权众筹融资的运营做出宏观规定,② 并要求监管部门起草监管细则;此后,美国佐治亚州出台股权众筹《豁免法》;③ 华盛顿州和北卡罗来纳州也正在考虑出台与众筹融资相关的豁免立法。

美国2012年《JOBS法案》出台后,允许股权众筹融资公开发行,无疑释放了社会资本的流动潜力,将促使众筹更为健康地发展,这是金融改革的一种趋势,它促使国家更加重视社会资本的积累,并且努力让资本市场更加开放。该法案要求SEC在法案通过后270天发布实施正式监管规则,也就是在2012年12月31日之前提出有关股权众筹融资的实施规则,但是迟至2013年10月,SEC才发布试行监管规则的征求意见稿,④ 意见征求截止期为2014年2月;但期限届满后SEC并未正式通过该规则,相反,2014年4月,由21人组成的SEC众筹顾问小组投票认为,其制定的众筹试行方案与《JOBS法案》的精髓及方针相悖,即2013年推出的众筹监管试行方案被叫停,

---

① Office of the Kansas Securities Commissioner. *KS-Invest Kansas*. At http://Ksc.ks.gov/, 2013-11-1.

② U.S. JOBS. ACT §.301. "Capital Raising Online While Deterring Fraud and Unethical Non-Disclosure Act of 2012" or the "CROWDFUND Act".

③ William Carleton, *Crowdfunding state by state*, At http://www.wac6.com, 2013-9-3.

④ SEC, *Proposed Rule of Regulation Crowdfunding*, 2013.

SEC 需重新制定监管方案。① 而经过近两年的调查、研究，SEC 在 2015 年 10 月推出了新的众筹监管规则征求意见稿，② 征求意见的截止日期为 2016 年 1 月 11 日；征求意见结束后，出台了《众筹监管规则》，③ 该规则除了部分条款于 2016 年 1 月 29 日生效之外，④ 其他的条款将于 2016 年 5 月 16 日生效。

与之相呼应的是，欧洲关于股权众筹融资模式的讨论也日趋活跃，欧盟早在 2010 年就发布了《欧洲数字议程》，准备加强欧洲在互联网信息技术与电子商务市场的建设，⑤ 也取得了不错的成绩，截至 2014 年 5 月，欧盟已有 47% 的公民有网上购物的习惯，每周使用网络的比例达到 72%，4G 网络覆盖率达到 59%。⑥

但是，虽然欧洲各国和欧盟也较早开始注意众筹融资模式，因为众筹处于初创初期，没有形成规模，除了少数欧洲国家率先对众筹进行深入研究，欧盟并没有将其提上具体的议程。2012 年，受到美国讨论众筹监管问题的启发，欧盟才真正开始关注众筹融资模式，并将其写进《2020 创业行动计划》，准备将众筹融资模式作为缓解中小企业融资难的尝试性备选解决方案。2012 年美国通过《JOBS 法案》触动了欧洲的创业创新竞争的敏感神经，于是，2013 年欧盟委员会正式宣布未来将支持众筹在欧盟的发展，并在同年 6 月，举办了众筹融资模式问题研讨会，对该模式的发展前景、面临的风险和挑战，以及对现有资本市场的影响等问题进行讨论；研讨会后，欧盟专门发布了《众筹在欧盟》的征求意见稿，向欧洲各国和欧盟社会征求应对众筹融资模式的方法和方式，从文本内容来看，欧盟的核心关切在于如何

---

① 美国证券交易委员会延迟众筹监管，网贷之家网站。See http：//www. wangdaizhijia. com/news-more-10700. html，2014 - 10 - 2.
② SEC，*Proposed Rule of Regulation Crowdfunding*，2015.
③ SEC，*Final Rule of Regulation Crowdfunding*，2016.
④ The instruction 3 adding part 227 and instruction 14 amending Form ID.
⑤ European Commission，*Digital Agenda For Europe*，See http：//ec. europa. eu/digitalagenda/，2014 - 11 - 10.
⑥ European Commission，*The EU 2014 Digital Scoreboard：How did You Fare?* See http//europa. eu/rapid/press-release_IP-14-609_en. htm，2014 - 5 - 28.

第一章 金融秩序的变动与股权众筹融资市场的形成

协调可能引发的区级法律冲突问题，主要表现在三个方面，一是如何在现有欧盟法律框架中纳入众筹融资模式；二是如何协调众筹融资可能与现行欧盟法律之间的冲突以及各成员国国内法之间的冲突；三是如何协调对于众筹融资监管法律在欧盟层面与欧盟各成员国国内法之间的冲突问题。

鉴于欧洲很多国家已经存在众筹在线平台和小规模的股权众筹融资市场，并且意大利已经于 2013 年颁行了相关的监管细则，已经将股权众筹纳入证券监管范畴，2014 年欧盟召集有关众筹融资参与者，举行了一场规模较大的研讨会，① 欧盟主办方邀请社会各界共聚一堂，为欧盟众筹市场的建设和众筹市场的监管建言献策，有力推动了欧洲众筹融资的发展。

与欧盟众筹的整体发展步履相对缓慢相比较，众筹在欧盟各成员国的发展速度要快很多，欧盟的四个主要大国中，除了德国的众筹融资市场及其监管规则稍微慢一点之外，法国、英国和意大利的众筹融资发展比较快。

法国是欧洲较早研究众筹融资模式的国家，其在 2013 年就发布了《众筹融资指引》，积极主张将众筹融资作为中小企业募集资金的有效途径，同年，法国金融市场监管局也积极推动相关证券法律的调整和众筹融资相关立法的建设，② 2013 年 10 月 1 日，法国颁行《参与性融资条例》，该条例把众筹融资模式主要区分为两类，股权众筹融资模式和借贷众筹融资模式，按照《参与性融资条例》的规定，参与股权众筹融资的在线平台要依法注册为"参与性投资顾问"，而参与借贷众筹融资的在线平台则需要依法注册为"参与性融资中介"。③

---

① European Commission, *Crowdfunding: Untapping Its Potential, Reducing the Risks*, See http://ec.europa.eu/internal_market/conferences/2013/0603-crowdfunding-workshop/index_en.htm, 2014-12-5.

② AMF, ACP, *Crowdfunding: A Guide for Funding Platforms and Project Owners*, See Http://acpr.banquefran ce.fr/fileadmin/user_upload/acp/Communication/Communiques%20de%20presse/2013-guide-crowdfunding-professsionnel.pdf, 2014-1-10.

③ AMF, *Ordonnacedufinancementparticipatif*, http://www.economie.gouv.fr/crowdfunding-financement-Participatif, 2014-10-9.

而意大利则是欧洲国家中率先对众筹融资进行立法规制的国家，在美国通过《JOBS 法案》不久，意大利就推出了包含众筹融资模式的政府宣传政策报告《重新出发，意大利!》。在这份宣传政府经济工作和帮扶政策的报告中，意大利经济部对初创企业的定义、政策导向等问题作了比较详细的说明；在该报告中，意大利强调应该将众筹融资模式作为缓解中小企业融资难的重要方法。2012 年 10 月 18 日，意大利议会通过了第 179 号法令，同年 12 月 17 日，意大利议会对 179 号法令进行"为了国家经济的增长而采取进一步紧急措施"的修改，① 通过了 221 号法令，② 即 "再增长法案"；③ 后经意大利经济部的委托，意大利证券监管机构（Commissione Nazionale per le Società e la Borsa，以下简称"CONSOB"）在 2013 年 3 月，发布了众筹监管规则草案供大众评议，评议期结束后，④ CONSOB 签署了《关于创新型初创企业通过网络平台融资的规则》，即《18592 号规则》，（以下简称"《18592 号规则》"），⑤ 该规则于 2013 年 7 月 20 日生效。

《18592 号规则》的颁行，使得意大利成为全面管理股权众筹融资的第一个欧洲国家，也是世界上第一个颁行监管细则的国家。它建立了一个全国性的注册系统，主要针对股权投资型众筹，并且限制项目发起人必须是法律规定的创新型初创企业，⑥ 因此，《18592 号规则》具有很强的政策导向性，但是，因为该规则并未覆盖全部众筹行业，尤其是只适用于创新型初创企业，可能具有试验性和探索性。

同样，英国也是欧洲较早研究众筹融资的国家，并且也是股权众筹融资在线平台最早成立的所属国，早在 2013 年，英国金融行为监

---

① Further Urgent Measures For The Growth Of The Country.
② Decreto Crescita Bis 法案。
③ 或称 "Growth Act 2.0"。
④ 评议期截止到 2013 年 4 月 30 日。
⑤ CONSOB, *Regulation on "The Collection of Risk Capital on the Part of Innovative Start-ups Via On-line Portals"*, See http：//www.consob.it/mainen/documenti/english/laws/reg18592e.htm, 2014 - 8 - 17.
⑥ Innovative Start-ups.

第一章 金融秩序的变动与股权众筹融资市场的形成

管局就推出了《关于众筹及其类似活动监管规则的征求意见稿》,[①]对众筹融资市场的监管列出了初步的官方要求,根据该征求意见稿的规定,英国将众筹融资模式主要界分为借贷型众筹和投资型众筹,经过征求意见,2014年,英国颁行了《关于在线众筹和通过其他方式发行不易变现证券的监管规则》,[②] 该规则于2014年4月1日正式生效。

德国的众筹融资市场及其监管规则的发展则相对比较缓慢,在2012年德国联邦金融监管局推出《众筹及其监管法律》的报告之后,[③] 立法工作推进得较慢。根据欧洲众筹网2013年的研究,众筹在德国要面临比其他欧洲国家更为严苛的限制条件,[④] 并且有人质疑德国国内过于严格的要求可能与欧盟推动众筹融资发展的努力相矛盾。[⑤]

[①] FCA, *The FCA's Regulatory Approach to Crowdfunding (and Similar Activities) CP*13/13, See http://www.fca.org.uk/static/documents/consultation-papers/cp13-13.pdf, 2014-8-17.

[②] FCA, *The FCA's Regulatory Approach to Crowdfunding over the Internet, and the Promotion of Non-readily Realisable Securities by Other Media Feedback to CP13/13 and Final Rules*, See http://www.fca.org.uk/static/documents/policy-statements/ps14-04.pdf, 2014-7-6.

[③] 德国联邦金融监管局(BaFin)在2012年发布的名为《众筹及监管法律》的报告中主要以存量法为依托,参见 BaFin, *Crowdfunding and Supervisory Laws*, http://www.bafin.de/SharedDocs/Veroeffentlichungen/EN/Fachartikel/2012/fa_bj_2012_09_crowdfunding_en.html, 2014-9-12.

[④] Oliver Gajda, Tanjaaschenbeck-Florange, Thomas Nagel, eds., *Review of Crowdfunding Regulation: Interpretations of existing regulation concerning crowdfunding in Europe, North America and Israel*, 2014, The European Crowdfunding Network AISBL, 2014, p.90.

[⑤] Oliver Gajda, Tanjaaschenbeck-Florange, Thomas Nagel, eds., *Review of Crowdfunding Regulation: Interpretations of existing regulation concerning crowdfunding in Europe, North America and Israel*, 2014, The European Crowdfunding Network AISBL, 2014, p.90.

第二章 股权众筹融资市场准入问题研究

第一节 股权众筹公开发行的前置性条件

一 股权众筹金融工具的性质问题

股权众筹模式是互联网信息技术与金融市场深度衔接的一种金融创新，是数字金融时代金融资源民主化发展的重要显现，它不仅能够淡化金融资源的地域属性，能够有效调节金融资源的区域失衡性，为更多的中低收入人群提供分享金融发展红利的投资机会，而且能够为初创型企业或个人提供创意孵化的资金支持，助推创业能力和创新能力的持续发展。在股权众筹模式中，金融市场的参与人可以通过网络进行线上投融资，借助于互联网信息和数据进行交易信息的比对，能够有效减缓传统金融交易中出现的信息不对称困难，并通过网络金融中介弱化金融投融资交易中金融中介的作用，进而减少交易成本，促进金融市场的多元发展。但是，股权众筹作为一种创新型的金融工具，无论是金融产品还是交易方式都与传统的金融交易不同，其作为一种内嵌高科技技术含量的金融模式，已经颠覆了既有法律对金融交易和金融产品的界定。因而，金融市场和金融监管部门在面对股权众筹的突然兴起时，呈现出两种截然不同的态度，金融市场欢欣鼓舞，突破既有金融机制约束的兴奋刺激股权众筹业务猛增，而金融监管部门则如临大敌，彰显出理论准备不足的窘境。因此，对于本质上是一种证券在线交易的股权众筹，应该对其公开发行的相关事项进行理论和制度上的厘清。

股权众筹金融工具的性质问题，也就是股权众筹发行的金融工具是否是证券法中规定的"证券",这是监管部门最关心的问题,也是理论研究和制度建设中首先必须面对的问题。一般而言,证券是指各类记载并代表一定权利的法律凭证,它用以证明持有人有权依其所持有凭证记载的内容而取得应有的权益,但是,股权众筹中发行人发行的权益是不是证券?属不属于各国《证券法》的监管范畴?或者说股权众筹是发行人通过网络向广大投资者出售股份从而筹集小额资金的一种融资形式,发行人出售的"股份",其表现形式是否属于金融工具?而该金融工具又是否属于《证券法》上的证券?这些问题成为股权众筹公开发行之前要解决的前提问题。

首先,发行人出售股份最典型的表现形式或载体就是股票,是股份公司签发的证明股东所持股份的凭证,但并不是所有取名为"股票"的金融工具就一定是证券交易中的股票,其是否属于证券,还要按照各国法律规定和该金融工具的实际情况进行判断。例如,根据美国证券法的实践,单纯取名为"股票"的金融工具不一定是股票,还要判断其经济现实性,美国联邦法院在 FORMAN 案[①]中指出,要严格审查股票的传统特质和特征,即要严格审查金融工具是否按一定的比例分享收益,并享有投票权以及承担责任,据此,美国联邦最高法院判定该案中住房合作者所出售的股份不是股票,因为这些股份不具备传统的特质和特征,而购买者的目的也不是为了投资回报。

其次,除了股票,发行人出售的股份还有其他的表现形式,如认股权证、投资合同、权证等金融工具,而这些金融工具也属于证券交易中的证券,因此,如果发行的金融工具不是股票,那么还要判断该金融工具是否符合证券的其他表现形式。美国联邦最高法院在 FOR-MAN 案中指出,如果一个金融工具不符合股票的传统特征,必须考察其经济现实性,以判断其是否属于证券法上的证券,然而美国联邦最高法院对"经济现实性"的标准,并没有明确的书面规定,但是,在美国的司法实践中,却围绕"经济现实性"提出了一套判断准则。

---

① U. S. Supreme Court, United Housing Foundation, Inc. v. Forman, 421 U. S. 837 (1975), https://supreme.justia.com/cases/federal/us/421/837/case.html, 2017 - 12 - 15.

例如，1946年"SEC V. W. J. Howey Co.,"一案中，① 提出了检验金融工具是否属于投资合同的"HOWEY检验标准"，即要判断其是否涉及向普通企业进行投资，期望完全通过他人的努力而获取利润。后来，通过多次司法实践与修订，"HOWEY检验标准"逐渐归纳为以下几点：必须是自愿参与的投资；所投企业是普通企业；投资目的是获得利润；获得的利润主要源自他人的努力。

因而，股权众筹发行人发行的金融工具是否属于证券，因操作方法和模式选择不同，会产生不同的判断。一般而言，发行股票的，应该属于证券，而发行投资合同、认股权证、权证等金融工具的，虽然其可能与一般法上的证券有差别，如英国界定为不易变现的证券，但总体而言，应该承认其证券属性，受到证券法的监管。

但是，对于股权众筹发行人发行合伙人权益、特许经营权益、特殊权益或服务分配等权益的，在理论上存在争论。

第一，在集合类股权众筹中，集合投资者参与了公司的经营管理，虽然一般对于目标公司的控制权没有风险投资者（Venture Capitalist）那样明显，但也不排除集合投资者完全或大部分控制目标企业的可能；并且，投资者集合起来的投票权对目标企业的经营有明显影响，如果按照美国法上的HOWEY检验标准，可能不符合"完全依赖他人的努力"或者"关键依靠他人的努力"，因而不符合证券的要求。

第二，股权众筹发行人发行合伙人权益，而合伙人权益是否属于证券，也存在争论。按照一般有限合伙理论，普通合伙人权益不是证券，除非有相反证明，因为普通合伙人是管理合伙事务的主要负责人，不符合HOWEYH检验标准，除非该合伙人能够证明其合伙权益完全依赖他人的努力或者关键依赖他人的努力；相反，有限合伙人权益一般被承认是证券，因为有限合伙人不参与经营管理，必须依靠他人的努力才能获利，除非有证据证明有限合伙人参与了经营管理，并且对经营管理起到关键作用。但是，值得注意的是，当有限合伙人

---

① U. S. Supreme Court. SEC v. Howey Co., 328 U. S. 293 (1946), https://supreme.justia.com/cases/federal/us328/293/case.html, 2017 - 12 - 20.

"安全港规则"不断扩张时,会影响有限合伙的基本架构,如果有限合伙人积极参与企业的经营管理,或者在经营管理中扮演关键作用,则此类有限合伙人权益不属于证券。事实上,在美国,随着大多数州采用了《统一有限合伙法(修订)》,越来越多的有限合伙权益被否认具有证券性质,因而,"安全港规则"的扩张迫使继续援用美国联邦证券法对其进行保护已经变得不适当或不可能。

第三,股权众筹发行人发行特许经营权益,即未来收益是占有一定股份比例的特许经营权。一般情况下,特许经营权不是证券,因为被授权人要在特许经营中付出巨大劳动;同样,特许经营是否属于证券,还要参照其合同约定,如果特许经营协议规定,被授权人无法行使实质性经营管理权,该协议可能被认为是投资合同,即属于证券;如果名为特许经营,但其要约利润并非来自产品销售,而主要依靠发起人或者第三者推广协议,则可能被认为属于投资合同。

第四,股权众筹发行特殊权益,其权益是否属于证券,也存在争论。有些股权众筹围绕特殊权益及其分配来构建运营模式,如房产众筹,就是为了建房而发售股份募集资金,这种特殊权益本质上并不属于投资,只是通过众筹方式找到足够的资金来共同修建房屋,因而,在房产众筹首次发行中,其权益不是证券;同样,在医疗众筹中,为了将来可能支付医疗费用而通过平台募集资金,其发行的医疗费用权益,不是保险,本质上是一种资金互助,因而也不属于证券。但是,在特殊权益股权众筹中,如果特殊权益能够流转,能够在交易市场出售,譬如,房产众筹中的建房权益可以在交易市场出售给第三人,转让人可以从中获取差价利益;再如医疗众筹持有人将预期医疗费用权益转售给有需求的第三人,从中获取差价;在这种情况下,这些特殊权益自然属于证券。

二 股权众筹证券的公开发行问题

如果股权众筹发行人发行的权益属于证券,那么,接下来的问题就是股权众筹证券能否公开发行。公开发行是指发行人公开向不特定的社会公众发行证券的行为,公开发行的对象是不特定的社会公众,涉及面很广，如果发行不存在欺诈或其他不当行为，则发行人、社会公众和国家共同获利，但是如果发行存在欺诈或者其他不当行为，则社会公众将蒙受损失，进而影响社会稳定。因而，国家对公开发行往往规定了特殊的门槛和严格的标准。

因此，对于股权众筹证券而言，如果允许公开发行，将会为多元资本市场的建设注入许多利好。首先，拥有大量的潜在投资者，资金来源比较广泛，有利于资本的形成；其次，公开发行证券的流动性较好，有利于提高发行人的社会信誉；再次，分散化的投资群体，将会避免证券过于集中而被少数人操纵，有利于投资者权益的保护；最后，公开发行将会引导民间资金走向合法的流通渠道，有利于消解地下钱庄的非法集资和高利贷，并通过公开发行支持中小微企业的创新创业，提升创新能力，提高就业率，促进经济的持续发展，营造积极向上的社会风气。

但是，股权众筹公开发行也面临很多困难。首先，发行人主要是中小微企业，无论是在注册制还是审核制环境下，公开发行都有较高的发行条件，并且发行程序比较复杂，登记核准的时间较长，发行费用和成本很高，中小微发行人无法满足其条件；其次，股权众筹市场存在很高的投资风险，发行人缺乏经验，投资者不够成熟，市场机制还不完善，发行项目失败率高；最后，如果允许公开发行，可能与现行法律相冲突，而要修改现行法律或者制定新规则，需要花费较大的公共资源，成本较高。

所以，对于股权众筹证券能否公开发行，国家会根据不同的国情，特别是根据金融市场的发展水平和金融法治建设的不同程度，围绕"金融安全和金融效率"的衡平状态进行优化选择。从金融市场发展模型来看，主要有三种方案：

第一，注重安全，杜绝效率，禁止发行。监管者认为允许股权众筹证券公开发行，可能为中小企业带来融资方便，也可能有利于创新，但由于市场机制不健全，面临的风险不可控，为了维护市场稳定和保护投资者权益，应该禁止公开发行。该方案一般出现在股权众筹发展的早期阶段，本质是对股权众筹金融模式的认识不清。但需要注意的是，禁止股权众筹证券公开发行，并不意味着没有类似的实践，当法律禁止时，市场会对证券类型、平台运营模式、股权结构、运作流程等作出各种改变甚至异变；也有部分活动会转入"地下"，形成隐秘的资金流通渠道，目的是逃避禁止性规定。因而，禁止性法律只是延缓了市场发展速度，实际上无法阻挡符合市场规律的创新活动，但扭曲的实践和藏在暗处的秘密资金渠道可能会给资本市场带来更大的破坏力。

第二，注重安全，谨慎考虑效率，不公开发行。监管者认为股权众筹公开发行带来的社会效应可以预见，但预防随之而来的风险可能要付出过高的成本，出于国内实际情况的考量，譬如监管能力不足、与金融体系不兼容、投资者风险意识不强等，不愿意允许其公开发行。但是，立法者判断股权众筹有可能符合资本市场发展规律，也不愿意人为阻碍新市场的形成，因而，进行试验性立法，即允许发行，但不能公开发行，只能非公开发行。① 非公开发行主要针对特定投资者，判断特定投资者的标准主要有投资经验、财富总额和特殊关系三个标准，② 一般包括三类人，家庭成员、老股东或员工，机构投资者，天使投资者。③ 但是，如果股权众筹证券采用不公开方式发行，会对

---

① 这里主要是分析目前在股权众筹市场中出现的解决安全与效应关系的几种典型思考，并不涉及其思考的正确与错误，也不代表其就是符合股权众筹发展规律的。例如，中国证券业协会2014年12月18日发布的《私募股权众筹融资管理办法（试行）（征求意见稿）》就属于这种类型。《私募股权众筹融资管理办法（试行）（征求意见稿）》在起草说明中认为：股权众筹缺乏必要的管理规范，在融资活动中积累了一些不容忽视的问题和风险：法律地位不明确，参与各方的合法权益得不到有效保障；业务边界模糊，容易演化为非法集资等违法犯罪活动；众筹平台良莠不齐，潜在的资金欺诈等风险不容忽视。但是为了满足普通大众的投资需求，发展普惠金融，鼓励行业创新发展，扶植小微企业并推动"大众创业、万众创新"，所以允许发行。但因为现行《证券法》明确规定，公开发行证券必须依法报经国务院证券监督管理部门或者国务院授权的部门核准，未经核准，任何单位与个人不得公开发行证券。通常情况下，选择股权众筹进行融资的中小微企业或发起人不符合现行公开发行核准的条件，因此在现行法律法规框架下，股权众筹融资只能采取非公开发行。

② 投资经验，主要是机构投资者和金融机构；特殊关系：发行人的高级管理人员或亲友；财富标准，有钱人。

③ Thaya Book Knight, Huiwen Leo, Adrian A. Ohmer, "A Very Quiet Revolution: A Primer on Securities Crowdfunding and Title III of the JOBS Act", *Michigan Journal of Private Equity & Venture Capital Law*, Vol. 2, No. 1, Fall 2012, pp. 138 – 139.

参与发行的特定投资者按照前面理论进行区分，主要针对的仍旧是有特定身份的人或有钱人，如中国《私募股权众筹融资管理办法（试行）》规定的合格投资者的最低标准是"金融资产不低于300万元人民币或最近三年个人年均收入不低于50万元人民币的个人"，①这与股权众筹的大众参与和普惠金融的创新精神是相悖的，也很难达到缓解中小企业融资困难，以及鼓励创新、创业的目的。因而，股权众筹非公开发行仍然是贵族的游戏，从长远来看，不利于培育具有竞争力的企业和市场。

第三，注重安全，考虑效率，允许公开发行，但强化监管。监管者认为股权众筹有助于培养新的经济增长点以促进经济社会的持续发展，并解决潜在的金融民主化问题，虽然其可能带来特定风险，但只要在放松准入条件的同时，有针对性地加强风险监管，可以预防对投资者权益的损害。因此，一般强化对股权众筹在线平台的监管，限制发行人的发行数量，并限制投资者的年度投资额。美国和意大利都采取这种解决方案。

三 股权众筹的豁免问题

如果法律允许股权众筹发行人公开发行证券，那么存在的另一个问题就是股权众筹证券的公开发行是否要遵守一般的证券公开发行规则。传统证券公开发行有较高的门槛要求，发行程序比较复杂，并且发行成本和合规成本都很高，而典型的股权众筹的发行人一般是初创企业和中小微企业，无论是发行人资质还是承受发行风险的能力都无法达到这些要求。因此，法律允许股权众筹证券公开发行，一般会降低股权众筹证券的公开发行门槛，精简股权众筹证券的公开发行程序与合规标准，但这些措施与法律规定的证券公开发行规则是不一致的，因而容易引起投资者对金融欺诈和投资安全的担忧。所以，在西方金融市场比较发达的国家，如果允许股权众筹证券公开发行，一般

---

① 中国证券业协会，《私募股权众筹融资管理办法（试行）（征求意见稿）》，第14条第5款。

都会给予其豁免遵守一般证券公开发行规则的资格,但考虑到欺诈风险和投资安全,监管部门会颁行单行条例进行针对性的限制和约束。如此可以达成双重收益,一方面既可以解决金融创新与证券法律之间的冲突,又可以避免对证券法进行大规模的耗时修改;另一方面既预防了可能发生的欺诈风险,又为金融创新的持续发展预留了空间,培育、引导创新工具稳健成长。

例如,美国《1933年证券法》第5条规定,任何证券发行,必须登记注册,除非获得豁免,① 该条款是美国证券市场的基石条款。根据美国法规定,豁免主要分为两种,豁免证券和豁免交易。豁免证券是指根据《1933年证券法》第3条规定,如果某个证券属于第3(a)(2)—(8)项所列证券中的任何一种,或者证券符合第3(a)(13)项规定的条件,就自动获得注册豁免,可以公开发行,并且不需要依据《证券法》第5条规定向SEC登记注册。② 而豁免交易是指根据《1933年证券法》第4条规定,如果某个证券属于第3(a)(9)—(11)项所列证券中的任何一种,或者证券符合第3(b)款或第3(c)款或第4(1)—(6)款规定的交易,可以公开发行,并免于向SEC登记注册。③ 一般情况下,豁免证券是已经在其他法律有效监管之下或者本身风险较小的证券,豁免证券的豁免权不仅适用于证券的发行,还适用于证券的转售,因此,对豁免证券的界定比较谨慎。而豁免交易只是针对证券的发行,不包括转售,如果发行的证券被转售,需要获得新的豁免。

2012年,美国股权众筹领域的单行监管法律《JOBS法案》通过后,股权众筹融资获得了豁免交易的待遇,④《JOBS法案》第3部分承认股权众筹的合法性,并对股权众筹证券的发行和交易做出原则性规定。首先,在《1933年证券法》第4条增加豁免交易条款,即第4

---

① U. S. 1933. SEC. ACT. §. 5.
② U. S. 1933. SEC. ACT. §. 3.
③ U. S. 1933. SEC. ACT. §. 4.
④ 该豁免待遇是有条件给予的,并不是针对所有的股权众筹发行人。

(a)(6)项,① 规定特定的股权众筹交易可以豁免《1933年证券法》第5条的注册要求;其次,对依据第4(a)(6)项规定从事股权众筹证券发行的发行人,规定了年度最高融资额;② 再次,在《1933年证券法》中增加新的4A条款,规定从事股权众筹豁免发行的发行人和在线平台有义务依法披露信息;③ 第四,在《1934年证券交易法》中增加3(h)条款,④ 规定SEC应该为股权众筹交易制定实施规则,并规定在线平台必须按照《1934年证券交易法》第15(a)(1)的要求注册为经纪商或集资门户;第五,规定SEC应该制定撤销资格条款,确保将不符合法律规定的发行人和在线平台撤销;最后,在《1934年证券交易法》中增加12(g)(6)项,⑤ 要求SEC制定实施规则,确保依据《1933年证券法》第4(a)(6)项发行的证券能够获得《1934年证券交易法》第12(g)款规定的豁免资格。

从美国《JOBS法案》和随后SEC的《众筹监管规则》的文本内容来看,尽管立法者已经在努力平衡预防风险与鼓励创新之间的关系,但仍然在美国社会引起广泛争议。⑥ 支持者认为法案为初创企业的融资提供了方便,顺应了金融现代化的时代潮流,真正落实了20世纪提出的使用便利网络为中小企业融资提供服务的金融现代化要求,⑦ 譬如,史蒂夫·凯斯(AOL创始人)、米奇·卡普尔(莲花的创始人)、吉姆·牛顿(TechShop创始人)、大卫·韦德四世(纳斯达克前副主席)、Kiva、⑧

---

① U. S. JOBS. ACT. §. 302 (a).
② U. S. JOBS. ACT. §. 302 (b); SEC. ACT §. 4A (b) (1) (D) (i), (ii), (iii).
③ U. S. JOBS. ACT. §. 302 (b).
④ U. S. JOBS. ACT. §. 304 (a) (1).
⑤ U. S. JOBS. ACT. §. 303 (a).
⑥ 王建雄:《美国众筹融资法律的新发展及其对中国的启示》,《国际经济法学刊》2014年第2期,第140—141页。
⑦ The National Venture Capital Association described the bill as modernizing regulations that were put in place almost 100 years before, by among other things facilitating use of online services to make investments in small companies. http://en.wikipedia.org/wiki/Jump start Our_Business_Startups_Act. 2013 – 12 – 11,2017 – 12 – 15.
⑧ Kiva, an organization that allows individual web users to support microloans managed by intermediaries in developing countries, complies with SEC regulations by making it impossible for lenders to earn a positive financial return.

Zidisha、①谷歌和美国全国风险投资协会等以高科技企业、初创企业、非营利性组织以及支持金融制度多元化发展的个人和组织；甚至还有人认为会改变股票市场结构从而致使 IPO 市场下降，譬如，大卫·韦德四世。但反对者认为该法案对于 2010 年《华尔街改革与消费者保护法案》来说是倒退，降低了投资者保护标准，降低了监管标准；②减少了市场透明度，并扭曲了资本的有效配置，很容易让投资者遭遇欺诈，从而加大了投资风险，譬如，美国消费者联合会认为，用创造就业机会的方式来削弱监管保障，这是"危险"的、"糟糕"的决定；③美国著名的犯罪学家威廉·黑格也表示该法案将导致"监管竞相杀价"，并认为这是利益集团游说国会的结果。④

因此，股权众筹证券的公开发行，还存在很多质疑，就是已经颁行法律允许公开发行的国家，因为创新型金融工具本身的不稳定性，导致在公开发行中存在"庞氏骗局"的风险。同样，中国股权众筹市场出现网络金融中介频繁"跑路"的案例，也昭示着股权众筹证券公开发行还面临很多困难。

四 小结

金融自由化和金融民主化是金融市场追求的目标，毫无疑问，股权众筹的创新为实现该目标提供了全新的思路。一般情况下，股权众

---

① Zidisha, which operates an eBay-style platform that allows individual web users to transact directly with computer-literate borrowers in developing countries, does allow lenders to earn interest, but complies with SEC regulations by not guaranteeing cash payouts.

② Consumer Federation of America. Organizations and Individuals Critical of Anti-investor Provisions in the House JOBS Act and Companion Senate Bills. http://www.consumerfed.org/news/473, 2013-12-15, 2017-2-12; Marielle Segarra. The JOBS Act: Crowdfunding and Emerging Businesses. http://www.cfo.com/growth-companies/2013/10/the-jobs-act-crowdfunding-and-emerging-businesses/, 2013-12-14, 2017-12-15.

③ Consumer Federation of America, Public Interest Groups Oppose Anti-Investor "Capital Formation" Bills: Consumer Federation of America open letter to Sen. Johnson and Rep. Shelby. at http://www.consumerfed.org/news/467, 2013-12-10, 2017-12-9.

④ Bill Black, The "Jumpstart Our Business Startups Act" will create a race to the regulatory bottom. http://therealnews.com/t2/index.phpoption=comcontent&task=view&id=767&Itemid=74&jumival=8266, 2013-12-9, 2017-12-9.

筹发行的权益属于证券法领域中的证券，但为了股权众筹证券本身的安全性，也要考虑特殊权益中的权利义务关系。股权众筹证券的价值在于广泛流通性，因而，允许其公开发行符合该金融工具创新的基本逻辑，如果鉴于金融市场环境而禁止或限制股权众筹的公开发行，可能导致金融工具的异变，减损金融创新的价值。但是，股权众筹证券的公开发行不可能遵守一般的证券公开发行规则，因此，要为股权众筹证券的公开发行提供单独的渠道，要在培育金融创新以引领金融市场改革的理念下，有效预防和限制金融创新可能带来的风险，努力维护股权众筹市场的安全和稳定。

第二节　股权众筹发行人准入法律问题研究

一　股权众筹发行人的内涵

（一）美国的规定

发行人一般是指发行证券的人，各国法律规定不同，发行人的内涵与外延也不相同。如美国《1933 年证券法》第 2（a）（4）项对发行人的概念进行界定，[①] 在该项复杂、冗长的定义中，美国立法者将发行人区分为不同类别并给予不同的判定。一般而言，发行人是指每个发行证券或者准备发行任何类别证券的人，[②] 意思是指发行人是有资格并且正在发行或者正准备发行任何美国证券法上规定的"证券"的人。该定义突出强调了五个概念。

首先是"证券"；很明显该规定所指证券的外延就是《1933 年证券法》中规定的所有证券，[③] 但该条规定的证券内涵明确将一部分证券形式排除在外，如股权信托证、存款单等。[④]

其次是"发行证券的人"；该条规定首先原则性规定发行人是指能够遵守相关规定，并从事证券发行的人或人们，然后又排除了一些

[①] U. S. 1933. SEC. ACT. §. 2（a）（4）.
[②] U. S. 1933. SEC. ACT. §. 2（a）（4）.
[③] U. S. 1933. SEC. ACT. §. 2（a）（1）.
[④] U. S. 1933. SEC. ACT. §. 2（a）（4）.

不属于或者没有资格成为发行人的人或人们，如不具有法人资格的协会等。①

再次是规定"特殊情形下的发行人"；该条强调的是设备信托证和其他类似证券的设备持有人。②

其四是"人"的内涵；在这个复杂的定义中，详细界定了人的内涵与范围，"人"是指个人、股份有限公司、合伙组织、协会、股份两合公司、信托公司、不具有法人资格的组织机构或政府或政府的政治分支机构。③

最后，"发售"或者"出售"行为的界定；该定义还暗含着对"发售"或者"出售"行为的解释，即要按照《1933年证券法》的规定进行理解，④一般是指任何证券的发售或者任何证券利益的出售。

美国《1934年证券交易法》第3（a）（8）项也对发行人做出了和《1933年证券法》相似的规定，即发行人是指任何发行或者计划发行任何证券的人，除了涉及证券储存单据、股票信托单据、以有价证券作抵押的单据，或者除了涉及在一个没有董事会或没有固定的有范围限制的管理部门或没有单位类型的不具有法人资格的投资信托中的股权单据或股票，发行人是指执行证券法规定并且承担存款人责任或承担根据发行该证券的信托条款或其他协议而规定的管理责任的人或人们，但涉及设备信托单据或者类似证券时，发行人还指使用或将使用此设备或资产的人。与《1933年证券法》不同的是，在《1934年证券交易法》第3（a）（8）项中规定"人"是指一个自然人、公司、政府或者政府分支机构、机构或一个政府的下属单位。而在《JOBS法案》中，针对股权众筹发行人的特殊情况，对《证券法》和《证券交易法》中的发行人规定进行限制，仅指非公共机构的美国发行人。

---

① U.S. 1933. SEC. ACT. §.2（a）（4）.
② U.S. 1933. SEC. ACT. §.2（a）（4）.
③ U.S. 1933. SEC. ACT. §.2（a）（2）.
④ U.S. 1933. SEC. ACT. §.2（a）（3）.

（二）意大利的规定

与美国相对比较宽泛的定义相比，意大利的规定则谨慎很多。在意大利《18592号规则》第2（1）（c）项中，将发行人定义为创新型初创企业，包括创新型社会组织。而创新型初创企业和创新型初创社会组织的具体内容由意大利第221号法令第25（2）项和第25（4）项规定。① 根据该规定，创新型初创企业的业务主要是创新和科技类，该类该企业年生产总额没有超过500万欧元；企业成立时间不超过4年；该企业股份的51%及其以上为个人持有；该企业到申请发行时为止尚未分配企业利润；该企业的主要营业地应该在意大利；该企业不是因其他公司合并或分立而成立；该企业拥有相应的知识产权或专利；该企业30%以上的经费预算是科研费用，或该企业至少1/3以上的团队成员是博士学位获得者或候选人，或1/3以上的团队成员至少有三年以上的科学研究工作经历，或者具有相应的专利权。

而中国证券业协会在《私募股权众筹融资管理办法（试行）（征求意见稿）》中就没有使用"发行人"这一概念，② 而采取"融资者"，并强调该办法所指的融资者应当为中小微企业或其发起人，但对中小微企业并没有做出界定。

二 股权众筹发行人的注册地和发行限额要求

（一）注册地要求

鉴于股权众筹的投资者面临较高投资风险，为了方便保护投资者利益，已经立法的国家一般会对股权众筹发行人的来源地或注册地有明确要求。譬如，美国法律规定，如果发行人不是依据美国联邦法律、州法和哥伦比亚特区法律注册运营，就不能适用第4（a）（6）项下的豁免规定。③ 因而，在美国从事股权众筹的发行人，如果想获得发行注册豁免，注册地必须在美国。

---

① 即 Decreto Crescita Bis 法案。
② 这主要是考虑该《办法》对股权众筹性质界定为"私募"，因而，不可能涉及"发行"。见中国证券业协会《私募股权众筹融资管理办法（试行）（征求意见稿）》第11条。
③ U. S. 1933. SEC. ACT. §. 4A (f) (1).

意大利法律对发行人注册地也有要求，根据《18592 规则》的规定，准备在意大利从事股权众筹的发行人，其主要营业地应该在意大利。因而，在意大利，外国人也可以从事股权众筹证券的发行，只要其在意大利境内有主要营业地即可，对发行人国籍并没有明确的要求。

（二）发行限额要求

融资限额是发行人资格要求中的一个关键因素，已出台股权众筹管理规定的国家，对发行人都有相应的年度最高融资额限制。如美国《1933 年证券法》第 4（a）（6）项要求，股权众筹发行人（包括所有控制发行人的实体或被发行人控制的实体），在 12 个月内的集资总额不能超过 100 万美元。[①] 意大利规定在 12 个月内募集资金不超过 500 万欧元。[②]

关于该数额限制，立法者和市场参与者存在不同判断。立法者认为，融资总额的限制对投资者是有益的，因为不仅可以减少欺诈，而且还可以防止因证券稀释而给投资者带来损失，但市场参与者认为，设计一个较低的年度融资总额，可能会排除那些融资大户，从而使投资者失去了投资于高速增长企业的机会。另外，设立一个限制额度，无形中会影响资金的运转效率，不利于众筹市场的建设。因此，如何把控这个限额是一个艰难的工作，要在充分估算的基础上进行恰当平衡，但是，对于大多数国家而言，由于缺乏足够的或者基本的数据，无法量化拟规定

[①] 这个数额会根据联邦劳工部公布的城市居民消费价格指数的变化情况，至少每五年做一次修改。

[②] 法国规定每年最大额为 100 万欧元，比利时规定每年不超过 30 万欧元；保加利亚规定在 12 个月内不超过 10 万欧元；克罗地亚规定在 12 个月内不超过 500 万欧元；捷克规定在 12 个月内从欧盟募集的不超过 100 万欧元；丹麦规定在 12 个月内不得超过 100 万欧元；爱沙尼亚规定在 12 个月内不超过 500 万欧元；德国规定在 12 个月内不超过 10 万欧元；匈牙利规定在 12 个月内从欧盟募集的不超过 10 万欧元；拉脱维亚规定在 12 个月内发行可转换证券不超过 10 万欧元，波兰规定在 12 个月内不超过 10 万欧元；斯洛伐克规定在 12 个月内不超过 10 万欧元；斯洛文尼亚规定在 12 个月内不超过 10 万欧元，瑞典规定在 12 个月内不超过 250 万欧元；英国规定在 12 个月内不超过 500 万欧元。以上数据来自 Oliver Gajda，Tanjaaschenbeck-Florange，Thomas Nagel，eds.，*Review of Crowdfunding Regulation：Interpretations of existing regulation concerning crowdfunding in Europe，North America and Israel*，2014，The European Crowdfunding Network AISBL，2014。

数额可能带来的效率损失大小，因此，只能通过相似业务的经验，谨慎估算一个保守的最高额度。当然，这种规定方式必定存在争议。

（三）关于发行限额规定的争议

股权众筹发行人的发行额度是否应该限制，如果限制，限制的数额如何确定，从已经颁行股权众筹监管规则的国家立法经验来看，存在很多的争议。这些争议主要集中在两个方面，一是理论上的不同分析，二是操作技术层面的可行性。以美国立法为例，美国众筹监管规则规定发行人在12个月内的最大发行额为100万美元。很多人认为，这个数额太低了；有人认为这100万美元应该只是根据4（a）（6）项发行的数额，并不包括所有的豁免发行额；有人认为应该澄清根据4（a）（6）项发行的数额不包括来自亲友、家庭、大众捐赠、赠送、补助或贷款获取的资金；也有人认为4（a）（6）项下的豁免发行有可能与其他发行豁免整合，因此建议SEC应该在D条例和4（a）（6）项规定没有整合的情况下，允许同时发行或者有次序地发行。因此，有必要考虑规定的这个限额的真实含义，这个限额到底包括什么内容？总结起来，主要有以下争议：

1. 该限额是否是发行人在12个月内发行所有证券的最大额度

根据制定规则的字面意思，主要用"门槛"（Thresholds）、"最大额"（A Maximum Raised Amount）、"不超过"（Must Not Exceed）等词汇，表明这个数额是最终的、唯一的、不可改变的。但是这个不可改变的数额是依据豁免条款而发行的最终数额，还是该发行人在12个月内发行的所有证券数额，在理解上有歧义。也就是说，这个限额是否阻碍发行人通过豁免条款之外的其他渠道募集资金。根据美国法上的理解，该限额就是指初创企业募集的最大金额，因为《JOBS法案》第3部分规定，100万美元是指发行人的所有募资总额，包括依据4（a）（6）豁免发行的所有数额。但是根据《1933年证券法》第4A（g）款的规定，第4（a）（6）条款下的豁免发行并不阻碍发行人通过其他方式募集资金。因此，这两个条款的规定是相互冲突的，或者规定非常模糊。

按照前一条的规定来理解，募集的总金额包括所有的豁免交易金额,当然就包括非股权众筹方式在内,但是后一条规定按字面意思来理解就是4(a)(6)条款下的豁免发行总额单指股权众筹,并不包括股权众筹之外的资金。当存在这种潜在冲突时,需要一个合理的解释。而美国联邦最高法院在著名的Ralston Purina案判决中的推理可能会给我们启发,判决指出:Ralston Purina公司向其关键员工发行股票的行为是否属于证券法下的私募豁免,证券法本身及立法史都无法理清……(所以,解决问题的)关键在于审查建立这种理清的情形和考虑这种理清的目的……(联邦最高法院认为)免于《证券法》规定注册是这一问题的关键……(因而)要考虑《证券法》对私募发行豁免注册的立法目的。

因而,讨论《1933年证券法》第4(a)(6)项下豁免发行的最高限额时,应该首先考虑到《JOBS法案》给予股权众筹豁免发行的立法目的。同样,在讨论各国的最高限额是否包含其他募集金额时,也应该考虑各国给予股权众筹豁免或数额限制的立法意图。股权众筹能够被各国立法所纳入,其初衷就是为了减轻初创企业和小企业募集资金的压力并降低其发行成本,进而促进创业、带动就业和经济发展。各国立法的目的是为小企业增加一种募集资金的方式,而不是要规制小企业在豁免发行之外募集资金的行为。因此,认为该数额应该包括所有募集额的观点,与为小企业和初创企业减缓资金压力的目的是背道而驰的,因为根据该观点,发行人已经通过4(a)(6)项募集了100万美元的资金,就不能通过其他途径再募集资金;或者从其他途径募集到100万美元,就不能从4(a)(6)项下募集资金,这无疑加重了小企业募集资金的难度。所以,依据4(a)(6)项下的豁免发行总额限制,并不包括4(a)(6)项规定之外所募集的资金。关于这一点存在的疑问,SEC在2016年的最终规则中,作出了明确的说明,认为100万美元的数额只是所有股权众筹发行的总额。①

---

① During the 12-month period, the aggregate amount of securities sold to an investor through all crowdfunding offerings may not exceed $100,000, See SEC, *Final Rule of Regulation Crowdfunding*, 2016, p. 11.

2. 该限额的主体是否包括与发行人有密切联系的人

各国规定的这个限制数额是仅指发行人本人在 12 个月或 1 年内依据股权众筹募集的最高额，还是也包括与发行人密切联系的人在 12 个月或 1 年内依据股权众筹募集的数额？目前各国的法律规定各不相同。如意大利在第 221 号法令中规定了 500 万欧元的数额，但是这个数额是仅指发行人本人在 12 个月内依据《18592 号规则》发行的总额，还是也包括与发行人有密切联系的人，如控制发行人的实体或发行人控制的实体或发行人的前身组织等同样属于初创企业的人，依据《18592 号规则》发行的数额，221 号法令对该问题的规定也是模糊的。但是根据《18592 号规则》第 2（1）（f）项的规定，以及该规则第 8（1）款、第 8（2）款、第 9 条、第 10（1）款、第 14（1）（a）项的规定，直接或间接控制股东协议或投票权的实体和个人，都应该承担相应的义务，因此，发行人的关联人募集额度应该纳入 500 万欧元的总额中。

但是，在美国的立法中，明确把所有与发行人有密切联系的人的发行都统合在 100 万美元的总额中，《JOBS 法案》第 302（a）（6）项规定发行人包括所有控制的和被控制的实体。① 因此，在 12 个月内的发行数额应该包括发行人控制的或被控制的实体依据 4（a）（6）项募集发行的数额。②

另外，《JOBS 法案》对发行人的前身组织在 12 个月的募集金额是否纳入这 100 万美元的最高限额，没有规定。但 SEC 在 2013 年《众筹规则建议稿》中认为，4（a）（6）项规定的发行总额应该包括发行人前身在规定的 12 个月期间发行的证券数额。③ SEC 认为这条规定旨在阻止发行人通过重组新的实体来规避 100 万美元的限制，例

---

① U. S. JOBS. ACT. §. 302（a）（6）.
② 《JOBS 法案》对什么是"控制或一般性控制"没有做出界定，SEC 在 2013 年《股权众筹规则草案》的规定，认为控制的含义应该参照《1933 年证券法》第 405 条规则，该种解释也保留在 2016 年的《众筹监管规则》中。见 17 CFR 230.405；又见 SEC，*Final Rule of Regulation Crowdfunding*，2016，pp. 19 – 20.
③ SEC，Proposed Rule 100（c）of Regulation Crowdfunding，2013.

如，一个发行人已经募集到 100 万美元，将不允许发行人通过重组在 12 个月内再次发行。

但是，如果参照上面提到的美国联邦最高法院在 Ralston Purina 案中的推理，就会发现将"发行人关联人"的融资额度纳入限制总额，与联邦立法初衷是相互冲突的。因为立法目的是希望通过股权众筹小额豁免发行帮助中小企业融资，可以推定立法者强调对这些关联人的披露义务和资格监管，是为了保护投资者的投资安全，并没有把控制发行人的实体或发行人控制的实体或发行人的前身组织等与发行人有密切联系的实体的融资数额，纳入到限制总额中的立法动因。但是，在如何防止欺诈和如何有效保护投资者利益的方式选择上，美国国会显然选择了一种更为保守的做法，试图通过限制发行人的关联人范围，来减少可能通过扩大发行规模从而给投资者带来更高的风险。即立法者试图在便利融资、控制融资额度与保护投资者权益三者之间找到平衡，从金融市场的运行规律来说，这样的平衡效果可能是有限的。

3. 限额的大小问题

如前所述，设计特定期间股权众筹发行人募集资金总额的限制，需要大量的基础数据，但是，由于股权众筹市场刚刚建立，无法提供确切的资料，因此，立法者应该根据相似领域的市场数据，结合股权众筹的市场特点，估算出一个大概的数据区间，最后从中寻找一个比较合适的点，作为立法中的标准数据。因而，世界各国基于不同的市场行情与基础数据，加上立法者对拟立事项的态度不同，会设计出不同的限制数额。考虑到现在初创企业的资金需求，以及互联网通信下的全球客户或区域客户数量，有的国家的规定比较适中，但有的国家的限制过于严格。譬如，意大利、英国、克罗地亚和爱沙尼亚规定不超过 500 万欧元，考虑到各自的市场总量，意大利和英国的规定应该比较适中，但克罗地亚和爱沙尼亚的规定可能过于宽松，将为市场带来较大冲击。而保加利亚、匈牙利、德国、拉脱维亚、波兰、斯洛伐克、斯洛文尼亚规定不超过 10 万欧元，这个限制可能过于严格，特别是德国，作为一个大经济体，这个限制数额显得太低，立法者可能过于保守。

因而，各国现在的限额，基于对股权众筹市场发展前景不确定的判断，总体上处于一种试探性姿态，随着股权众筹市场的不断发展和完善，相信会不断提高限制数额。但是，若要彻底废弃限额，可能还需比较长的时间。

三 股权众筹发行人的特定条件要求

（一）特定的条件

制定股权众筹发行人准入资格，主要有三种方法，其一是正向规定应该符合的条件，即积极的规定；其二是反向规定不符合的条件，即消极规定；其三是既规定积极的条件，也规定消极的条件，称为混合规定。世界各国的立法例不同，对准入资格的要求也不同。但一般来看，采用积极规定和消极规定的，主要采用列举式；采用混合规定的，定义和列举并用。

意大利在规定股权众筹发行人准入资格时，采用了正向列举法。根据意大利 2012 年第 221 号法令的规定，在意大利境内从事股权众筹的发行人，除了必须是从事创新和科技类业务的创新型初创企业或创新型初创社会组织之外，还必须符合以下条件：该企业成立到申请发行时为止不超过 4 年；该企业的主要营业地应该在意大利；该企业股份的 51% 及其以上应该属于个人持股；该企业到申请发行时为止尚未分配企业利润；该企业的年生产总额不超过 500 万欧元；该企业不是因其他企业合并或分立而成立；该企业拥有相应的自主知识产权或其他专利；该企业经费预算的 30% 及以上要用于科学研究，或该企业的组成人员中至少 1/3 以上的拥有博士学位或者是博士学位候选人，或组成人员至少有 3 年以上的科学研究经历或拥有相应的专利权。

但是，美国采取了反向列举法。《1933 年证券法》第 4A 部分，列举式规定以下情形不符合股权众筹发行人的豁免资格要求：1. 如果发行人被要求根据《1934 年证券交易法》第 13 条或者第 15 条的规定向 SEC 提交报告的，则不符合《1933 年证券法》第 4（a）（6）项下的豁免资格。2. 如果发行人属于《1940 年投资公司法》第 3 条规定的投资公司，或者属于《1940 年投资公司法》第 3（b）款或第 3（c）款规定被排除在投资公司之外的人，则不符合《1933 年证券法》第 4（a）（6）项下的豁免资格。3. SEC 根据法律和监管规则，认为不符合豁免资格要求的。

（二）对美国和意大利特定条件的分析

美国和意大利不同的规定，反映出两国不同的立法取向。意大利的规定更强调细节，实质性业务要求较多，总结起来，主要是"一推一限一创新"。

"一推"是指：对初创企业的存续年限、年生产总额和盈利水平的要求，是为了限定"初创"企业的范围，使得国家帮扶政策更有针对性。从法令条文来看，前 4 年、未分红和年生产总值低于 500 万欧元的要求，强调的是对小型创新科技企业在成长早期的扶持，具有明显的鼓励创新、帮助创业的政策导向，是国家推动中小微企业发展的一个关键手段。

"一限"是指：法令要求发行人不是其他公司合并或分立的结果，并且个人持股要达 51% 以上，说明法令警惕大企业或非创新型初创企业为了"搭车"而以合并或分立的方式组建股权众筹企业；并且把大企业、非创新型企业，以及非个人控股 49% 以上创新企业排除在股权众筹之外，这些限制强调了对个人创新和创业的支持，体现了普惠金融或民主金融的一些特点。

"一创新"是指：在股权众筹发行人的资质要求中，创新性地提出了对知识产权和科学研究的要求。知识产权和科研经费的要求，旨在强调基础研究在经济发展中的重要作用，重视知识和技术的原创性，说明意大利政府鼓励的不仅是现有科技公司的创造力和就业率，更重要的是希望通过股权众筹鼓励更多潜在的知识和技术创新，为将来的科技发展打造基础，是长远规划，而不是短期利益驱动。而要求团队成员的教育和研究背景，突出对高级知识分子创业的鼓励，也凸显了意大利政府鼓励产学研相结合的研究、教育理念。这些做法对各国，特别是技术发展比较缓慢的国家，具有重要的借鉴意义。

美国的反向列举，强调类别的不同，是一种宏观的分层方法，或者称之为"剥洋葱"方法：首先，它排除了已经在 SEC 下承担报告义务的发行人。因为这些发行人已经处于 SEC 的监管之下，说明它已经有了募资的渠道，或者不符合股权众筹的发行条件；这是第一层。其次，它排除了《1940年投资公司法》第3条规定的投资公司，也排除了《1940年投资公司法》第3(b)款或第3(c)款排除的人，说明旨在排除具有高风险和比较复杂的实体参与股权众筹，譬如，对冲基金是被明确排除在外的；这是第二层。最后，它规定了一个兜底条款，授权给SEC决定哪些发行人应该被排除在外，这是第三层。SEC在2013年《众筹规则建议稿》中规定，以下4种类别的发行人应该被排除在外：①②（1）被撤销资格的发行人；（2）没有履行持续报告义务的发行人；（3）没有具体商业计划的发行人；（4）有商业计划，但其计划表明其将与一个或几个公司合并或并购的发行人。

很明显，被撤销资格的发行人应该被排除在外，因为它违反了"游戏规则"，被视为是"坏孩子"。同样，SEC认为，持续披露年度报告是发行人的法定义务，因为投资者通过持续披露的信息评估持有的发行人证券，并决定是否继续持有，如果发行人未能遵守这项要求，直接损害了投资者利益，所以应该被排除。但是对于为什么要把没有具体商业计划的发行人排除在外，SEC给出了这样的解释：股权众筹是一种新的并且正处于发展中的融资方式，其支持初创企业和创意项目的发展，股权众筹的目的就是为广泛的投资者提供一个早期的创意或项目，并允许大众通过对该创意或项目的集体评价，决定是否参与融资，并分享商业机遇。③ 因此，如果发行人没有一个特定的商业计划，大众就无法进行集体讨论，也无法决定是否参与融资。所以，没有具体的商业计划，将被排除在外。

可是对于"具体商业计划"有无标准，SEC认为从事股权众筹融资交易的公司可能会是不同行业，不同发展阶段的企业，因而，无法要求发行人按照统一的标准提交商业计划。并且，对股权众筹发行人的商业计划不能要求太高，因为有些发行人根本没有经营经验，与传

---

① SEC, Proposed Rule of Regulation Crowdfunding, 2013.
② 2016年的《众筹监管规则》保留了该条规定。详见 See SEC, *Final Rule of Regulation Crowdfunding*, 2016, pp. 36-40.
③ SEC, Proposed Rule of Regulation Crowdfunding, 2013, pp. 11-12; p 37.

统上市发行人相比,股权众筹发行人的商业计划可能不太详细,甚至不太规范,但只要商业计划能够阐明项目的内容、创意以及运用的商业模式即可。① 由此可以得知,SEC 将发行人的商业计划看作是投资者判断是否值得投资的重要信息来源,如果没有具体的商业计划,投资者不能判断发行人将要干什么,融资成功后资金会流向何处,投资者也无法评估发行人或发行项目是否值得投资。因此,从另一个角度来理解,没有具体的商业计划,就表明发行人存在欺诈的嫌疑,或者至少存在较高风险。

至于为什么将"有商业计划,但其计划是将与一个或几个公司合并或并购的发行人"排除在外,SEC 认为该种商业计划可能与《JOBS 法案》的规定不相符。SEC 的解释很含蓄,但从本质上去分析,发现商业计划是将准备与一个或几个公司合并或并购,说明发行人无法保证能够有效保护投资者权益,并且 SEC 和投资者都无法判断合并和兼并后的企业是否符合《1933 年证券法》第 4(a)(6)条的资格要求,更重要的是这种运作模式涉嫌"做壳套利",并不是真正意义上的创新型初创企业。

四 小结

综上所述,尽管 SEC 作出这些详细的解释,但是仍然在持续评估将"没有具体的创意或商业计划的公司"排除在合格发行人之外,可能给股权众筹市场带来的负面影响。SEC 特意向公众征求意见:"将没有具体的创意或商业计划的公司排除在外,是否会破坏小型发行人的资金需求和大众信息需求之间的适当平衡?"说明 SEC 仍然担心这个限制会将那些非常有潜力的创新项目或创新企业或创新思想排除在股权众筹市场之外。② SEC 正在努力寻找一种能够替代商业计划

---

① SEC, Proposed Rule of Regulation Crowdfunding, 2013, p. 38.
② 虽然在 2016 年 5 月 16 日生效的《众筹监管规则》中,即在最终规则中,仍然把没有具体商业计划的公司排除在众筹豁免发行之外,说明 SEC 还是坚持首先保护投资者权益,但是立法者的这种动态思考,对于创新的保护,是有益于市场均衡发展的。详见 See SEC, Final Rule of Regulation Crowdfunding, 2016, p. 11.

的新的鉴别创新思想的方法和工具,但这个思维过程,无疑说明了美国立法者对创新和创业的保护,以及具体折射出美国立法者所考虑的国家利益。

第三节 股权众筹投资者适当性管理法律问题研究

一 股权众筹投资者适当性准入门槛问题

(一) 投资者适当性与市场准入问题

1. 投资者适当性的内涵

投资者是金融市场的核心,对投资者进行适当保护是当今各国金融法治的重点内容。根据巴塞尔银行监管委员会、国际证监会组织、国际保监会在 2008 年发布的《金融产品和服务零售领域的客户适当性》报告的规定,对投资者的保护首先体现在投资者的适当性上,而投资者的适当性是指"金融中介机构所提供的金融产品或服务与客户的财务状况、投资目标、风险承受水平、财务需求、知识和经验之间的契合程度"。① 投资者适当性要求起源于美国,最初的目的并不是为了保护投资者利益,恰恰相反,是为了保护金融机构不受投资者的侵害,但是随着金融创新的日趋复杂化,投资者对创新金融产品的认识日趋模糊,知识日趋匮乏,不得不依靠金融机构的投资建议,加剧了投资者与金融机构在信息获取和决策判断上的失衡。为了调整这种失衡关系,各国逐渐开始使用投资者适当性要求来保护投资者利益。

一般情况下,投资者适当性要求包括投资者准入、投资者监管、投资者分类、投资者教育和投资者权益保护等五个方面内容,其中,投资者准入的适当性是投资者保护的前提,也是基础。投资者准入适

---

① 中国证券监督管理委员会:《〈证券期货投资者适当性管理办法〉解读》,(2017 年 6 月 16 日) http://www.csrc.gov.cn/pub/hunan/xxfw/tzzsyd/qhtz/201706/t20170616_318747.htm,2018 年 1 月 10 日访问。

当性的核心内容是通过了解投资者的个人信息，譬如财产、收入、投资经验和风险偏好等，帮助投资者判断是否适合从事特定的证券投资。因此，建立投资者准入规则时，立法者在市场评估的基础上，做两种虚拟分层，一种是对目标市场可能存在的风险进行分层；另一种是对目标市场可能存在的潜在投资者进行分类。建立的准入规则就是对风险和投资者相互匹配的规定，使得处于不同类别的投资者能够承受一定系数的市场风险，从而达到适当性要求。因此，各国对潜在投资者的不同分类，反映了不同的监管诉求。

2. 基于投资者适当性的市场准入门槛

投资者适当性要求是一种监管诉求，表面反映的是监管部门对弱小投资者的保护，其实质追求的是社会价值，尤其是社会正义，因而，各国一般会通过对投资者市场准入监管规则的调整来平衡自由竞争和社会实质正义之间的关系。譬如，美国《D规则》的颁行，其实质就是通过界定合格投资者的范围达到豁免注册从而促进金融效率的目的。从当下各国对投资者适当性的管理而言，主要体现在投资者市场准入的分层或者分类上。

美国金融监管局（The Financial Industry Regulatory Authority，以下简称"FINRA"）将证券投资者分为三类，认可投资者、合格投资者和机构投资者。其中认可投资者主要包括个人净资产或夫妻共有的净资产超过100万美元的自然人、最近两年内个人每年的收入超过20万美元或者夫妻共同收入超过30万美元并合理预期本年度可以达到相当收入水平的自然人、投资于非特定资产组合的信托产品总值在500万美元以上的、经其投资人认可可以对外以认可投资者的身份进行证券交易的法人或非法人实体；合格的投资者是指拥有及全权委托方式投资不少于2500万美元的自然人；机构投资者是指总资产不少于5000万美元的实体，包括自然人、法人、合伙、信托和其他合法形式的主体。欧盟《金融工具市场指引》将接受金融服务的客户分为零售客户、专业客户（Professional Client）和合格交易对手（Eligible Counterpart）三类。英国将投资者分为零售客户和专业投资者，其中专业投资者又分为专业客户和选择性专业客户，英国没有明确界定零售客户，一般认为是专业投资者以外的所有投资者；专业客户限于机构投资者，自然人不能成为专业客户；选择性的专业客户属于专业投资者，是自然人。日本2006年颁行的《金融商品交易法》，将投资者分为专业投资者和普通投资者两大类，普通投资者有比较严格的条件。① 意大利将投资者主要分为专业投资者和非专业投资者，其中又将专业投资者细分为专业私人投资者和专业公众投资者，因此，在股权众筹融资的具体交易中，意大利为了保护非专业投资者的利益，强制性地规定在每个发行项目中，专业的投资者必须拥有一定比例的份额，希望通过专业投资者的经验保护非专业投资者的投资利益。

尽管各国都用投资者分层来规范市场准入秩序，但通过对比可知，这些分层主要基于三个标准，财富总额、年收入和投资经验。这种人为的划分，特别是基于总财富和年收入的等级划分，饱受批评，因为这两个标准凸显出金融市场和金融资源倾向于有一定财富积累的人，在市场准入规则制定时，立法已经刻意排除部分民众分享金融资源的权利。虽然立法本意是保护投资者利益，但设立门槛的做法却在实践中造成歧视，一部分人由于立法规定的财富限制标准而无法参与投资，这严重损害了证券立法所追求的"公开、公平、公正"的精神。

此外，投资者适当性要求的主要功能是保护投资者权益，帮助投资者识别风险，但财富或年收入水平并不能等同于投资者的识别风险能力，也就是说金融风险的识别不能依靠拥有财富的多少来判断，因为腰缠万贯的富豪初次进入证券市场，其对风险的识别和判断可能还不如小投资者。因此，在财富与风险的这组关系中，我们可能得出的唯一结论就是财富越多的人能够承担更大的市场风险，但对于立法者而言，核心的关切应该在于保护投资者识别风险的能力，而不是保护投资者承担风险的能力。

---

① 在日本2006年《金融商品交易法》中，只是对投资者进行了分类，这种分类只是规范金融从业者的商业行为，并没有纳入到投资者市场准入规则中。直到2008年6月对该法进行修改后，才添加了投资者市场准入规则。

因而,当股权众筹借助于互联网的普惠、大众、公平等精神发展起来之后,也面临投资者市场准入的问题,是效法已有的做法还是另辟蹊径,在理论上产生了很多争议。

(二)股权众筹投资者适当性管理中的市场准入门槛问题

在股权众筹市场,考虑到投资者适当性要求,对参与其中的投资者是否规定准入门槛,理论上存在分歧。

1. 反对设立门槛

首先,反对者认为如果规定准入门槛,就要设计准入门槛的具体标准,按照目前金融市场设定门槛的办法,主要依据投资者的财富总额、年收入标准和投资经验,如上所述,该分类标准会在规则层面排除一部分参与者,违背了公平选择理念,而股权众筹的本质就是借助于大众的智慧促进民间资金有效流通,满足小额或者低收入人群对金融资源的需求,所以,分类排除的办法不符合股权众筹市场的创新目的。

其次,假设可以采用分类标准,但具体的财富标准或收入标准或经验标准很难划定。因为股权众筹针对的目标群体或者潜在投资者主要是普通大众,包括低收入人群,该群体没有大量财富或很高年收入,市场准入标准划定过高,适格的投资者很少,不利于资本形成,影响股权众筹市场的建设;如果标准划定较低,标准没有意义,市场运作也没有实际意义。同样,如果根据投资者经验来划定准入门槛,肯定将大部分普通大众排除在股权众筹之外,因为大众普遍缺乏投资经验,也没有良好的风险控制能力。

最后,执行市场准入门槛存在技术困难。如果设立准入门槛,很难确定监管部门,也很难判断投资者是否达标;如果达标了,在准入程序方面还要面临自动执行还是申请执行的问题,[①] 尤其是面对范围更为广阔的投资大众时,在实践层面执行这些标准需要花费大量时间

---

① 这里可以参考日本的经验,日本 2008 年修订后的《金融商品交易法》中规定"特定投资者"的准入规则。将"特定投资者"的准入分为两类:自动获得准入资格和申请获得准入资格。详见郭东《东京创业板"特定投资者"准入制度及其启示》,《证券市场导报》2010 年第 6 期,第 19—23 页。

和高昂成本，毫无疑问，会增加股权众筹的投融资成本，并且对保护投资者利益也没有多少实际意义。

2. 支持设立门槛

首先，支持者认为如果不规定准入门槛，可能会影响金融稳定和投资安全。因为在证券市场的两大交易主体中，机构投资者对资本市场比较熟悉，而自然人投资者因其知识储备、工作经验以及风险意识等投资素养不够，缺乏对市场信息的有效收集、深入分析，并且其热衷于反转交易，① 但是在股权众筹市场，缺乏这种基于行情溢价的回报环境，因而，设计适当的门槛，不仅有助于保护弱小投资者，也有助于提高股权众筹市场的资金运转效率。

其次，从行为金融学的角度来看，投资者的认知偏差根深蒂固，投资者在投资过程中存在各种心理认知，如自我欺骗、启发式简化、情绪控制和环境交互影响的心理依赖等，这种以自我为中心的心理认知，会刻意回避与自己的认知不同或相反的市场信息，高估自己的知识储藏与信息分析，倾向于选择性认知与自我判断相适应的市场信息，② 而在股权众筹市场，基于互联网平台的大数据搜索和信息传递，真假信息混存，需要投资者具备一定的信息与风险识别能力，因而，如果不设定准入门槛，可能让那些没有或具有少量投资经验的投资者卷入基于虚假判断的"羊群效应"中。

最后，股权众筹市场仍然是证券市场，充满且需要各种风险，支持者认为除了平衡投资风险与市场建设之外，还要考虑投资者若遭受损失，还能否正常生活，因为这不仅是私人投资自由化问题，还关系到社会公共利益。因此，在设计规则时，应该将那些有高风险偏好，但经济承担能力或投资经验有限的潜在投资者排除在外。支持者认为设置合理的门槛将一部分参与者排除在外，即便阻碍了这部分人的参与自由，但至少保护了这些人不受投资损失的伤害，不影响他们的正

---

① Fischer Black, "Noise", *Journal of Finance*, Vol. 41, No. 3, 1986, pp. 529—543.
② 裴平、张谊浩：《中国股票投资者认知偏差的实证检验》，《管理世界》2004年第12期，第12—13页。

常生活，从某种意义上来说，这才是更大范围的公平。

总之，支持和反对各有其道理，但从股权众筹立法实践来看，西方主要发达国家没有设立投资者准入门槛，但是中国在监管草案中，设置了投资者准入门槛。

二　股权众筹投资者适当性管理中的投资限额规则

（一）股权众筹投资者适当性管理中的投资限额计算问题

1. 投资限额的规定

西方主要发达国家的股权众筹立法，对投资者的市场准入没有规定准入门槛，但各国在设计规则时设置了相应的安全阀，以便将市场风险可能带给投资者的损失控制在一定范围内，最主要的安全隔离设计是设立固定期间的最高投资限额。

譬如，美国、意大利，根据两国的规定，固定期间的最高投资限额按照两种途径进行设计，一种是设计一个确定的金额数值；另一种是按收入或资产的一定比例确立一个适当的比值。而固定期间一般按会计年度或固定月份计算。

根据美国众筹监管规则，投资者在 12 个月内购买的股权众筹证券不能超过法定数额，[①] 即投资者年收入或净资产少于 10 万美元的，不能超过 2000 美元，或者年收入或净资产的 5%；投资者年收入或净资产等于或大于 10 万美元的，不超过年收入或净资产的 10%，但最高不超过 10 万美元。这些金额应该由 SEC 根据消费者价格指数，至少每 5 年调整一次。[②]

而意大利众筹监管条例规定，投资者通过在线平台投资的总金额，不得超过以下限制：自然人每次投资不得超过 500 欧元或全年所有的投资不得超过 1000 欧元；法人每次投资不得超过 5000 欧元或全年所有的投资不得超过 1 万欧元。[③] 但是，与美国和意大利的规定相

[①] U. S. 1933. SEC. ACT. §. 4 (a) (6) (B).

[②] U. S. 1933. SEC. ACT. §. 4A (h).

[③] Regulation No. 18592. ART. 17.

比较，比利时的规定比较简单，即每个项目的投资额不得超过1000欧元。①

2. 投资限额的计算问题

股权众筹投资限额的规定意图就是控制风险程度，降低可能带来的损失。但是，美国众筹监管规则在起草过程中，关于投资限额的计算问题曾出现立法不清晰，条款内容矛盾等立法疏漏。

首先，投资限额的计算方法不明确。美国《1933年证券法》第4（a）（6）（B）（i）目规定，"投资者年收入或净资产少于10万美元的，不能超过2000美元，或者年收入或净资产的5%"。② 这个条文可以解读为以下几种：（1）年收入少于10万美元，不能超过2000美元；（2）年收入少于10万美元，不能超过年收入的5%；（3）净资产少于10万美元，不能超过2000美元；（4）净资产少于10万美元，不能超过净资产的5%。那么在具体的实践中，应该按照哪一种来计算并不明确。同样，美国《1933年证券法》第4（a）（6）（B）（ii）目的规定："投资者年收入或净资产等于或大于10万美元的，不超过年收入或净资产的10%，但最高不超过10万美元"，③ 该条款也可以解读为以下几种：（1）年收入等于或大于10万美元，不超过年收入的10%，最高不能超过10万美元；（2）净资产等于或大于10万美元，不超过净资产的10%，最高不能超过10万美元。以上两种解读都符合法条含义，但无疑会给实践操作带来技术难题。

其次，还可能出现操作冲突。如当年年收入总额和净资产总额相差较大时，可能存在以下情形：（1）年收入大于10万美元，但净资

---

① Oliver Gajda, Tanjaaschenbeck-Florange, Thomas Nagel, eds., *Review of Crowdfunding Regulation: Interpretations of existing regulation concerning crowdfunding in Europe, North America and Israel*, 2014, The European Crowdfunding Network AISBL, 2014, p. 237.

② U. S. 1933. SEC. ACT. §. 4（a）（6）（B）（i）: the greater of ＄2,000 or 5 percent of the annual income or net worth of such investor, as applicable, if either the annual income or the net worth of the investor is less than ＄100,000.

③ U. S. 1933. SEC. ACT. §. 4（a）（6）（B）（ii）: 10 percent of the annual income or net worth of such investor, as applicable, not to exceed a maximum aggregate amount sold of ＄100,000, if either the annual income or net worth of the investor is equal to or more than ＄100,000.

产少于 10 万美元，应该选择 2000 美元，还是选择 5% 的基数？或是选择 10% 的基数？（2）年收入小于 10 万美元，但净资产大于 10 万美元，应该选择 2000 美元，还是选择 5% 的基数？或是选择 10% 的基数？（3）年收入大于 10 万美元，净资产小于 10 万美元，最高限额为 2000 美元还是 10 万美元？（4）年收入小于 10 万美元，净资产大于 10 万美元，最高限额为 2000 美元还是 10 万美元？因此，该条文规定得极其模糊，需要法定机关给出相应解释。而美国证券交易委员会（U. S. Securities and Exchange Commission，以下简称"SEC"）在 2013 年提出的《众筹规则建议稿》中作出了澄清，SEC 认为"10 万美元的限制是一个不错的方法"，但是应该"在限制总额的基础上设定一个年收入或净资产的具体限制"。① 根据《众筹规则建议稿》的设计，如果年收入和净资产都少于 10 万美元，在 2000 美元和年收入或净资产的 5% 中，以较高者为准；如果年收入或净资产中有一个超出 10 万美元，则依据年收入或者净资产的 10% 来计算，以较高者为准，但最多不能超过 10 万美元，但是这个解释还是存在问题。

最后，条款内容有瑕疵。按照美国《1933 年证券法》第 4（a）（6）（B）（i）目的规定，投资者的年收入或净资产少于 10 万美元的，不能超过 2000 美元，或者年收入或净资产的 5%，后经 SEC 的解释，"以高者为准"。② 但是，如果投资者当年年收入或净资产都低于 10 万美元，需将 5% 计算的结果与 2000 美元进行对比，取高者为标准。假设年收入与净资产都是 8 万美元，按 5% 的数值计算为 4000 美元，与 2000 美元比较，取 4000 为限额，因而，在这种情形下，2000 美元的设定是没有意义的。所以，在投资者的年收入和净资产大于 4 万美元时，2000 美元的限额没有意义，只有年收入和净资产小于 4 万美元时，按 5% 计算的数额才小于 2000 美元，通过对比，才能发现 2000 美元限额的设计意义。

---

① SEC, *Proposed Rule of Regulation Crowdfunding*, 2013, p. 24.

② If *both* annual income *and* net worth are less than $100, 000, then a limit of $2, 000 or 5 percent of annual income or net worth, whichever is greater, would apply. See SEC, *Proposed Rule of Regulation Crowdfunding*, 2013, p. 24.

因而，规则制定有瑕疵，如果要修改，可以改为"年收入或投资者的净资产少于10万美元，不能超过2000美元或者年收入或投资者资产净值的5%，以较低者为准"。在2016年的美国《众筹监管规则》中，以上问题得到了修改，修改后的规则认为：如果投资者的年收入或者净资产中有一个少于10万美元，则投资限额不能超过2000美元，或者不能超过年收入或资产净值中较低一个的5%，两者以高者为准；如果投资者的年收入和净资产都等于或大于10万美元，则投资限额不超过年收入或资产净值中较低一个的10%，但最高不超过10万美元。① 并且，为了便于理解，SEC列举了几个典型的例子，② 供大众参阅。

（二）股权众筹投资者适当性管理中的投资限额构成问题

1. 投资限额的构成

西方主要国家的股权众筹立法，并没有规定投资者投资限额的构成要素，也没有说明判断投资限额的方法。如意大利众筹监管条例规

---

① (1) the greater of: $2,000 or 5 percent of the lesser of the investor's annual income or net worth if either annual income or net worth is less than $100,000; or (2) 10 percent of the lesser of the investor's annual income or net worth, not to exceed an amount sold of $100,000, if both annual income and net worth are $100,000 or more, See SEC, Final Rule 100 (a) (2) of Regulation Crowdfunding.

② The Chart Below Illustrates a Few Examples

Investor Annual Income	Investor Net Worth	Calculation	Investment Limit
$30,000	$105,000	Greater of $2,000 or 5% of $30,000 ($1,500)	$2,000
$150,000	$80,000	Greater of $2,000 or 5% of $80,000 ($4,000)	$4,000
$150,000	$100,000	10% of $100,000 ($10,000)	$10,000
$200,000	$900,000	10% of $200,000 ($20,000)	$20,000
$1,200,000	$2,000,000	10% of $1,200,000 ($120,000), subject to $100,000 cap	$100,000

(See SEC, *Final Rule of Regulation Crowdfunding*, 2016, pp. 25–26.)

定:"自然人每次投资不得超过 500 欧元或者全年所有的投资不得超过 1000 欧元;法人每次投资不得超过 5000 欧元或者全年所有的投资不得超过 1 万欧元。"① 但这个 500 欧元、1000 欧元、5000 欧元和 1 万欧元的数字只是包括投资者在股权众筹平台上的投资还是包括投资者所有的投资? 是针对投资者在一个股权众筹在线平台上的投资限制还是针对投资者在所有股权众筹在线平台上的投资限制? 同样,美国众筹监管条例规定的 2000 美元、10 万美元,5%,10% 的限制数额,也存在相同的问题。

如果这些数额被解读为投资者年度所有的投资总额,似乎太过于苛刻,不符合常理,因为股权众筹的规定并不能"跨界"约束投资者在其他领域的行为,因而,只能解释为对股权众筹的限制。但是,很难判断该限制数额针对的是一个股权众筹平台还是所有股权众筹平台,不过可以借助推理形成如下思路:假如这个限额只是针对一个平台上的投资,同一个投资者可以在 A 平台投资 2000 美元,在 B 平台投资 2000 美元,如此类推,也许可以分散投资风险,但鉴于股权众筹市场的高风险性质,投资者面临的整体风险并没有减少,而投资数额的限制也变得没有意义。所以,该数额限制应该是对所有股权众筹在线平台的限制,2016 年美国《众筹监管规则》的条文也暗含着类似的表述。②

2. 是否包含夫妻共有财产

法律规定的投资者的投资限额是否包括夫妻共有财产,各国的文本并不一致。例如,在 2013 年美国《众筹规则建议稿》中,对投资者的投资限额是否包含夫妻共有的年收入或净资产,该草案规定得不是很明确。但根据立法意图来推测,对投资者年收入和净资产的计算是为了判断合格投资者的身份,③ 因此,SEC 认为对合格投资者身份的判断过程,就包含了个别收入和与配偶共同年收入和净资产的区别

---

① Regulation No. 18592. ART. 17.
② SEC, *Final Rule of Regulation Crowdfunding*, 2016, pp. 24 – 25.
③ 17 CFR 230.501 (a) (5).

方法,① 所以,法律草案中规定的限制数额应该包括夫妻共有的年收入或净资产,而 2016 年美国最终的《众筹监管规则》坚持了这一观点。但是,为了适用便捷,补充了一项解释,认为以夫妻共同年收入或净资产计算的,不得超出规定的单个投资者的投资限额,② 但意大利的文本并没有相关的解释。

(三) 股权众筹投资者适当性管理中的投资限额监管问题

1. 投资限额的监管主体

股权众筹立法中规定了投资者的投资限额要求的,无论是年度投资限额要求还是最高投资限额要求,都存在投资限额监管问题。在股权众筹的整个发行环节,应该由谁来监管投资者的投资是否满足投资限额的要求,具有较大的理论争议。

一种观点认为应该由发行人负责查验。理由是发行人筹集资金,由其负责查验投资者是否超过法定限额,比较便捷,操作性较强。但反对者认为,法律规定的限额针对投资者在所有股权众筹平台上的投资行为,发行人无法获得投资者在其他项目或其他平台上的投资信息,因而无法有效履行监管义务,并且,发行人要做大量的发行工作,如果让其负责监管,会给发行人带来额外的负担和成本。另外,发行人能否忠实履行监管职责值得怀疑,因为如果由发行人负责监管,可能与自身的潜在利益相冲突,当发行人融资达不到预期目标额度时,有可能为了募资成功而故意放松对投资者限额的监管。

另一种观点认为应该由股权众筹在线平台负责监管。因为在投资前期,投资者要在平台注册,并提交登记材料,在线平台与投资者接触最多,与发行人相比,在线平台更有机会了解投资者,并且,在线平台中立服务的性质和法定的投资者保护义务,更有利于其履行监管职责。但反对者认为,在线平台同样无法掌握投资者在其他平台上的投资情况,无法有效履行监管义务,并且,在线平台是否能够忠实履

---

① SEC, *Proposed Rule of Regulation Crowdfunding*, 2013, p. 25.
② See Instruction 2 to paragraph (a) (2) of Rule 100 of Regulation Crowdfunding, 2016; also see SEC, *Final Rule of Regulation Crowdfunding*, 2016, pp. 27 - 28.

行监管义务,是否会存在额外利益冲突,目前尚不清楚。

但是,美国众筹监管规则最后选择应该由在线平台负责监管股权众筹投资者的投资是否超出法定限额,如美国《1933年证券法》第4A(8)款规定中介机构有义务确保投资者的投资未超过法定限额;① 同样,SEC在2013年的《众筹规则建议稿》中,也要求在线平台在允许投资者作出投资承诺之前,必须确保投资者符合法定投资限额。②

2. 投资限额监管可能面临的困难

从监管便捷和监管效率角度而言,让股权众筹平台承担对投资者投资限额的监管责任,可能更加方便,但是否更加有效率,值得怀疑。如上所述,股权众筹平台并没有监管资源,因而其能否完成相应的监管职责,尚存疑虑,例如,美国众筹监管规则虽然授权在线平台履行投资限额的监管职责,但SEC对于该授权仍然存在担忧,③ 因为在股权众筹市场建立初期,还没有详细的基础数据,无法评估在线平台的监管效率。于是,有建议者要求在线平台只对该平台上的投资行为负责监督查验,而对其他平台上的投资应该由投资者主动申报,④ 也有人建议SEC应该建立一个集中的共享数据库,以方便在线平台监管。⑤ 但SEC认为"远水解不了近渴",并且即使修改了规则或者建立了数据库,效果如何也不明确,因而,SEC认为在线平台可以依据投资者提交的注册资料,如年收入、净资产或在其他平台的投资等信息,有效履行查验义务。⑥

由此可见,美国众筹监管规则将投资者的投资是否超出法定限额的监管,构筑在股权众筹平台依靠投资者个人申报和股权众筹平台利用自身可用信息的分析基础上,⑦ 从美国2013年《众筹规则建议稿》和2016年《众筹监管规则》中的内含逻辑来看,基于这样的判断会

---

① U. S. 1933. SEC. ACT §. 4A (a) (8).
② SEC, Proposed Rule 303 (b) (1) of Regulation Crowdfunding, 2013.
③ SEC, *Proposed Rule of Crowdfunding*, 2013, p. 169.
④ SEC, RocketHub Letter 1, http://www.sec.gov/rules/proposed.shtml, 2015 - 7 - 10.
⑤ SEC, Spinrad Letter 1, http://www.sec.gov/rules/proposed.shtml, 2015 - 7 - 10.
⑥ SEC, *Proposed Rule of Regulation Crowdfunding*, 2013, pp. 69 - 70.
⑦ SEC, Final Rule 100 (a) (3) of Regulation Crowdfunding.

遇见很多挑战，并产生很多问题。首先，股权众筹平台无法确保投资者申报的数据都是真实信息，为了多投项目，投资者可能谎报数据或者虚构数据；其次，股权众筹平台既没有充分的信息和数据，也没有充足的精力来监管投资者申报的数据是否属实；最后，股权众筹平台没有权限去查阅投资者在其他平台上的交易账户和交易金额，也不可能逐一线下核实投资者的申报信息，因而监管工作流于形式，没有实质性保护作用。

所以，如果要授权股权众筹平台履行监管投资限额的职责，监管部门必须要建立一个集中的共享数据库，将所有股权众筹发行信息汇总起来，不仅方便投资者查询，也有助于在线平台和监管机构有效监管。

三 股权众筹投资者适当性管理中的其他问题

（一）特殊投资者的市场准入问题

目前的股权众筹市场，投资者准入中还存在特殊投资者的市场准入问题，例如机构投资者或者外国投资者能否准入，机构投资者、合格投资者和外国投资者是否承担与本国小投资者相同的投资限额义务等等。在传统的证券市场，一般情况下机构投资者和外国投资者都可以进入，只是有的国家设置了一些特殊的要求和条件，但对于股权众筹市场，不同的国家有不同的规定，例如，美国众筹监管规则没有明确规定机构投资者的准入条件，但是从监管规则出台的讨论中，可以看出监管者对机构投资者参与股权众筹市场可能影响小投资者权益的担忧，但意大利的众筹监管条例则明文规定必须要有机构投资者参与。对于外国投资者能否进入，两国的法律都没禁止。

对于机构投资者、合格投资者和外国投资者是否承担与本国小投资者相同的投资限额义务问题，不同的国家也有不同的考虑。因为在传统的证券市场，对合格投资者、天使投资者、VC、机构投资者等具有较强风险承受能力的投资者都有一些特殊的或额外的规定，因此，在2013年《众筹规则建议稿》出台后，有建议认为应该为上述投资者设计一套与大众投资者不同的投资限额，或者直接豁免上述投资者的限额要求。但从美国《1933年证券法》的规定来看，美国立法已经明确规定法定限额是最终数据，除非法定原因，否则不可能为了任何特定类型的投资者而改变法定限额。① 同样，SEC回顾了立法目的，认为根据众筹的性质和《JOBS法案》的法定授权，投资限额面向所有投资者，法律并没有要求设计特殊标准，因而，法定限额适用于任何通过众筹融资交易的投资者，② 包括零售投资者，机构合格投资者，也包括美国公民、居民和外国人，因此，在2016年的最终规则中，SEC仍然坚持所有的投资者都应该遵循相同的投资限额，不能单独设计限额或者给予豁免。③ 但是，意大利众筹监管条例为机构投资者设置了单独的投资限额。

（二）集合投资者的市场准入问题

此处所指的"集合投资者"专指集合股权众筹模式下的领投人。虽然集合股权众筹模式可能与股权众筹市场的建设目的不太契合，但在目前的股权众筹市场已经存在，也是一种可供选择的参与方式。因而，在线平台为集合股权众筹领投人设计了特殊的准入要求，但不同的众筹平台规定不同，归纳之后，主要有以下特点：首先，要求具有一定的金融行业从业经验。主要集中要求领投人具有一定年限的金融行业从业经验，特殊的还要求具有基金、VC或其他金融行业任职经理及以上岗位的工作经验。其次，要求具有一定的经济能力。领投人要率先参与投资，有的在线平台专门为领投人设置了固定投资比例，并且规定在任期内完全锁定。最后，具有一定的社交能力。在股权众筹融资市场的初创阶段，个人的社会关系网络对展开业务有重要影响，因而，在线平台要求领投人具有较强的个人社交能力。

---

① 如美国《1933年证券法》规定，法定限制数额根据联邦有权机构公布的消费者价格指数的变化，至少每5年更新一次。

② See 158 CONG. REC. S1689 (daily ed. Mar. 15, 2012) (statement of Sen. Mark Warner) ("There is now the ability to use the Internet as a way for small investors to get the same kind of deals that up to this point only select investors have gotten that have been customers of some of the best known investment banking firms, where we can now use the power of the Internet, through a term called crowdfunding.")

③ SEC, *Final Rule of Regulation Crowdfunding*, 2016, p. 28.

四 小结

股权众筹是互联网信息技术与现代金融相结合的新型金融模式，内嵌着金融民主化的诉求，作为高科技支撑下的金融创新，其内涵建设和制度构建都不完善，因而，迫切需要通过投资者适当性制度保护中小投资者权益。西方金融发达国家的股权众筹立法，为股权众筹投资者的适当性保护和市场准入提供了有益的立法经验，在与传统的金融模式相区别的基础上，要对股权众筹投资者在分类要求、分类标准、准入门槛、投资限额、监管以及其他适当性管理问题上进行深入分析，确保提供给投资者的股权众筹产品与其承受投资风险的能力相匹配，从而引导股权众筹市场健康、稳健发展。

第四节 股权众筹在线平台准入问题

一 股权众筹在线平台的内涵

股权众筹融资在线平台，又称股权众筹平台、股权众筹在线平台、股权众筹集资门户（以下简称在线平台），是指在网络平台发布股权众筹融资信息，并为发行人和投资者双方提供投融资服务以赚取相应费用的互联网网站。在线平台是传统互联网网站与股权众筹证券发行相结合的创新产物，是在传统金融证券发行方式反思的基础上，基于信息技术的发展，为了便利中小微企业与大众小额投资者资金对接而专门设立的中介机构。

美国《JOBS法案》第304条规定，《1934年证券交易法》增加第3（a）（80）项，专门设立"集资门户"（Funding Portal）分类（为了行文统一，全文通用"在线平台"概念），认为其在《1933年证券法》第4（a）（6）项下证券的发行或销售交易中扮演中介角色。① 而意大

---

① U. S. 1934. SEC. EX. ACT §. 3 (a) (80). The term "funding portal" means any person acting as an intermediary in a transaction involving the offer or sale of securities for the account of others, solely pursuant to section 4 (6) of the Securities Act of 1933.

利在《18592号规则》第2（1）（d）项中，专门设置了"门户"（Portal）分类（为了行文统一，全文通用"在线平台"概念），认为其是为创新型初创企业募集风险资本的在线平台。① 中国证券业协会《私募股权众筹融资管理办法（试行）（征求意见稿）》第5条则使用"在线平台"分类，认为其是通过互联网平台（互联网网站或其他类似电子媒介）为股权众筹投融资双方提供信息发布、需求对接、协助资金划转等相关服务的中介机构。②

从各国规定可以看出，在线平台是投融资双方直接交流信息的渠道，是发行人直接发行股权众筹证券的网络工具，本质上是为投融资双方提供匹配服务以及其他辅助性服务的网站中介。虽然各国法律对在线平台概念的界定不同，但都规定其具有独立的法律地位。

如美国立法者专门为众筹创设了"集资门户"的新分类，并定义其专门为股权众筹证券的发行或销售提供中介服务，说明美国监管机构通过立法将在线平台设计为一个不同于传统金融中介、又具有自己独立规则体系的新机构，并期望新中介机构能够丰富多元化的中介选择，并促进市场竞争。同样，意大利为这种新的投融资渠道厘定了一个特殊概念"门户"，并强调它与传统投资银行或注册券商的区别。与美国规定不同的是，在意大利，该独立金融中介的服务范围比较集中，只针对创新型初创企业的大众小额融资服务。

美国和意大利对股权众筹在线平台在股权众筹市场中的定位，主要分为两层：第一个层面是基础层，将其作为投融资信息汇总的枢纽，强调发行信息和投资信息的对流衔接，发行人可以通过在线平台向不确定投资者发布各类股权众筹证券的发行募资信息；而投资者也可以通过在线平台查询、了解更多的发行人和发行项目，并通过平台的交流界面，与大众一起评估发行项目的可行性，并决定是否投资。第二个层面是管理层，将其作为维护股权众筹证券在线公开发行秩序

---

① Regulation No. 18592. ART. 2（1）（d）. "portal" shall mean the on-line platform with the exclusive purpose of facilitating the collection of risk capital on the part of the innovative start-ups.

② 中国证券业协会：《私募股权众筹融资管理办法（试行）（征求意见稿）》，第5条。

的安检员,在证券发售和资金划拨转移过程中,在线平台不仅要对发行人和投资者的主体资格进行审查,还要监管发行人的发行活动,披露法定信息,预防投资风险,从而为发行人和投资者营造一个相对真实、稳定、可预期的发行环境。因此,在线平台在股权众筹融资的投融资流程中,将履行监管投融资双方各自行为不越界的"警察"职责。

二 股权众筹在线平台的准入要求

(一)注册

美国和意大利规定,在线平台从事股权众筹证券发行业务的,必须依法在证券监管部门登记注册。通过注册,将其纳入国家金融监管的整体框架中,从而维护正常的众筹市场秩序和保护投资者利益。依据两国法律规定,股权众筹在线平台的登记注册主要包括以下内容:

1. 注册申请

在线平台从事股权众筹证券发行业务,必须依法向法定机关提出申请,法律规定不同,申请主体、依据准则、流程、法定机关各不相同。对于申请主体,意大利法律明确规定,如果在线平台是由上市投资公司或银行组建的,则必须由公司的法定代表人提出注册申请;而其他在线平台的申请,应该由其经理提起。[1] 而美国对于申请主体没有明确要求。

对于注册依据和法定机关,美国法律规定依据《1933年证券法》第4A(a)(1)项的要求在SEC登记注册,[2] 而意大利规定依据《18592号规则》第4(1)款和《意大利统一法》第50(5)(2)项的规定在CONSOB登记注册。

但是,两国对在线平台的注册类型要求不同。美国《1933年证券法》第4A(a)(1)项要求在线平台注册为经纪商或集资门户,

---

[1] Regulation No. 18592. ART. 4 (1), (2).
[2] 1933. SEC. ACT. §. 4A (a) (1).

但是，该法条并没有直接规定在线平台的注册类别。① 按照《1933年证券法》第4A（a）（12）项的要求，在线平台要遵守SEC根据法律制定的保护投资者和公共利益的要求；同样，根据《1934年证券交易法》第3（h）（1）（C）目的要求，SEC可以根据法定授权豁免在线平台的经纪商注册。因而，SEC解释了《1933年证券法》第4A（a）（1）项的规定，认为在线平台既可以按照《1934年证券交易法》第15（b）款的规定注册为经纪商，也可以根据《1933年证券法》第4A（a）（1）项和《众筹规则建议稿》第400条的规定注册为"集资门户"。② 而意大利只是提出要注册为"门户"，但没有界定"门户"的法律性质和注册类型。③

2. 申请材料

意大利法律规定，申请人身份不同，在线平台申请注册时，要提交不同的申请材料。一般在线平台提交的申请材料，要求比较复杂详细；而银行或上市投资公司创建的在线平台，其申请材料比较精简。

一般在线平台在申请注册时，需要提交以下材料：④

（1）一份由公司法定代表人正式签署的申请表格。表格的内容有注册号、网站地址以及相应的超链接、公司姓名、公司注册地址、办公地址、欧盟公司在意大利的固定地址、公司法人代表名称及其联系方式，以及相应的附件清单。

（2）附件清单。主要有：一份公司章程、一份法人组织证明、一份根据2000年12月28日第445号总统令所做的自我证明、一份企业登记法律文件；一份能够显示控股股份比值和占股比例的控股股东

---

① Exchange Act Section 15（b）prescribing the manner of registration of broker-dealers.
② SEC, Proposed Rule 300（a）（1）of Regulation Crowdfunding, 2013.
③ 值得参考的是，法国将从事股权众筹的平台定性为"参与性投资顾问"，（CIP）其实，区别经纪商、投资顾问与在线平台或门户之间的关系，对注册而言非常重要，因为它关系到注册的类别以及程序的选择。可以参见Oliver Gajda, Tanjaaschenbeck-Florange, Thomas Nagel, eds., *Review of Crowdfunding Regulation: Interpretations of existing regulation concerning crowdfunding in Europe, North America and Israel*, 2014, The European Crowdfunding Network AISBL, 2014.
④ Regulation No. 18592. ART. 5（1），（2）；Appendix 1.

名单；一份能够显示持股比例的间接参与人名册；一份管理人员名单；一份经单位确认的有关管理人员诚信要求和专业技能要求的会议记录，以及相关的附件。

（3）控股股东诚信要求文件。如果控股股东是自然人，要求一份宣誓或证明；① 一份反黑手党声明；如果控股股东是法人，要求一份经有关单位确认的董事或总经理或在控股公司中具有相同职能人员任职要求的董事会会议记录或相关会议记录。

（4）一份公司业务报告。必须详细介绍将要进行的业务活动，尤其要介绍以下内容：证券发行方法，是否为发行人提供战略分析、财务评估、企业战略等咨询服务，披露发行进度信息，定期报告发行人情况，定期评估证券估价方法，保存交易价格信息；为便利投资者之间或投融资双方交流而提供的措施，以及需要披露的其他措施。

（5）一份组织结构说明。包括：公司组织结构以及授权范围，经理工作职责，人事招聘计划，② 计算机信息技术程序，订单处理系统，下单程序，文件归档地点和方法，识别和管理利益冲突的方法，防止欺诈和保护隐私的方法，任何外包给第三方事项的说明，③ 在线平台的收费标准。

银行或上市投资公司创建的在线平台，申请注册时，需提交以下材料：④

（1）一份由公司法定代表人正式签署的申请表格。表格的内容有：公司名称、在线平台的网址与相应的超链接、法人代表的姓名和联系方式。

（2）在具体业务开展之前要公告上述表格信息，公告应由公司法定代表人签署。

---

① 即根据2000年12月28日第46号和第47号总统法令的规定，证明没有Regulation No. 18592. 第8条规定的违规和违法行为。

② 人事招聘计划要尽可能地详细，譬如要说明拟招聘岗位名称、岗位职能、任职资格等，特别要说明任职资格中的学历要求、研究背景和工作经历。

③ 对于外包活动，必须详细指出授权的主体、授权的内容、确保控制外包活动的措施、减少与之相联风险的办法等。

④ Regulation No. 18592. ART. 5（1），（2）；Appendix 1.

第二章 股权众筹融资市场准入问题研究

与意大利比较复杂、详尽的规定相比较，美国的规定更加精简化。在线平台在美国注册，主要有两个程序：

（1）访问登记。在线平台首先要登录 SEC 官方网站，进入在线平台注册访问系统，用真实姓名注册账户，注册时需要填写简单信息，如姓名、地址、电话号码、电子邮件地址、公司名称、保密措施等。注册完成后，申请人将会收到一封电子邮件，通知该账户已建立，申请人将获得完整的在线平台申请表格。

（2）填写注册表格。注册表格是 BD 表格的精简版，[①] 包括内容有：身份识别信息、组织形式、继承关系、控制关系，[②] 信息披露的形式，非证券业务，托管事项，薪酬安排，基本业务，联系方式、管理人员、经营历史，有无诉讼和不良记录等。[③] 另外，值得注意的是，美国还允许一个注册的在线平台可以使用多个网址，但是在线平台的注册不能转让。

美国和意大利对注册材料的不同要求，反映出两种截然不同的监管思路。意大利对在线平台的注册要求非常严格，要求提交的材料非常详尽、细致，因而，迫使在线平台承担更为繁重的合规义务，很明显，这将增加在线平台的运营成本。并且，意大利法律规定从事股权众筹业务，必须注册为门户，不能注册为经纪商或投资顾问，单一的约束更有利于市场监管，但也限制了行业竞争，降低了效率，增加了成本，从股权众筹市场建设的角度来看，这种约束将影响中介机构的发展，特别是将影响大型经纪交易商和投资公司参与股权众筹的积极性。而美国对在线平台的注册要求比较简单，核心是申报"集资门户

---

① 注册表格是指"Form Funding Portal"。
② 在 2013 年的《众筹规则建议稿》中表述的是"控制人"（Control Persons），但在 2016 年的《众筹监管规则》中修改为"控制关系"（Control Relationships），表述更加清晰。
③ This information would be used to determine whether to approve an application for registration, to decide whether to revoke registration, to place limitations on the applicant's activities as a funding portal and to identify potential problem areas on which to focus during examinations. If an applicant or its associated person has a disciplinary history, then the applicant could be required to complete the appropriate Disclosure Reporting Page ("DRP"), either Criminal, Regulatory, Civil Judicial, Bankruptcy, Bond or Judgment.

注册表格",该表格是申报注册经纪商时填写表格的精简版,说明SEC将在线平台视为受限制的经纪商,因而,美国将监管的重点凝聚在在线平台的后续信息披露上,而不是准入门槛。但是,"集资门户注册表格"过于精简,可能损害信息的有效性和充足性之间的适当平衡,从而不利于投资者利益的保护。

3. 注册的其他要求

除了上面提到的注册要求之外,不同的国家还有一些特殊的要求。意大利对于注册申请的提起,还对在线平台的控股股东公正性要求和高管资质作出特殊的规定,而美国则对在线平台提出了诚信保险和外国资金门户在美国注册的特殊要求。

(1) 在线平台的控股股东公正性要求

意大利法律要求,在线平台在申请注册时,应该向CONSOB提供在线平台控股股东的公正性证明材料。① 这些材料主要是控股股东的自我声明,即声明没有违法犯罪等事项,包括没有被取消、禁止或临时停止担任公职的资格,没有受到法庭的谴责,没有在从事银行、金融、证券和保险业务中犯罪而被监禁,没有因违反公共行政、公众信仰、遗产继承、公共秩序、公众经济或税收等规定而犯罪,被判处一年以上监禁;没有因故意犯罪而被判处两年以上监禁,等等。另外,意大利还规定,如果申请人由一个或一个以上的企业实体控制,那么控制实体的董事、总经理或者拥有相同职能的人,也必须提供上述公正性证明材料。

(2) 管理人员和监管人员的专业要求

意大利法律规定,在线平台的管理人员和监管人员除了必须具备与上述控股股东相同的公正性要求之外,还必须符合特定的专业要求。② 这些专业要求主要特指相关人员必须具有一定的金融行业从业经验,包括:

---

① Regulation No. 18592. ART. 8 (1), (2); Regulation No. 18592. Annex 1.
② Regulation No. 18592. ART. 9 (2), (3), (4); Regulation No. 18592. ART. 8 (1), (2); Regulation No. 18592. Annex 1.

担任在线平台管理和监管职务的人员，必须在下列领域至少有2年以上的成熟工作经验：作为董事，公司的监管机构成员或高级管理人员；从事与信贷、金融、证券和保险相关的专业工作；在高校教授法律或经济方面的课程；在公、私团体中从事行政或管理方面的工作；在政府信贷、金融、证券和保险部门工作；虽然在公共团体和政府部门从事的工作与信贷、金融、证券和保险无关，但从事的工作能够提供相同的经验。

另外，管理岗位的任职资格可以酌情放宽，在工业、信息技术、技术科学和高度创新的行业工作两年以上的，或者在这些领域从事研究和教学工作两年以上的人员，也可以聘任为行政管理团队中的一员，但不能委任该人承担具体执行的工作职责。并且，该行政管理团队中的大多数人必须满足上述与金融有关的从业经验要求。最后，在线平台的管理人员和监管人员，不能在其他有着相似业务的公司从事相同职位的工作，除非这两家公司隶属于同一集团。但是，美国《众筹监管规则》对此没有相关的要求，SEC 认为在线平台关联人的专业资格不应该由其规定，而应该由全国证券协会之类的自律组织决定，是否需要制定相关的任职要求。①

（3）忠诚保险问题

忠诚保险（Fidelity Bond），是指投保人因其员工的不诚信和不诚实行为而给其造成直接经济损失时，有权请求保险人给予一定额度金钱赔偿的保险险种。② 对于股权众筹在线平台，美国《1933年证券法》、《1934年证券交易法》和《JOBS 法案》都没有忠诚保险的要求，但是 SEC 认为股权众筹市场存在较大风险，小额投资者经济能力有限，如在线平台职员违法挪用投资者资金，导致平台破产，小额投资者将蒙受较大损失。因此，SEC 借鉴货币市场的经验，在 2013 年

---

① SEC, *Final Rule of Regulation Crowdfunding*, 2016, p. 158.

② A fidelity bond is a type of insurance that aims to protect its holder against certain types of losses, including but not limited to those caused by the malfeasance of the holder's officers and employees, and the effect of such losses on the holder's capital. *See* Release No. 34-63961 Feb. 24, 2011/2015 – 1 – 2.

《众筹规则建议稿》第400（f）款中规定，在线平台在注册时，需要购买不少于10万美元的忠诚保险。① 而对于在线平台购买忠诚保险的具体事项，SEC认为应该按照FINRA或任何其他全国证券协会的规定执行。

SEC认为忠诚保险的要求，将有助于防止投资者损失。因为在线平台不是证券投资保护公司的会员（"SIPC公司"），如果是SIPC的会员，当业务失败时，SIPC将会为每个投资者偿付高达50万美元的补偿，包括25万美元的现金；② 但如果不是SIPC成员，③ 投资者就不会受到SIPC的保护。所以，SEC认为应该购买忠诚保险，强化对投资者的救济保护，并且声明，该保险范围不仅包括在线平台本身，还包括在线平台的关联人，试图通过扩展保险范围，强化对投资者利益的保护。

提出购买忠诚保险要求之后，SEC仍然担心这些保护投资者的措施可能过于单薄，认为"如果损失发生，忠诚保险将提供一个单一的保护"，④ 言语之间还是战战兢兢，并不断反思是否应该要求在线平台拥有一定的净资产。SEC还征询大众意见，最少10万美元的保额是否太低？有没有必要购买其他保险？保险范围是否应该再扩大一些？等等，通过上述担忧可以看出SEC在放开准入门槛的同时，还是倾向于强化对投资者利益的保护。

但是，在2016年的最终《众筹监管规则》中，SEC却出乎意料地删掉了在线平台购买忠诚保险的要求，⑤ 因为SEC经过思考、再三权衡后认为，法律严禁在线平台拥有、处分投资者的资金和证券，所以在线平台能够给投资者带来风险甚至损失的概率较小；即使在线平台的雇员违反规定，损害投资者利益，也有反欺诈等救济措施。因此，强制性要求在线平台购买忠诚保险，对保护投资者利益而言，意义不大，并且增加了在线平台的负担，有可能会阻碍更多在线平台参

---

① SEC, Proposed Rule 400（f）of Regulation Crowdfunding. 2013.
② SEC, *Proposed Rule of Regulation Crowdfunding*, 2013, pp. 213 - 214.
③ See 15 U. S. C. 78ccc（a）（2）.
④ SEC, *Proposed Rule of Regulation Crowdfunding*, 2013, p. 214.
⑤ SEC, *Final Rule of Regulation Crowdfunding*, 2016, pp. 260 - 261.

与股权众筹发行的积极性,进而影响资本的形成。

(4) 外国在线平台的注册要求

美国法律规定,外国在线平台不能在本国发行股权众筹证券,除非外国在线平台在本国登记注册,并符合本国规定的特殊条件。

外国在线平台是依据外国法律成立的中介组织,如果允许其在本国发行股权众筹证券,发行的"跨国因素"可能会给本国证券监管带来额外的困难,而股权众筹市场的高风险性,使得本国监管者担忧可能出现复杂的跨国投资者权益保护,因而,一般情况下,本国禁止外国在线平台在本国发行股权众筹证券。但是,如果允许外国在线平台在本国发行,将为本国发行人提供了更多的发行选择,并有可能帮助本国发行人获得国外的潜在投资市场;同样,可能为本国的投资者提供了具有良好发展前景的项目,有助于本国散户投资者分享外国企业的发展红利。

鉴于上述矛盾,SEC再三考虑,最后仍然以保护本国投资者利益为重心,在2013年《众筹规则建议稿》中规定,不允许外国在线平台在美国注册为集资门户并发行股权众筹证券,除非该外国在线平台满足SEC和FINRA或其他自律组织规定的特殊条件和监管方法。

根据2013年《众筹规则建议稿》的规定,外国在线平台要在美国注册发行除了符合本国在线平台注册的要求之外,还必须提交以下材料:

第一,一份外国在线平台母国监管机构出具的信息共享协议;

第二,聘请一个美国代理人,由其出具书面同意代理意见,并按照在线平台C表格要求提供该代理人的名称、地址和联系方式;

第三,一份美国律师出具的法律意见;[1]

第四,一份没有法律区际冲突的证明。[2]

---

[1] SEC, Proposed Rule 400 (g) of Regulation Crowdfunding, 2013.

[2] See comment letter from Sarah A. Miller, Chief Executive Officer, Institute of International Bankers, dated August 21, 2013, *available at* https://www.sec.gov.edgekey.net/comments/s7-34-10/s73410.shtml. See also comment letters from Patrick Pearson, European Commission, dated August 21, 2013, and Kenneth E Bentsen, Jr., Executive Vice President, Public Policy and Advocacy, Securities Industry and Financial Markets Association. https://www.sec.gov.edgekey.net/comments/, 2014-10-2.

如果没有提交上述材料，或提交材料不完整的，则拒绝注册。如果在注册后，外国在线平台的法律地位、代理人、监管框架等相关条件发生变化，应该在改变发生之日起90日内，根据法定要求提交新的注册资料，申请修改注册登记表；若逾期不申请修改的，撤销其注册。

因此，美国的这些规定，是为了确保外国在线平台能够遵守美国的法律和监管规则，试图通过加强国家监管机构之间的信息共享，解决跨国发行可能面临的投资者保护问题，而核心的关切还在于帮助美国的发行人开拓外国资本市场。

（二）加入自律组织

要求金融机构适度的自律管理，是各国强化市场监管的一个重要组成部分，也是政府卸载过于繁重的行政监管任务，放权给市场的一种有效途径。对于市场或企业而言，行业自律组织的管理更加贴近行业实践，更能反映行业利益，既有助于提升企业在行业中的话语权，也有助于减缓企业对政府的依赖，避免政府对市场过于粗暴的干涉。因而，强化行业自律监管，是证券监管改革的重要内容，特别是随着金融创新日趋精细化、复杂化和高度专业化，行政监管将愈发力不从心，行业自律监管将扮演越来越重要的角色。

因而，美国和意大利都规定股权众筹在线平台必须加入一个自律组织，通过行政监管和自律监管的协作，减少监管漏洞，降低市场风险。美国《1934年证券交易法》规定，在线平台在申请发行股权众筹证券时，必须已经加入一家全国性行业自律组织。[①] 但是，该法并没有指定在线平台应该加入哪家自律组织，尽管美国法律对自律组织有比较严格的成文要求，[②] 并且，目前只有一家全国性自律组织，即FINRA，但美国立法者仍然竭力维护在线平台加入自律组织的自由选

---

① U. S. 1934. SEC. EX. §. 4A（a）（2）.

② U. S. 1934. SEC. EX. §. 3（a）（26）. The term "self-regulatory organization" means any national securities exchange, registered securities association, or registered clearing agency, or (solely for purposes of sections19（b）, 19（c）, and 23（b）of this title) the Municipal Securities Rulemaking Board established by section 15B of this title.

择权，并努力在当下的规则制定中为将来可能的规则再造留足余地，体现出立法的时效性与稳定性的有序结合。这种立法思想，与立法者对市场竞争的理解有直接关系，SEC 认为只有保持适当的市场竞争，才能有效配置资源，虽然目前只有一家自律组织，但立法者并不反对设立其他自律组织的可能，如果竞争不充分或者自律监管出现较大问题，立法者会立即设立新组织以加强竞争，以竞争促使自律。所以 SEC 在规则起草中，使用比较模糊的语言，在 2013 年《众筹规则建议稿》中要求从事股权众筹的在线平台必须成为 FINRA 或依据证券交易法第 15A 条注册成立的其他全国证券协会的成员；① 而这一相对比较模糊的表述，在 2016 年的最终规则中，也被修改，直接删去 "FINRA"，简洁的表述为 "要求从事股权众筹的在线平台必须注册为依据《1934 年证券交易法》第 15A 条登记成立的全国证券协会的会员"。②

但是，有两点值得注意。其一，FINRA 的主要成员是具有较大规模的经纪商，而股权众筹在线平台的实力相对比较弱小，所以对在线平台的要求不能照搬已有的对注册经纪商的要求。并且，股权众筹业务的兴起，加剧了资本市场的竞争，对传统经纪商业务有一定影响，因此，在自律组织制定在线平台的加入规则时，要谨防传统经纪商施加的负面影响。其二，要准确判断市场的竞争程度。充分的市场竞争有助于资源的合理配置，但是如果不能有效掌控市场竞争的 "充分性"，可能造成竞争乏力或过犹不及。强化自律组织的市场竞争，能够提升自律组织的管理水平，但是如果对自律组织的管理不到位，可能会导致 "选择性自律监管"，进而导致 "劣币驱逐良币" 效应，破坏市场的有序、规范和正向竞争。

因而，SEC 在 2013 年《众筹规则建议稿》中规定，自律组织主要负责对入会成员的自律检查，并强制性要求成员披露相关信息，控制成员市场行为，并强化投资者教育，但是，如果特定成员发生违规

---

① SEC, Proposed Rule 300 (a) (2) of Regulation Crowdfunding, 2013.
② SEC, Final Rule 300 (a) of Regulation Crowdfunding.

行为，SEC 也有权介入调查。另外，SEC 还将依法审核自律组织制定的规则，以制衡自律组织的监管权，从而达成相对平衡的监管架构。

2014 年，FINRA 依据《JOBS 法案》的授权，专门出台了股权众筹在线平台的加入规则，① 该规则是对传统经纪商加入条件的简化，力图降低股权众筹在线平台的加入成本。但是，从规则规定的内容和流程来看，与经纪商加入流程区别不大，对在线平台而言，仍旧存在很多困难。

---

① FINRA，Proposed Funding Portal Rules，2013.

第三章 股权众筹融资参与人行为规则法律问题研究

第一节 股权众筹发行人行为规则

一 发行人发行行为及其问题

(一) 发行证券不能超过法定限额

如前所述,在美国和意大利的股权众筹融资立法中,对发行人的资格有明确要求,特别强调发行人必须遵守法定的融资限额,因此,发行人的首要行为规则,就是在发行时不能超出法定的融资限额。

(二) 发行必须通过在线平台

美国和意大利的法律都规定,股权众筹融资证券必须通过在线平台发行。譬如,美国《1933年证券法》规定,第4(a)(6)项所规定的众筹交易必须通过第4A(a)条规定的经纪商或集资门户进行。① 再如,意大利《18592号规则》规定,股权众筹发行是指初创企业通过一个或数个在线平台向公众募集资金的行为,② 同样表明只能通过在线平台发行。

但是在实践操作中,对如何援用这些条款存在较大分歧。例如,股权众筹证券只能通过一个在线平台发行,还是可以同时在多个在线平台上发行?只能在线上发行,还是也允许在线下发行?只是允许利

---

① U. S. 1933. SEC. ACT. §.4(a)(6)(C).
② 《18592号规则》的标题是《对部分创新型初创企业通过在线平台吸收风险资本的规定》,该标题就明确股权众筹证券必须通过在线平台发行,详见 Regulation No. 18592. ART. 2(g).

用互联网在线平台发行,还是可以使用其他电子媒介发行?

1. 单一在线平台使用和多个在线平台使用问题

股权众筹发行人只能使用一个在线平台还是可以同时使用多个在线平台发行证券,美国和意大利的法律规定并不明确。在实践中支持发行人同时使用多个在线平台的,有如下理由:

(1)发行人同时使用多个在线平台发行股权众筹证券,可以募集到更多的资金,并且,使用多个在线平台发行,发行人可以获得更高的发行成功率。因为就目前的市场而言,关注特定在线平台的潜在投资者人数还是有限,并且关注该在线平台的潜在投资者可能具有相似或相同的风险偏好,所以,如果发行人在该平台发行一个项目,恰好是关注该平台的人群所不太喜欢的,因此,对该项目的负面或消极评价有失公允,进而影响大众的判断,导致发行失败。所以,使用多个在线平台同时发行,可以通过接触更广泛的人群,有效分散这种因偏见或偏好而导致的失败率,从而获得更多的成功发行机会。

(2)发行人同时使用多个在线平台发行股权众筹证券,在线平台可以获得更丰厚的收入。在线平台主要依靠提供发行服务获得报酬,因而,发行项目的多寡和发行成功率的高低决定了在线平台的收入水平。正如前文所述,每个在线平台的潜在投资者群体可能不同,允许发行人同时在多个平台发行,可以增加在线平台发行项目的数额,同样提高了发行成功的概率,所以,在线平台同样支持发行人同时使用多个平台发行。

(3)发行人同时使用多个在线平台发行股权众筹证券,投资者可以获得更多的信息和投资选择。投资者要在互联网时代的海量信息中挖掘与自己匹配的融资信息,需要一定的技术工具和搜索成本,如果发行人只在一个平台发行,特定的投资者可能没发现而很容易错失投资机会,如果在多个平台发售,增加投资者获得信息的概率,同样为投资者提供了更多的投资选择。

但是,也有大量的反对意见,其中 SEC 的论点比较全面,它认为:[①]

[①] SEC, *Proposed Rule of Regulation Crowdfunding*, 2013, pp. 30 – 31.

（1）股权众筹融资的途径选择，是通过大众对项目的集体评价，从而决定是否投资，如果允许发行人使用多个平台同时发行，意味着该发行项目同时产生了多个投资者群体，因而，大众通过集体评价共享信息的初衷就无法达成，从而违背了股权众筹的本意。

（2）发行人同时使用多个平台，可能损害投资者利益，因为每个在线平台的定价方式、运作流程、收费标准、服务项目等规定各不相同，多个在线平台同时发行相同项目，可能导致证券价格差异等问题。

（3）发行人同时使用多个平台，将增加在线平台履行法定义务的难度。因为法律规定，在线平台负责核验发行人在特定期间内的募集金额是否超出法定限额，发行人同时使用多个平台，将增加在线平台的审核难度。

因此，SEC 在 2013 年《众筹规则建议稿》中建议，应该在 4 (a)(6) 条的基础上增加发行人使用中介的要求，禁止发行人使用一个以上的中介进行发行。[①]

但是，SEC 的这个建议可能本末倒置，存在较大局限性，因为发行人使用多平台发行股权众筹证券，有利于市场的竞争、也有利于促进资本的形成。对于其可能造成发行人超额发行，或者可能损害投资者利益，应该依靠建立详细的发行数据库以及构建信息共享系统来解决，而不是单纯的限制发行工具的广泛使用。

2. 线上发行和线下发行的问题

股权众筹证券只能在线上发行，还是也应该允许线下发行，同样存在争论。

支持线下同时发行的理由是，目前仍有部分地区无法获得网络资源，也有部分大众不会使用连接互联网的电子媒介，因而，鉴于股权众筹的金融民主化追求，以及众筹资本市场的多元化建设，应该允许

[①] An issuer shall not conduct an offering or concurrent offerings in reliance on Section 4 (a)(6) of the Securities Act of 1933, using more than one intermediary. See Proposed Rule 100 (a)(3) of Regulation Crowdfunding, 2013.

线上发行和线下发行相结合，这样不仅帮助那些没有网络的投资者参与投资，而且鼓励更多的人群参与投资，符合众筹面向大众的特点。

但反对的理由更坚决，认为股权众筹融资的注册登记、信息披露、交易确认、信息反馈等事项，只有通过在线方式才有意义；并且，线下发行不会有广泛的公众访问、参与，这与提倡发挥大众智慧的众筹特点不相符。

因此，SEC对《JOBS法案》第302（a）款的要求进行解释，认为该法条规定的"必须通过集资门户"进行发售，就是强调股权众筹所有的交易行为必须通过在线方式进行。另外，从股权众筹的起源也可以得知，股权众筹融资模式的运行离不开互联网的支持。

3. 是否可以使用其他电子平台发行问题

目前各国法律规定没有限制股权众筹证券只能在互联网在线平台上发行。从股权众筹融资市场的发展历程、各国立法背景及立法意图来看，设立在线平台的目的就是为了利用网络的便利性为大众提供信息，方便大众分享信息，从而降低交易成本。各国立法同样强调新工具的使用，将有助于促进并不断完善金融市场的发展，因而，任何电子媒介，包括目前存在的或者未来可能出现的，只要能达到这个立法目的，应该是被允许的。因此，SEC判断美国国会在制定第4（a）（6）（C）条款时，已经考虑到依据4（a）（6）条规定进行的众筹融资交易可能发生在互联网或其他类似的电子媒体上，以方便公众访问，① 所以，SEC认为发行人可以使用目前存在的或未来可能出现的其他电子媒体。

二　发行人广告行为及其问题

美国和意大利的法律禁止股权众筹发行人在发行证券的过程中，使用推销和广告手段。该规定是防止发行人利用一般性劝诱和推介广告，为中小投资者推荐具有高风险特质的证券，但是如果完全禁止推广和介绍，则会影响发行信息的传播，不利于资本的形成，所以，立

---

① SEC, *Proposed Rule of Regulation Crowdfunding*, 2013, p. 31.

法者在制定规则时，要努力平衡二者之间的关系。譬如，美国《1933年证券法》第4A（b）（2）项规定，发行人在发行过程中除了向直接投资者发送通知或告示之外，不能使用一般性劝诱或推介广告。因而，该规定可以解读为两部分，其一是发行人在发行时不能使用一般性劝诱或广告推广拟发行证券；其二是发行人可以向直接投资者发送有关发行事项的通知或告示。

但是，在实践操作中，对于在股权众筹发行中是否应该禁止一般性劝诱和广告，存在争议。有人认为不应该禁止使用劝诱和广告，因为这种限制方法在实际生活中根本无法有效阻止发行人的劝诱和广告行为；① 而有人坚决主张禁止发行人与投资者有任何直接沟通，理由是投资者可能会受到发行人不正当的影响；② 还有人认为应该允许发行人在平台上对已经注册的投资者推销自己发行的产品。③

同样，对于"一般性劝诱"、"广告"和"通知"的概念及其区别，也存在认知上的争议。譬如，禁止广告和劝诱能否被解读为禁止提醒公众关注发行项目或发行公司，或者禁止向公众发送将要发行证券的网址和时间的通知？所以，立法者需要根据股权众筹市场的现实情况，逐步分析"劝诱"和"广告"的负面影响，以及"通知"和"告示"的积极作用。考虑到股权众筹证券的直接发行，需要大众获得发行的准确信息，因为在股权众筹的架构下，发行人并没有承销商之类的中介机构，也没有熟悉的投资者群体，如果没有相关渠道将发行信息传播出去，即使借助互联网的大数据功能，也不能有效发现投资者，最终发行注定将失败。所以，考虑到发行人推介和广告行为可能会夹带虚假信息或诱导式宣传，误导投资者准确判断真实的投资信息，立法者应该给"广告"或"推介"一个比较明确的定义，或者对"广告行为"或"推介行为"画定一个大致的范畴，并授权法定机构为发行人提供一份可以直接通过在线平台发送给投资者的信息模

---

① See Loofbourrow Letter, SEC, *Proposed Rule of Regulation Crowdfunding*, 2013, p.107.
② See CommunityLeader Letter, Id.,
③ See Crowdfunding Offerings Ltd. Letter 5, Id., p.108.

板，而创建该模板的目的就是帮助发行人把不能发布的广告和能够发布的通知区分开来，有助于发行人清晰判断什么是合法的，什么是禁止的。

但是，最初美国法律并没有直接规定在股权众筹发行中是否可以使用广告。首先，对于能不能使用广告，SEC 没有直接回答，而是将这个问题推给了国会，认为要揣测国会的立法意图，即如果国会认为允许直接或间接发行广告，发行人就可以使用；相反，如果国会没有此项立法目的，发行人禁止使用。① 其次，SEC "认识到广告对潜在发行人的重要性，所以法律才会对发行人刊登广告的能力进行限制"，② 这说明 SEC 并没有从第 4（a）（6）条的文本内容中解读出国会允许直接或间接使用广告的立法意图，所以要对发行人使用广告的行为依法限制。但是对于这种限制在什么情况下是合适的，SEC 也没有直接给出答案，而是模糊地认为"应该让直接投资者通过访问中介平台的信息，能够明智地做出投资决策即可。"③ 由此可以看出，SEC 其实在该问题上无法给出一个确切的答案，因为到目前为止，还没有好的监管经验能够保证在充分广告的基础上不发生引诱性销售和欺诈。

但是在市场操作中，必须要界定一个范围，以方便发行人执行，SEC 借鉴《JOBS 法案》对 D 条例下广告和一般性劝诱的规定，2016 年的《众筹监管规则》中提出了在发送的通知或告示中，允许包括的"广告"内容：④

---

① SEC, *Proposed Rule of Regulation Crowdfunding*, 2013, p. 109.

② "While we understand the importance that potential issuers likely will place on the ability to advertise, the statute specifically restricts the ability of issuers to advertise the terms of offerings made in reliance on Section 4（a）（6）", See SEC, *Proposed Rule of Regulation Crowdfunding*, 2013, p. 109.

③ "Limiting the advertising of the terms of the offering to the information permitted in the notice is intended to direct investors to the intermediary's platform and to make investment decisions with access to the disclosures necessary for them to make informed investment decisions", See SEC, *Proposed Rule of Regulation Crowdfunding*, 2013, p. 109.

④ SEC, Final Rule 204 of Regulation Crowdfunding.

1. 说明发行人的发行，发行将要通过的和潜在的投资者可以直接链接的中介平台的名称；

2. 发行条款，包括证券的发行量、证券性质、证券价格、发行截止日期；

3. 发行人的法律身份、业务地址、发行证券的名称、地址，电话号码和网站，发行人专用电子邮箱，并简要说明对发行人业务的真实信息。

但是，SEC非常谨慎地再次强调，这种通知类似于"墓碑广告"，只能通过承担发行任务的在线平台向潜在投资者发送，并且突出强调了SEC不建议"将广告发布在报纸或社会媒体网站上"，因为这种方法将允许发行人充分利用社会媒体来吸引潜在投资者，这与国会通过限制发行人利用广告保护潜在投资者的目的不相符合。

三 发行人其他行为及其问题

（一）定价问题

证券发行定价规则是一级市场发行中最重要的规则，对证券市场运行效率有重要影响。但是，纵观各国的立法，对股权众筹证券如何定价，语焉不详。美国和意大利两国的股权众筹实践，主要强调发行额，也没有关注或解决合理定价问题，与股权众筹的迅速发展相比，对众筹证券价格的漠不关心，这是一个值得思考的问题。参考国际经验，证券定价主要有网上定价和网上竞价两类，对于完全竞争的市场而言，网上竞价是最好的定价规则，因为网上竞价遵循市场供需规律，通过市场竞争最终决定证券合理的发行价格，并且这种通过投资者竞价产生的证券价格也反映了市场供需的平衡点，能够比较准确地反映二级市场的价格，减缓了折价波动概率，保证了一级市场与二级市场能够有效对接。但是网上竞价也容易产生操纵和羊群效应，从而给投资者带来风险。而网上定价由于事先规定发行价格，而后按确定的发行价格向投资者发售，在这种情况下，证券的价格主要由发行人和主要承销商决定，投资者无法参与定价，潜藏利益纠葛，并不一定能够反映真实的市场需求，有可能不被投资者所接受，进而影响发行。所以在实践中，创造出询价规则，即发行人通过向询价对象询价的方式确定证券的最终发行价格，① 但从本质上看，询价发行仍然属于网上定价发行。

因此，回顾美国和意大利两国的股权众筹融资法律和法令，没有专门对于证券定价的规定，或许立法者认为根据一般法理推定，应该适用各国的证券发行制度。但是，股权众筹扁平化的设计，剥去了中介环节，没有承销商、保荐机构等金融中介，发行人与投资者直接对接，因而传统的定价规则或许不适合股权众筹证券的定价。譬如，传统市场股票的定价，一般要求发行人和主承销商一起经过路演、询问规定发行价格，但是在股权众筹融资中，没有承销商或保荐机构，证券的定价规则一定会发生变化。

既然法律没有明确的规定，只能借助于股权众筹实践来判断当前的做法。根据股权众筹平台的运作程序介绍，目前的定价方式主要分为两类，一种是发行人直接定价；一种是询价定价。发行人直接定价是指发行人事先确定一个发行价格，然后在平台上直接按这个价格发售，目前大多数股权众筹项目都是按照这个定价规则来运行；询价定价是指发行人事先会确定一个参考价格或参考价格区间，然后通过在线平台向广大投资者询价，每一个感兴趣的投资者如果愿意，都可以参与询价，并提交自己认可的发行价格，发行人根据累积的投资者询价情况和认购情况，确定最后的发行价格，目前使用这种定价规则的平台较少，比较有代表性的就是 CROWDCUBE。

直接定价中，由于投资者无法参与证券定价过程，不透明的程序可能促使发行人高估价值，并提高发行价格。而询价过程比较灵活，重要的是投资者参与了定价过程，通过询价，发行人会重新评估自身价值，从而修改价格，使得最终价格比较符合市场预期，能够拥有较好的发行额。但是由于投资者总是希望通过"杀价"获得更好的价

---

① 询价一般情况下分为两类，初步询价和累积投标询价，初步询价是发行人及其主要承销商通过初步询价确定发行价格区间，在发行价格区间，再通过累积投标询价确定最终发行价格。

格，对发行人而言，可能会增加一定的发行成本，并且也有可能促使发行人通过"杀价"规则进行利益输送，进而影响公平交易。

考虑到证券定价的复杂性，以及股权众筹融资参与者的有限证券市场经验，有人认为，小额投资者没有足够的知识和经验来参与定价，因此，发行人应该设置一个固定的发行价格，禁止任何动态定价。① 这种看法未免过于偏激，因为股权众筹市场会日趋发展成熟，并且大数据和广泛的信息传播，会相应减缓投资者因知识和经验不足而带来的判断困难，更重要的是投资者对价格具有"天生敏感性"，只要给投资者"杀价"的机会，他会有足够的动力去判断什么价格是适当的。

但是，投资者对发行人的财务结构可能不是很了解，也可能不会分析发行人的财务数据，就这一点而言，确实会影响对证券价格的判断。因此，应该借助于专业机构的力量，帮助投资者进行有效分析，或者将发行人的定价限制在一个比较合适的区间内，防止过高的估值。所以，应该要求发行人披露其估值和在估值时考虑的因素或成本，来正确确定估值，或者规定一个最高估值额或估值限制。

对于这些思考，美国法进行了初步的回应。SEC 通过对国会立法目的和立法逻辑的判断，认为《JOBS 法案》已经考虑到灵活的定价方式，因为它要求发行人在出售前披露定价的方法、最终价格。② 因而，SEC 认为不应该要求发行人设定一个固定的价格或禁止动态定价，允许发行人在制定发行价格方面具有灵活性，将促使他们听取投资者对发行价格的意见，并激励投资者早认购，从而增加发行成功的可能性。

此外，SEC 也对询问定价可能带来的"利益输送"表示关切，但 SEC 认为在目前的发行机制中，赋予了投资者撤销投资承诺的权利，如果询价过程中出现潜在的"利益输送"，投资者通过行使撤销权来

---

① Spinrad Letter 1, See SEC, *Proposed Rule of Regulation Crowdfunding*, 2013, p. 119.
② SEC, Proposed Rule 201 (*l*) of Regulation Crowdfunding, 2013.

保护自己的权益。①

因此，询价制将是股权众筹证券定价的一个主要方法，但是，对于这个定价是不是准确，关键要看证券的交易情况。因而，如果要从根本上解决股权众筹证券的定价问题，必须强化股权众筹证券的二级市场建设，至于该二级市场就是传统的交易市场，还是要创新出一种新的交易市场，这是一个新的课题，有待进一步的研究。

（二）超额发行问题

各国法律一般都规定发行人在确定期间的最高发行总额，但是对发行人而言，并不是每次发行都要达到该最高限额。在发行人预期募集总额小于最高发行限额时，如果投资者的实际认购额高于预期募集金额，但小于最高限额，发行人能否获得这些超额的发行，各国的规定并不明确。例如，A国法律规定在12个月内的发行总额不得超过100万美元，B公司拟在A国发行股权众筹证券，预期募集金额为60万美元，但到有效截止日期时，发现投资者的认购已达到80万美元，那么B公司能否获取这20万美元的超额认购？

在这种情形下，对于B公司而言，它希望获得超额认购，因为它不仅可以获得更多的资金，而且会相应地降低发行成本。但对于投资者而言，问题会复杂很多，因为一方面投资者也会从超额发行中获得更多投资机会，但另一方面也会稀释股权，影响收益率。

从股权众筹为了便利中小微企业融资，吸纳大众的资金扶助其创业和创新的角度来看，只要其不超过法定的最高额度，就应该允许其超额发行，②但是，对于超额发行的范围或额度有没有限制，意见并不统一。一种观点认为应该对超出预期募集总额的范围给予一定的限制，这种限制应该根据预期发行总额的一定比例，如5%或10%；但是另一种观点认为，没有必要进行限制，但是应该在发行前告知投资者，其有可能超额发行，让投资者在提前获知未来有可能稀释股权的

---

① SEC, Proposed Rule 201 (j) of Regulation Crowdfunding, 2013.
② SEC, Proposed Rule 201 (h) of Regulation Crowdfunding, 2013.

第三章 股权众筹融资参与人行为规则法律问题研究

条件下，选择是否投资。① 美国立法倾向于后一种选择，SEC 在 2013 年《众筹规则建议稿》中表明，允许发行人接受超过目标发行额的投资，但是要受到 100 万美元和其他条件的限制。

但是问题仍然继续存在，譬如，对于超额发行的这部分认购，如何进行分配？是按照认购时间顺序，先来先得，还是按照相应的投资比例进行分配？这种分配权是由发行人来行使，还是由其他人来行使？从保护投资者的视角来看，对于超额认购应该按照相应的比例进行分配，因为与"先来先得"方式排除后来者的做法相比较，按比例分配有利于吸引更多投资者，也有利于分散投资风险，这是与股权众筹的目的相一致的。至于分配权问题，鉴于法律规定作为中介的在线平台不能参与股权众筹交易事项，特别是与投资者的资金、证券、投资建议等相关的事务，所以只能让发行人来行使。

最后，发行人能不能超出法定最高限额接受认购？该问题原本不存在，但 SEC 在《众筹规则建议稿》中特意强调他们对该问题的关注。SEC 的逻辑是，"是否应该允许发行人接受超出最高限制的认购额，以防止投资者在发行结束前撤回投资，这样发行人仍然可以募集到最高限额的资金"②。例如，A 国规定的最高限额是 100 万美元，B 公司在 A 国拟发行 100 万美元，在发行截止日期前，因为法定限额规定不得超过 100 万美元，发行人只接受了投资者 100 万美元的认购，结果在发行截止日两日以前，C 投资者撤销了 10 万美元的拟认购额，导致发行失败或者导致发行人只获得 90 万美元的融资。因此，为了解决这种可能出现的问题，SEC 征求意见，发行人能不能超出法定最高限额接受认购？③

回顾众筹和股权众筹融资模式的发展过程，会发现这种模式的主要目的就是为了鼓励创新、鼓励创业，在这个基础上寻找到社会大众作为帮扶资金的来源，为了保护支付资金的小额大众投资者的利益，

---

① SEC, *Proposed Rule of Regulation Crowdfunding*, 2013, p. 118.
② SEC, *Proposed Rule of Regulation Crowdfunding*, 2013, pp. 118–119.
③ Request for Comment 111, See SEC, *Proposed Rule of Regulation Crowdfunding*, 2013, p. 119.

规定了最高募集限额和个人投资限额。因而，股权众筹并不承担给发行人募集更多资金的责任，法律规定的最高限额就是其最大发行量，任何超越法定最高限额的认购，无论出于何种理由，都是违背股权众筹的本意的。

（三）限制转售问题

对于股权众筹证券的发行，是否要求特定的锁定期，各国规定不同。美国法律规定，投资者在购买股权众筹证券后，1年内限制转让。① SEC认为此举可以更好地保护投资者利益，因为投资者可以利用该锁定期，持续评估发行人的创新能力，连续观察企业的经营业绩，然后决定是否继续持有。但是，锁定期的设计，不仅会影响发行股权众筹证券的流动性，间接提高了发行人的融资成本，也限制了投资者的交易权，影响了股权众筹证券的及时变现，同样提高了投资者的投资成本。因此，SEC在设计《众筹监管规则》时，采取了"原则+灵活"的立法技巧，即原则上1年的锁定期不变，但是可以允许投资者在锁定期内将持有的股权众筹证券转让给合格的投资者、发行人、某些家庭成员或信任的家庭成员。② 这种灵活的处理方式，会适当提高证券的流动性，从而鼓励更多的投资者参与众筹交易。

（四）促销问题

基于股权众筹的大众参与特点，美国立法者要求在线平台必须创设一个交流平台，③ 以供投资者与发行人、投资者与投资者之间交流信息。但是为了规范交流信息时的秩序，美国立法除了要求中介机构加强监管之外，还要求发行人必须严格管理自己或自己的代理人在平台上的交流行为，包括亮明自己的真实身份，不得有偿推介，必须披露薪酬信息等。因此，美国《1933年证券法》第4A（b）（3）项规定，禁止发行人向通过经纪人或在线平台推销其发行产品的人员，直

---

① U. S. 1933. SEC. ACT. §.4A（e）.
② SEC, Proposed Rule 501（a）（4）of Regulation Crowdfunding, 2013.
③ 这个交流平台一般是一个论坛。

接或间接支付报酬或承诺支付报酬,① 并且,原则上也不能支付佣金,除非发行人能够以合理的方式确保雇用人员在每一次推销中清楚地披露其通过促销获得的和将要获得的佣金。另外,SEC 补充解释,发行人的发起人和雇员在中介交流平台上促销其发行产品时,必须标注其身份是发行人代表。

该项规定总体而言有利于保护投资者利益,因为探究发行人在交流平台上积极参与交流的动机,部分原因是为了与潜在投资者交换关于发行项目的看法,而另一部分原因也是为了向大众推介自己的项目。因而,在推介产品和信息交流的过程中,是否存在夸大甚至虚假信息,对潜在投资者有较大影响;如果发行人或其代理人发布夸大和不真实的信息,如夸大发行人创新能力、高估发行人财务状况或虚构项目预期收益等,都可能误导投资者的判断。所以,要求发行人或其代理人在平台上交流信息和推介产品时,必须标明身份,目的是让潜在投资者在交流信息时清醒判断,这种积极推介的信息来源于发行人本人,可能有失公允。

另外,为了约束发行人雇用的宣传促销人员在交流平台上的行为,美国立法规定发行人必须要求其雇用的宣传促销人员在交流平台上的每一次发帖交流中,都应该标注有偿雇用的身份,并将因推介而获得的薪酬信息全部披露,否则,在线平台将禁止此类人员参与交流。同样,该项立法的目的在于规范信息交流秩序,并保持客观与公正,因为有偿推介因有利益纠葛而容易产生主观倾向,可能会误导潜在投资者。

但是对于上述规定,也存在不同看法。归纳其论点,主要集中在以下方面:认为该规定的立法意图不明;该规定并没有区分有偿推介和标准网络广告,而标准网络广告不应该禁止;该规定应该属于信息披露的范畴,应该规定在披露文件中,而不是在交流平台上注明;认

---

① U. S. 1933. SEC. ACT. §.4A (b) (3); Also see SEC, Proposed Rule 205 of Regulation Crowdfunding, 2013.

为该规定会干扰发行,并影响资本的形成。①

针对上述质疑,SEC 在 2013 年《众筹规则建议稿》立法说明和 2016 年《众筹监管规则》的立法说明中,都给予回应。② SEC 认为法律要求中介提供交流渠道旨在为潜在投资者提供一个论坛,方便大众共享信息,并帮助大众决定是否投资,但是发行人及其雇用的有偿推介人员因为存在自我利益,可能在沟通中出现偏差。所以为了保护投资者不被误导,必须披露其真实身份和因推销而获得的相关报酬信息,SEC 强调该规定对保护投资者利益"非常重要"。同样,SEC 认为发行人完全有能力控制自己和自己雇用人员的言行,因为可以通过雇用合同来要求所有的促销人员按照要求披露他们的报酬,遵守中介的交流规则。

此外,为了保证在平台上交流信息的客观性,监管机构授权在线平台有权将存在不当行为的发行人或其代理人排除在外。但这种限制性规定是否充分,效果还不确定,因为发行人雇用推介人员的商业合同属于线下行为,如果不主动告知或披露,中介机构和监管者很难监测。并且,有偿推介并不局限于线上平台,可能通过其他渠道影响潜在投资者,并通过这些投资者在平台扩散相同信息,达到"曲线救国"的目的。因此,尽管 2016 年《众筹监管规则》明文规定,除了法律严格规定的"通知和告示"之外,严禁在中介交流平台之外存在任何有偿促销行为,③ 但是在实践中,监管者和中介机构很难监测这种间接传播的情况,所以,该项规定的实际效果可能并不理想。

四 发行人轻微违规行为的处置

美国法律对股权众筹发行人可能存在的轻微不合规行为,规定了

---

① SEC, *Proposed Rule of Regulation Crowdfunding*, 2013, pp. 113–116.
② 关于有偿推介,2016 年《众筹监管规则》与 2013 年《众筹规则建议稿》规定稍有不同。2016 年的最终规则将"发行人的发起人和雇员在中介交流平台上促销其发行产品时,必须标注其身份是发行人代表"的适用范围扩大了,将"发行人的发起人和雇员"范围扩大到"任何代表发行人的人员",即"任何代表发行人的人员在中介交流平台上促销其发行产品时,必须标注其身份是发行人代表"。见 SEC, Final Rule 205 of Regulation Crowdfunding.
③ SEC, Final Rule 205 (b) of Regulation Crowdfunding.

免于处罚的情节，与其他违规行为的监管处罚相比较而言，免于处罚的情节仅限于符合法定条件的轻微、不严重违规行为。根据2013年《众筹规则建议稿》第502条的规定，立法为发行人的一些轻微不合规行为，提供免于处罚的保护，① 但是，该豁免理由不能自动执行，必须经监管部门批准后才准予执行。因此，当发行人发现已经存在或者可能存在不合规情节后，应该立即向监管部门申请援用该豁免规则，并且发行人要证明该不合规行为是轻微的，没有故意违反法律。总结起来，发行人需要证明以下几点：

其一，相对于整个发行而言，不合规情节是轻微的。

其二，发行人态度端正，认真遵守相关法律及其规定。

其三，违规行为是在线平台为了遵守第4A（a）款及相关规定而导致的；或者不合规行为是在线平台在发行过程中造成的。

显而易见，该安全港保护借鉴了D条例508规则，从立法初衷而言，希望能够为参与股权众筹证券发行的中小融资者提供更多的呵护，因为这些发行人大多都是欠缺资金的初创企业和小企业，其中，很多发行人是首次发行证券，他们不太熟悉法律规定，所以不能指望他们与那些有经验的大企业一样能够遵守每一项合规规定。因此，为了鼓励这些发行人参与，只要其态度端正，认真遵守众筹监管规则，监管部门就不能因为一个轻微的违规行为，剥夺其豁免发行资格；尤其是在轻微违规行为并非发行人自己造成的情境下，处罚发行人显得不太公平。当然，正如SEC担心的那样，如果不设立这项豁免，很可能会削弱初创企业和小企业利用股权众筹融资的积极性，因为他们无法确定自己的行为是否合规，这会影响他们选择融资的方式和方法。

但是，需要注意的是，即使设立了该安全港规则，在股权众筹实践中，发行人想要申请适用这项豁免也并非易事，因为如上所述，发行人需要提出相关证明，特别是要证明不合规情节是轻微的，而在一般情况下，发行人很难证明其违规情节属于轻微。

---

① SEC, Proposed Rule 502 of Regulation Crowdfunding, 2013.

第二节 股权众筹投资者行为规则

一 注册与申报问题

关于股权众筹投资者的注册，各国法律没有明文规定，不同国家的不同平台会有不同的要求。但对于股权众筹发行而言，注册是投资者参与公开发行的基础条件，也是一个前置性合同。投资者选择在一家在线平台上注册，该行为暗含两层含义，一是表明其有意愿准备参与股权众筹证券的发行；二是表明其愿意与该在线平台签订一份有关遵守平台规则的合同。

（一）保证和承诺

在线平台在注册规则的设计中，也暗含了一个保证条款，即当投资者同意注册时，就必须对注册内容承担保证责任。这种保证责任包含但不限于以下内容：

1. 投资者保证遵守有关法律、法规、行业惯例和社会公共道德，保证自觉遵守中介机构规定的管理办法；投资者不得进行存储、发布、传播违反法律法规的任何信息。

2. 投资者承诺其具有完全的民事行为能力和完全的民事责任能力。

3. 承诺注册时提交的信息是真实、准确、完整、有效的；承诺当信息发生变化时，会及时更新信息；承诺以提交的信息作为履行合同的关键要素。

（二）申报行为

投资者应该按照在线平台的要求，及时提交申报材料。提交的申报材料主要包括以下内容：

1. 投资者的个人信息。个人投资者包括注册用户名、姓名、邮箱、密码、联系电话、联系地址、身份证件号码及其复印件、社会保障号码；机构投资者包括注册用户名、名称、邮箱、密码、联系电话、联系地址、法定代表人、执照或许可证号等。

2. 投资者对提供资料或信息的真实性负责，如因提供材料不真实而造成的所有责任均由投资者本人承担；对他人造成伤害的，应该承担相应的法律责任。

3. 投资者对经审核通过的注册用户名和密码的安全性承担完全责任；投资者如发现任何非法使用用户账号或存在安全漏洞的情况，应强化密保措施，并及时通知中介机构和相关行为方；投资者对以其用户名、邮箱进行的所有活动和事件承担全部法律责任。

（三）禁止或限制行为

1. 禁止投资者利用特定技术或其他手段破坏或扰乱正常的投融资活动。

2. 未经中介机构同意，投资者不得将用户名和密码转让或者授权他人使用。

3. 禁止投资者为了获取在线平台上的信息资源而开户注册。①

二 申购与交易问题

（一）查询与交流

投资者有权使用用户名和密码随时登录在线平台的会员专区，查看相关资讯，浏览相关发行、交流信息，分享中介机构提供的其他互联网信息服务。投资者可以查询发行人的披露信息，招股说明书、财务报表和项目计划书，还可以查询发行人的经营情况、经营经历和发行人团队的学历、背景、成长经历、教育经历、工作经历和不良记录等信息。

投资者对发行人或发行项目有疑问，或者感兴趣的，可以预约发行人进行线上交流。在交流中，投资者可以询问发行人的创业理念、财务信息、经营模式、发展规划等相关情况，也可以询问发行项目的知识产权问题、项目进展、融资流向、成功率、可行性和存在的困难等事项。投资者可以在交流平台上与其他投资者交流信息，讨论发行和其他事项，投资者也可以在平台上发表关于发行项目、发行人和中介机构的评论和意见。集合投资者中的领投人负责对发行项目进行前

---

① SEC，Final Rule 303（a）（4）of Regulation Crowdfunding.

期调研和考察，并有义务配合发行人，在线上解答潜在投资者的疑问。

但是投资者不能在平台散布伪造信息和谣言，不得攻击、侮辱、诽谤他人，不得发布违反法律、法规、行业惯例和社会公共道德的言论。

（二）购买与确认

1. 投资者购买发行的证券，如果本国法律有年度投资最高限额的规定，则不得超过法定限额；如果本国法律对自然人投资者有门槛要求或者其他资质要求的，应该符合法定要求。如果法律对机构投资者的投资在数额上或比例上有特殊规定的，机构投资者的购买行为应该符合法定要求。

2. 投资者要确认其已经认真阅读中介机构提供的投资者教育内容，并确信已经通过中介机构对于投资者教育知识的考核和测验。投资者要确认已经了解拟购买证券可能带来的高风险，并完全明白该项投资有可能全部损失，并确认其有承担该种风险的经济能力和心理素质。

3. 投资者要按照中介机构的规定和发行项目的要求，及时完成支付，包括支付定金、部分资金、分阶段资金或全部资金。投资者还要确认其购买支付行为符合法律要求，如没有违反反洗钱法律，资金不得来源于黑社会组织、黑手党、恐怖组织、反人类组织等。

4. 投资者需要确认，如果遭遇黑客攻击、互联网连通中断或者系统故障等属于不可抗力事件，给投资者或者第三方造成损失的，应该由投资者自己承担。

5. 集合投资者中的领投人按照中介规定购买一定比例的发行证券，并负责办理约定的线下事务。如果《集合投资协议》规定发行到期，未达到预计发行额度时，领投人有义务补足融资差额的，领投人有义务在约定期间内补充购买。

（三）撤销承诺

在法律规定或中介机构管理办法约定的时间内，投资者可以撤销购买订单；撤销购买订单的，发行人或中介机构必须无条件全额退回相应的资金。对于依法可以享有撤销权的期间,根据不同的情况,各国有不同的规定。

(1)发行材料无变化情况下的撤销期间

根据美国《证券法》第 4A(a)(7)项的要求,中介允许投资者撤销投资,第 4A(b)(1)(G)目要求发行人在向投资者出售证券之前,应该给投资者一个合理的机会去撤销承诺。但对于该解权期,有不同的解读。有观点认为应该采用"滚动"解除权,① 类似于美国《诚信借贷法案》中规定的 3 日解除权,即投资者可以在首次承诺之后的 24 小时或 48 小时内撤销承诺;而有观点认为应该允许投资者在发行结束之前的任何时间撤销他们的投资承诺;也有观点认为即使发行结束后也应该可以撤销,但应该规定一个比较合理的期间;另外,也有观点反对设立解权期,认为投资者只有在发行失败时才能撤销承诺,除此之外,不得撤销。②

而 SEC 认为股权众筹暗含的基本原则是,即使在投资者作出投资承诺之后,还能和潜在投资者一样分享依据第 4(a)(6)条发行带来的所有实惠,意思是指投资者虽然已经完成预购,但他仍然能够分享大众对发行项目的评价信息,并有权根据新信息决定撤销投资或继续投资。③ 因此,解权期的设计非常关键,如果解权期规定得过早,投资者将无法根据持续更新的大众评论信息撤销投资承诺;而如果解权期规定得太晚,则发行人无法准确判断发行能否成功。

因而,立法者应该适当调整投资者获取信息和发行人确定募集额之间的潜在冲突,如美国法律规定,投资者可以在发行结束 48 小时之前无条件撤销投资承诺,④ 这也与之前至少 21 天法定发行期的规定是一致的。⑤ 因此,发行材料没有变化的情况下,在至少 21 天的发行期间内,投资者拥有 2 天到 19 天之间的解权期,即最后 48 小时不能

---

① "Rolling Rescission Right".
② SEC, *Proposed Rule of Regulation Crowdfunding*, 2013, pp. 191 – 193.
③ SEC, *Proposed Rule of Regulation Crowdfunding*, 2013, p. 193.
④ SEC, Proposed Rule 304 (a) of Regulation Crowdfunding, 2013.
⑤ U. S. 1933. SEC. ACT. §. 4A (a) (6).

行使撤销权。

(2) 发行材料有变化情况下的撤销期间

发行材料的变化，会动摇以信息披露为核心的整个证券运营基础，因而，如果在发行期间，发行材料发生变化，特别是重大变化，是否影响正在进行的发行？针对该问题，产生了两种不同的思考方式：

其一，发行信息变化，无论是实质性变化还是非实质性变化，都是发行人对要约的修改，按照合同法的精神，只要投资者还没有接受要约，发行人就有权撤回要约，或变更要约。因而，发行材料变化发生时，发行人只要及时更新相关信息，便完成其法定义务。但该思考方式预设了前提条件，即假设材料变更时，还没有投资者接受要约并进行购买，所以，如果已经有投资者接受要约并进行购买，该思考方式将面临巨大挑战，即在实质性变更的情况下，发行人可能面临虚假披露或不实披露，甚至涉及欺诈；而在非实质性变更的情形下，可能会影响投资者的知情权，并影响投资者的判断。

其二，鉴于存在上述困惑，思考方式必须回归到证券公开发行的社会意义，证券公开发行是非常严肃的法律行为，发行人不仅要遵守合同法上的私人意思自治，还要考虑对社会公共利益的影响。所以，当发行信息发生实质性变更时，可能没有违反公开发行的条件，但已经对公共利益产生负面影响，而这种负面影响可能会浪费公共资源，并给投资者带来额外的成本和损失。因此，当材料发生实质性变化时，应该立即停止发行，并撤销该项目的本次发行；对于已经购买的投资者，应该依法退还相应的资金，并按照违约进行赔偿。

从美国的实践来看，SEC 倾向于第一种解决办法。2013 年《众筹规则建议稿》规定，如果发行条款或发行人提供的发行材料发生变化，在线平台应该及时更新信息；如果投资者已经购买，则在线平台有义务通知该投资者已经发生变化的相关信息，并告知该投资者必须根据变化后的信息，在收到通知之日起 5 日内进行重新确认，或者撤销承诺；如果在 5 日内没有重新确认，将被视为撤销承诺，相关资金将返还给投资者。①

而意大利规定,如果非专业投资者通过在线平台购买金融证券,在发行开始之日起到发行结束日期间,如果发现有新的事实或者相关的材料文件有误,可能影响投资决定的,非专业投资者享有撤销权,撤销权应当在投资者知晓新的信息之日起 7 日内行使;② 而专业投资者不享有该项撤销权。并且,意大利法律还规定,如果发行结束后,控股股东将公司的控制权转让给第三方,为了保护投资者,尤其是非专业投资者的权益,通过在线平台购买证券的非专业投资者,享有撤销、出售相应证券的权利;该项撤销、出售证券的权利期间,至少为自发行结束后 3 年。③

美国和意大利的解决办法异曲同工,都为在线平台追加了一项沉重的法定义务,即必须依法及时通知已经购买的投资者,并且必须对通知依法留底存查。④ 对于在线平台的这项额外义务,SEC 认为是尊重投资者选择的表现,但是,该选择显然加重了在线平台的负担,为其增加了额外的合规成本,并且在线平台在实践中能否做到,还有待观察。另外,这种"拖泥带水"的行为,可能为发行人的各种嬗变留下借口,就本质而言,单纯更新信息已经不能有效阻止变化的信息可能给投资者带来的负面影响,立法重点应该是为投资者提供稳定的预期,而不是竭力维护发行人不断变化的信息。最后,意大利规定强调对非专业投资者的保护,但是对专业投资者是不公平的,因为按照意大利法律规定,每项股权众筹发行项目中专业投资者必须占有一定的比例,因此,发行人本身的变动,却增加了专业投资者的投资风险,这是不适当的。

(四) 转售限制

如本章第一节三(三)所论,美国为股权众筹证券的发行,规定了 1 年的锁定期限制,在该锁定期内,投资者除了向法定对象转让证

---

① SEC, Proposed Rule 304 (c)(1) of Regulation Crowdfunding, 2013.
② Regulation No. 18592. ART. 13 (5).
③ Regulation No. 18592. ART. 25 (2),(4).
④ SEC, *Proposed Rule of Regulation Crowdfunding*, 2013, p. 195.

券外，不得转售。立法者设计锁定期的目的，一方面是为了保持证券的相对稳定性，从而确保发行人能有一个稳健的成长、经营环境；另一方面，也蕴含通过对证券持有人的锁定防止特殊持有人舞弊，从而保护投资者利益的内涵。

但是，对证券转售加以限制，会影响证券的流动性，也会影响投资者收益，并且间接影响资本的形成。因此，立法者需要认真权衡两者的平衡性，要释放一定的流动性，确保市场能够继续发展，但必须要将投资风险控制在一定的范围内，引导市场健康步入正轨。所以，制度或规则的设计非常重要，如果设计的规则是诱导持有人不断减持套现，而不是有效孵化初创企业，或者设计的规则是鼓励实际控制人转让套现，而不是专心创新，则这样的规则一定不是良好的规则。

因而，一般情况下，法律会规定锁定期，但为了平衡，也会适当释放出一定的流动性来。所以，如果法律对购买股权众筹证券有锁定期限制的，投资者在锁定期内不得转售；如果法律规定可以在锁定期内向特定的对象转售的，投资者只能按要求转售给特定的对象。譬如，美国法规定，股权众筹证券在发行后，购买者自购买生效之日起1年内不得转让，除非转让符合法定条件；① 这些法定的条件主要包括向证券发行人转让，向合格投资者转让，以及向家庭成员或相同身份的人转让。② 由此，SEC 在设计股权众筹监管规则时，设置了1年的锁定期，③ 与《证券法》规定精神相同，SEC 在考虑到安全性的前提下，也适当释放了流动性，即规定购买者向"合格投资者"和"家庭成员或等同的人"转让的，可以不受1年锁定期的限制。

值得注意的是，虽然 SEC 对"合格投资者"的界定与传统证券市场的界定相同，④ 但是，对"家庭成员或等同的人"的界定进行扩

---

① U. S. 1933. SEC. ACT. §. 4A（e）.

② 另外，《1933年证券法》第4A（e）其实还对 SEC 做了两项授权，一是授权 SEC 决定因某些特殊事件可以转让的情形，如购买人死亡或离婚，或其他类似的情况；二是授权 SEC 可以对依据第4（a）（6）条的证券发行设立额外的限制。

③ SEC, Proposed Rule 501 of Regulation Crowdfunding, 2013.

④ 17 CFR 230. 501（a）.

大解释，即在原来理解的"直系亲属"①范畴中，增加了"等同于配偶的人"，②意思是指将"同居关系的人视为等同于配偶"，③可以向同居的人转让。

除此之外，在有些股权众筹在线平台上，对集合股权众筹领投人持有的证券规定了特殊的转售限制，例如，规定 1 年、2 年或整个任期的锁定期；或者限制在任期内持有特定证券的比例，包括最高比例和最低比例；或者规定了领投人被撤销任职资格或渎职、辞职、退伙、被除名等情形下的证券持有限制，以及在企业破产、解散、清算等特殊境遇中的受偿限制等等。

第三节　股权众筹在线平台行为规则

一　在线平台的积极行为及其规制

（一）发行人合规审查

发行人合规审查主要包括资格审查、信息披露和反欺诈三个方面。

1. 资格审查

在线平台被授权审查发行人是否符合法律规定的发行条件，并授权审查发行项目是否符合法律和在线平台规定的条件。根据审查的一般程序，首先审查发行人的准入资格，只有通过发行人资格审查之后，才审查发行项目是否合规。

关于发行人的资格审查，主要依据上一章中要求的发行人准入资

---

① 根据 17 CFR 240.16a—1 (e) 的规定，直系亲属（Immediate Family）包括：子女，继子女，孙子女，父母，继父母，祖父母，配偶或与配偶相同的人，兄弟姐妹，岳母，岳父，女婿，媳妇，姐夫，小姨子，包括收养关系（child, stepchild, grandchild, parent, stepparent, grandparent, spouse or spousal equivalent, sibling, mother-in-law, father-in-law, son-in-law, daughter-in-law, brother-in-law, or sister-in-law, and shall include adoptive relationships）.

② Spousal Equivalent.

③ "The proposed rules would define spousal equivalent to mean a cohabitant occupying a relationship generally equivalent to that of a spouse", See SEC, *Proposed Rule of Regulation Crowdfunding*, 2013, p. 272.

格展开，主要审查要素上一章已经论述，无需赘言。而关于发行项目的核查，主要依据在线平台的具体要求，因为法律对股权众筹融资中的发行项目，并没有具体规定。由于大部分在线平台对于发行项目也没有特定的限制，因此，该类在线平台的审查，只要发行项目不违反一般法律规定、社会习俗和社会道德就可以。但是，也有少数在线平台对发行项目有特定要求，譬如，限制发行项目的类型，或者限制发行项目属于特殊行业，等等，因此，此类在线平台会审查拟发行项目是否符合限定的要求，例如，在线平台只是针对文艺创作的发售，如果发行项目是一个工程项目，将被认为是不符合要求的。

（1）核验

在线平台对发行人和发行项目资格的查验工作，要公开，并且必须将相关信息通知监管机构。在线平台的核验主要分为准入核验和持续核验，准入核验是指根据准入标准进行核验，判断发行人是否符合准入资格。如在美国法中，就要核验发行人是否符合《1933年证券法》第4A(b)款设定的所有条件；而根据意大利法律规定，就要核实发行人是否符合《18592号规则》和意大利公司法的规定。而持续核验是指在进入平台后发行人的情况发生了客观变化，在线平台必须检查发行人提供的公司章程或者注册证明等资料是否继续符合法定要求。

除了这些常规性检查之外，在线平台还有一些特殊的核验义务。例如，一般情况下，对于发行人证券的特殊持有者数量的限制，就会由在线平台来核验，美国法中规定，在线平台应对发行人及其高管、董事或持有20%以上股权或受益权的人的背景和证券合规记录进行的核查；而意大利规定在线平台需对专业的投资者、银行基金和创新性初创企业的孵化机构购买的5%以上的金融债券进行检查。

（2）反洗钱问题

目前，股权众筹证券主要是一些微型或低价证券，按照现有金融市场的监管经验，如果不加以有效监管，这类证券非常容易成为洗钱的工具，因此，应该加强对股权众筹证券的反洗钱监管。但是在传统融资结构中，反洗钱义务主要由各种金融公司、银行机构承担，因为他们是主要的资金渠道，并且有法定义务审查相关资金的来源和流向。

第三章 股权众筹融资参与人行为规则法律问题研究

但是在股权众筹融资中,投融资双方是直接对接的,本质上弱化了传统中介机构的审查功能,提供投融资双方对接机会的在线平台,也只是提供单纯的服务,并不拥有直接处理投融资双方资金的授权,因此,在线平台并不像传统金融中介那样拥有审查资金合法性的权利。

但是,股权众筹证券本身的孱弱性质,的确极有可能成为洗钱的最佳工具,因而涉及到比较广泛的群体利益,特别是触及公共秩序的有效维护问题。从法理而言,每个个体都有义务维护公共秩序,因为其是保护私权的最有效方式。所以,在股权众筹投融资双方直接对接的情形下,监管机构只能强行赋予在线平台反洗钱义务。譬如,美国2013年的《众筹规则建议稿》规定,在线平台应该遵守以下反洗钱义务:①

第一,应该建立一套符合自律组织规则的反洗钱程序。②
第二,应该建立一套客户识别系统。③
第三,发现可疑情况,必须立即提交可疑行为报告。④
第四,必须遵守 FinCEN⑤ 规定的强制性披露信息要求。⑥

---

① SEC, *Proposed Rule of Regulation Crowdfunding*, 2013, pp. 249 – 255.
② 一般情况下,反洗钱程序必须是书面的,要有符合 BSA 及其实施细则要求的相关内容、程序和内部控制措施;并能够依法进行检测并递交交易报告;反洗钱合规人员的安排要合法;雇员要依法进行反洗钱培训;公司至少每年要举行一次独立反洗钱测试,等等。
③ 主要内容有:在客户开户之前获得客户识别信息;在客户开户之前或之后的一个合理的时间段内验证每个客户;制作和保留有关身份验证信息的记录;在开户之前或之后的一定的时间段内,确定客户是否属于财政部所列的已知或可疑的恐怖组织;在开户之前告知客户,要进行客户身份识别检验等。
④ 这些可疑行为主要包括:交易涉及或吸纳的资金或其他资产至少为 5000 美元;经纪人知道、怀疑或有理由怀疑交易有以下行为的:来自非法活动资金、规避 BSA 的要求、没有业务的或没有明显的合法用途的等。
⑤ 金融犯罪执法网络,该组织隶属于美国财政部,被授权实施银行保密法,在授权范围之内,金融犯罪执法网络发布银行保密法的监管条例和解释性指南,向被监管行业提供外延服务。详见 FFIEC, Bank Secrecy Act and Antimoney Laundering Examinaion Manual;也可见《美国银行保密法/反洗钱检查手册》,唐旭等译,中国检察出版社 2008 年版。
⑥ 根据 FinCEN 的请求,执法部门与侦查机关被允许代表执法机关要求在线平台提供相关信息;FinCEN 也可以自己或代表财政部要求在线平台提供相关信息。在线平台收到上述请求,应该查询相关记录,判断特定行为人是否与任何个人或实体或组织存在交易,如果确认,则必须向 FinCEN 报告相关信息。在线平台也必须指派特定的联系人负责与 FinCEN 联络,等等。

针对上述规定，我们需要思考的是 SEC 的立法价值选择，SEC 认为在线平台是一个受限制的注册经纪商，所以在线平台要遵守 BSA 的规定。但是，正因为在线平台是受限制的注册经纪商，其可能无法完全遵守 BSA 的义务，并且，依据法律规定，在线平台根本不能处理投资者的资金，所以，监管机构为在线平台强加反洗钱义务，只是增加了在线平台的合规成本。对在线平台而言，这是一个"吃力不讨好"的工作，在线平台不会认真履行上述反洗钱职责，也没有能力担负反洗钱的重任。

因此，从整个《众筹规则建议稿》的文本来看，SEC 之所以在法律中强化在线平台的反洗钱义务，主要是因为 SEC 认为在线平台是最佳监管者，[①] 仅此而已，如前面所述，这种制度设计的效果可能是有限的。《众筹规则建议稿》公布后，产生了较大意见，SEC 在 2016 年的最终《众筹监管规则》中，删掉了在线平台要遵守反洗钱义务的规定，认为没有必要在《众筹监管规则》中强制性要求在线平台遵守反洗钱义务。[②] 但是，在这里不规定并不意味着在线平台不遵守反洗钱义务，而是应该由其他相关机构作出规定，并且，参与众筹发行中的经纪商、交易商和银行等金融机构仍然要遵守反洗钱义务。

（3）保护隐私

网络的互联互通以及先进搜索工具的不断出现，使得投资者个人隐私保护工作日趋困难。对于股权众筹融资在线平台而言，保护投资者的个人隐私主要是指保护投资者的金融信息安全。根据法定要求，投资者参与股权众筹证券的发行，必须要在在线平台上注册账号，填写比较详细的个人身份信息和财务信息；在线平台还要依法核查投资者在其他渠道中的投资、理财情况；并且，购买证券的投资资金也是通过网络以电子划拨的方式完成的。因而，投资者在互联网上留下了金融信息痕迹，如果安全保护措施不够，投资者的个人信息和金融信息息可能会泄露，损害投资者利益。

[①] SEC, *Proposed Rule of Regulation Crowdfunding*, 2013, pp. 247 – 248.

[②] SEC, *Final Rule of Regulation Crowdfunding*, 2016, pp. 309 – 311.

鉴于此，各国立法一般都强调对投资者隐私的保护，除了在各国消费者权益保护相关的法律里规定之外，还对特殊行业的关键参与者进行严格要求。譬如，意大利法律规定，在线平台应该对获取的投资者信息进行保密，除了发行人信息、为了发行程序或法律要求必须公开披露的信息以外，其他信息一律不得公开。① 美国也要求中介机构要根据 SEC 的规定，采取适当措施保护投资者的隐私权。②

然而，对于法律赋予在线平台保护投资者隐私的这项义务，在实践中却引起异议。监管机构要求在线平台保护投资者的个人信息安全，但是却要求其与其他机构共享信息，该规定是否矛盾？有无可行性？另外，对于在线平台保护投资者隐私，监管机构并没有规定一个行业标准或者最低标准，如何判断在线平台是否遵守该规定？因此，投资者的个人信息应该由法律规定存储在一个由监管机构创设的专门数据库里，并且监管机构应该为在线平台的隐私保护设立适当的行业标准；如果不设立集中的数据库和行业标准，监管机构应该禁止在线平台与其他机构之间共享信息，以便有效保护投资者个人隐私。

2. 信息披露

信息披露是在线平台的主要行为，也是主要义务。在线平台不仅要披露发行人和发行项目的相关信息，还要披露在线平台自身的有关信息；不仅要披露业务信息，还要披露财务信息；不仅要依法主动披露信息，还要根据要求被动披露信息；不仅要及时更新披露信息，还要持续定期披露信息。在线平台通过披露信息，可以减少发行人和投资者之间的信息不对称，提高市场的透明度和效率，进而促进资本的有效配置。另外，在线平台披露的信息，将有利于监管机构和投资者对发行人和平台本身的经营行为进行有效监督，促使股权众筹市场健康发展。

因而，各国对在线平台的信息披露都有严格要求，如意大利法律规定，在线平台应该提供给投资者一个详细的、准确的、没有误导性

---

① Regulation No. 18592. ART. 19（1）.
② U. S. 1933. SEC. ACT. §. 4A（a）（9）.

的、能够完全获取信息的渠道,并披露发行人提供的所有信息,以便投资者能够理性地、完全了解所投资的性质、金融工具的种类以及与此相关的风险,并在得到充分风险警示的基础上决定是否投资。① 再如,美国法律规定在线平台应该至少在发行人发售证券的 21 天前,在其网站上披露法律要求的所有信息。② 此外,意大利法律还规定,在线平台不得散布与公开披露信息无关的新闻,③ 并应该保证创建能接受和披露完整信息的安全操作系统,④ 等等,详细内容在下一章论述。

3. 防止欺诈

防止欺诈是在线平台的法定义务,也是从事股权众筹发售业务的前置性条件。因为股权众筹证券的发售与其他传统证券的发售不同,对于前者的发行很多国家豁免了发行前的审查程序,这种对于小额发行豁免的例外规定,有助于降低小型发行人公开募资的门槛,但是却增加了发行欺诈的风险。因而,监管机构认为预防这种欺诈产生的最有效办法,就是要求与发行最密切联系的在线平台强化安全保护措施。

但是,对于在线平台采取防止欺诈的办法或措施,各国规定并不一致。尽管大多数国家都将信息的有效、及时、充分披露作为防止欺诈风险产生的主要手段,但除此之外,各国还规定了一些特殊的防御办法。譬如美国,在《1933 年证券法》中,要求股权众筹在线平台应该采取措施减少欺诈风险,⑤ SEC 根据该项法定要求,规定 3 种特殊的防御办法:⑥

(1) 对发行人的背景和证券发售历史进行检查

在线平台应该根据股权众筹发行人提交的申报材料,对发行人的

---

① Regulation No. 18592. ART. 13 (2).
② U. S. 1933. SEC. ACT. §. 4A (b).
③ Regulation No. 18592. ART. 13 (3).
④ Regulation No. 18592. ART. 18 (1).
⑤ U. S. 1933. SEC. ACT. §. 4A (a) (5).
⑥ 根据美国法律的解释,在线平台是一个受限制的经纪商,传统经纪商的反欺诈要求也适用于在线平台,因此,SEC 提出的防止欺诈的措施,是针对股权众筹证券发行特点专门设计的。

背景进行审核，判断发行人是否适格；同样，在线平台根据监管机构留存的监管记录，检查发行人发行证券的经历，并判断其在过去有无欺诈历史、是否违反其他发行规定。如果在线平台发现发行人的申报材料有误，不完整，或者可能存在虚假，在线平台可以拒绝发行人的发行申请；如果发现发行人有欺诈和其他违规经历，在线平台应该按照法律的规定谨慎处置，SEC 认为这样安排有助于减少欺诈风险。[1]

但是，对于如何执行这一规定，存在疑问。有人提出，监管机构应该为在线平台执行上述规定划定一个大概的范围或者给予相应的指导，否则，背景材料太多，在线平台根本无法完全核查；[2] 也有人认为，监管机构应该为在线平台执行上述规定设计最低要求，并且该最低要求要低于传统金融市场对注册券商的要求。但是从 2016 年《众筹监管规则》的规定来看，SEC 并没有接受上述建议，SEC 认为没有必要设计这样的规定，并且坚持认为应该允许在线平台利用自己的经验、判断和对自身良好声誉的关切，结合股权众筹证券的发行程序，决定如何预防欺诈风险。也就是说，SEC 仍然给予在线平台很大的自主权利，由在线平台来自主决定发行人是否适格，即使在线平台没有证据证明，只是怀疑发行人有欺诈风险，在线平台也可以拒绝发行人的申请，并且不用出具任何理由。

（2）对与发行人有密切联系的持股人的检查

依据美国法律的规定，与发行人有密切联系的持股人，是指拥有 20% 及以上投票权的证券持有人，在线平台要通过对这些成员的审查，判断发行证券是否存在欺诈风险。

在线平台对"与发行人有密切联系的持股人"进行检查，主要依赖发行人的申报。因为按照证券发行的一般规定，发行人有义务采取相关措施来准确登记持股人的信息，包括现在持有证券数量、持有时间、持有方式，曾经持有证券的数量、方式、时间、转让方式等。在线平台通过审核密切联系持股人的持股记录，可以判断其是否存在欺

---

[1] SEC, *Proposed Rule of Regulation Crowdfunding*, 2013, p. 137.

[2] SEC, *Final Rule of Regulation Crowdfunding*, 2016, pp. 166 – 168.

诈性转让经历，并判断发行人和发行证券是否存在欺诈风险。如果在线平台认为发行人或其发行将存在潜在的欺诈，或者有可能存在潜在的欺诈，应该拒绝访问；如果正在发行，则应该停止发行，删除发售信息，并退还投资者已购买证券的款项。①

然而，在如何执行该规定上，同样存在疑问。

首先，股权众筹发行人是否有能力来登记证券持有以及转让情况？小型发行人可能没有登记经验，也可能没有相关的登记设备，还有可能缺乏熟悉登记事项和流程的专业人员，因而，如果发行人没有上述条件，就不可能保存一份有效、完整的登记账簿，进而也无法为在线平台申报准确的持股人信息。因此，有人建议在该种情况下，监管机构应该要求发行人雇用专门从事股权转让服务的代理机构，来帮助小额发行人登记、保存相关记录，以备核查。② 但 SEC 并没有明确表态，并认为发行人有选择的自由。

其次，2013 年的《众筹规则建议稿》只是提到"在线平台认为（Believe）存在欺诈或欺诈风险的，拒绝登录或删除发行"，但是在线平台认为存在欺诈或欺诈风险的依据或标准是什么？存在较大的主观性。值得注意的是，在 2016 年的最终规则中，SEC 对在线平台的反欺诈检查义务进行了标准上的修改，将 2013 年建议稿中比较主观的"认为"改为更加客观的"合理基础"（Reasonable Basis），③ 防止在线平台发生损害投资者利益的不当判断。

最后，经核查，如果发现"与发行人有密切联系的持股人"存在欺诈或存在欺诈嫌疑，除了拒绝发行外，在线平台能否将核查的结果在平台上进行披露，或创建一个违法行为数据库，以便发行人自己检索查验是否适格。对此，SEC 明确反对，④ SEC 认为，在线平台没有必要公开披露核查结果，因为可能会增加管理成本，又有可能因核实不准而对他人造成伤害。

---

① SEC, Proposed Rule 301 of Regulation Crowdfunding, 2013.
② SEC, *Proposed Rule of Regulation Crowdfunding*, 2013, p. 138.
③ SEC, Final Rule 301（c）(2) of Regulation Crowdfunding.
④ SEC, *Proposed Rule of Regulation Crowdfunding*, 2013, p. 145.

第三章 股权众筹融资参与人行为规则法律问题研究

（3）对资金划拨转移的限制

从理论角度分析，股权众筹融资中对资金的划拨主要存在 3 种模式，其一，在线平台设立"资金池"，将资金存储在在线平台上；其二，将资金存储在第三方机构，该第三方机构主要包括银行和其他金融机构；其三，将资金直接划拨到发行人的账户上。

资金的划拨转移是股权众筹融资中最核心，也是最敏感的问题，因为在资金划拨转移过程中，可能蕴藏着大量风险，甚至存在欺诈。譬如，如果发行人图谋欺诈，可能在资金划拨后卷款潜逃；如果在线平台设立"资金池"，私自对投融资进行交错匹配，可能将在线平台的经营管理风险累加在投资风险之上，增加了风险扩大化系数，危及投资安全；如果将资金存放在非银行第三方机构，该第三方机构可能因管理不善而携款"跑路"。因而，如何设计资金划拨转移规则显得非常重要。

首先，资金划拨的方式。分期划拨可能有助于发行人认真创新创业，也有助于投资者对发行人的持续监督观察，而一次性划拨可能会面临很多潜在问题。并且在分期划拨的条件下，有助于投资者撤销权的顺利行使，而资金直接划拨给发行人后，则会影响撤销权行使的效率。

其次，资金划拨的时间。资金划拨的时间也非常重要，实践中有两个关键时间点，一个是发行项目成功时，这里的成功是指发行募集金额等于或大于预期发行额；另一个是发行结束时，这里的发行结束是指发行期限结束，而不管发行结束时，发行是否成功。也就是说，发行结束后，无论发行是否成功，都要将所募集资金划拨给发行人。很明显，如果以发行结束作为资金划拨的时间点，其风险系数将增高，虽然不排除有些发行创意非常好，只是因为发行人不善于推荐而导致发行失败，但是作为一个宏观的制度安排，发行失败意味着风险可能较大。所以，鉴于以上考虑，美国在立法中对股权众筹的资金划拨直接做出一条原则性规定，即中介机构必须确保只有在募集的所有金额大于或等于 SEC 根据法律确定的预期目标发行额时，才能将发行所得拨付给发行人,① 并且,该拨付不得违反法律规定的特殊期间要求。② 也就说在美国,不允许发行失败或者发行没有达到预期目标的情况下,将发行募集的部分资金拨付给发行人,显然,这是为了保护投资者资金的安全。

再次,资金的存放位置,对预防欺诈有影响。资金的存放地方不同,可能会产生不同的预防欺诈效果。如前面所述,资金存放在发行人、在线平台和非银行的第三方机构处,具有较大的安全隐患,因此,美国和意大利法律规定,股权众筹投资者的资金一般存放在银行。如美国在2013年《众筹规则建议稿》中增加了一项具体的操作性指引,③ 即要求中介机构要妥善处置在发行过程中接收的投资资金,既可以以代理人或受托人的身份将资金及时存储在单独的银行账户中,也可以在银行同意代管的条件下,直接将资金划拨到银行指定的账号里,当合约约定事项发生时,选择将资金划拨给发行人或者直接返还给权益所有人。④

但是,这里要注意两个问题,其一是中介机构在银行开立的账户是谁的账户?因为这涉及所有权问题。实践中,可能存在两种可能,一种是以中介机构自己的名义在银行开立的账户,另一种是为投资者或者发行人的名义单独设立的一个特定账户。其二是,银行凭谁的指令划拨资金?现实中,这也是一个难点,通常情况下,银行应该按照中介机构的指令划拨资金,因为从法理上讲,与银行签订委托代管协议的委托人是中介机构,理应遵照中介机构的指令。所以,无论是哪一种方式,都存在较大风险。

如果是以中介机构的名义开立的账户,大多数中介机构并不具有代管资金的授权或资格,并且存放在中介机构的账户中,中介机构可以很方便将资金挪用或转移。另外,如果存放在银行的一个单独账户

---

① U. S. 1933. SEC. ACT. §. 4A (a) (7).

② 即不能违反21天的发行期规定,也就是说不能在发行之后21天内划拨。See SEC, Proposed Rule 303 (e) (3) (i) of Regulation Crowdfunding, 2013.

③ SEC, Proposed Rule 303 (e) (1) of Regulation Crowdfunding, 2013.

④ U. S. 1934. SEC. EX. §. 15c2;3;4.

中，这可能是一个比较理想的方案，募集的资金存放在银行中，依靠银行对资金的管理经验，才能更好地预防可能出现的风险和欺诈，SEC 也是根据这个思路，起草相关的股权众筹规则。① 但是，问题可能仍然存在，因为银行在划拨资金时，必须遵照一个适格主体的指令，并且对银行而言，对于划拨资金并没有审查义务，只要是约定指令的主体正确，银行就有义务按照指令拨付，即使约定主体有主观恶意，银行仍必须划拨。所以，可能的风险就来自于中介机构的欺诈或者中介机构与发行人联合欺诈。

如何解决这个问题，并没有成熟的答案，因为目前并没有更好的办法。可能有观点会认为如果中介机构和发行人联合起来欺诈，那么再缜密的预防办法都可能失效，因为这关系到犯罪问题，但是从理论上来看，未来可能在指令的主体资格方面做一些设计，即指令银行划拨的主体不再是中介机构，而是投资者全体，当发行达到预期额度即发行成功后，中介机构可以提醒或者组织投资者以"会签"的方式，完成群体性指令，银行凭投资者群体的会签，拨付资金；如果发行失败，则不可能产生会签，没有会签，银行自动将资金返还给权益人。

在过去，这个大规模公开发行的会签是不现实的，因为成本非常高昂，但是，在互联网时代，这种电子会签变得非常简单和快捷，只要在与银行签订的委托合同中约定，当投资者认购并将相应的认购资金划拨到银行指定账户上，银行就立即秘密发送给该投资者一个密匙；当发行成功后，投资者可以凭借一系列密匙组合，开启划拨指令。

值得注意的是，在 2016 年通过的最终《众筹监管规则》中，SEC 将建议稿中"合格的第三方机构仅限于银行"的规定取消了，将"第三方机构"的范围扩展到银行、全国信用社管理局投保的信用社、拥有客户账户或证券的注册经纪商和交易商，② 很明显，目的在于增加竞争。

---

① SEC, Proposed Rule 303（e）（2）of Regulation Crowdfunding, 2013.
② SEC, Final Rule 303（e）of Regulation Crowdfunding.

最后，在讨论资金转移问题时，美国出现了一个有趣的插曲，即有观点认为应该对投资者投资资金的支付方式进行限制，特别是禁止使用信用卡进行支付，理由是投资者可能会"反悔"①，但马上有人站出来反对，坚持信用卡支付是一种网络支付习惯，不应该禁止。②至于出现这样的问题，与美国国内立法有很大关系，因为根据美国《诚信借贷法案》的规定，消费者使用信用卡时，享有法定撤销权。③所以，这个问题看似简单，实则很难处理，SEC 成功地将这个"皮球"踢给了在线平台，认为 SEC 并不限制任何支付方式，但是 SEC 注意到，中介机构根据它的权限，可以拒绝接受一定的支付方式，如信用卡；或仅在特定的条件下接受。④ SEC 的这个理由并不是"空穴来风"，也不是推卸责任，因为按照美国《1934 年证券交易法》的规定，⑤ 在线平台确实不能为消费者提供延展信用服务。

（二）投资者教育与资格审查

1. 投资者教育

在线平台的投资者教育主要是告知投资者参与投资的流程、发行人义务、投资者应该注意的事项以及投资可能面临的风险等，核心内容是告知投资者可能存在的投资风险。因而，在线平台在核查投资者适格资格时，主要核查两项内容，一是投资者是否接受了适当的投资者教育；二是投资者是否满足法令规定的资格条件。

各国一般都将投资者教育视为适格投资者选择的关键保障，因为，有效提高投资者保护的水平很大程度上取决于投资者教育的普及，譬如，意大利法律规定，股权众筹投资者在购买相关投资产品之前，在线平台必须履行"一披露两警告"的普及式投资者教育。

"一披露"是指在线平台必须用简单、容易理解，并且可以用多

---

① Charge-Backs.
② SEC, *Proposed Rule of Regulation Crowdfunding*, 2013, p. 185.
③ 12 CFR 226. 13.
④ "we are not proposing to limit payment mechanisms, but we note that an intermediary could, in its discretion, decline to accept certain payment methods, such as credit cards, or accept them only in certain circumstances", See SEC, *Proposed Rule of Regulation Crowdfunding*, 2013, p. 185.
⑤ U. S. 1934. SEC. EX. §. 3（a）（80）（D）.

媒体播放的表格形式，向投资者公开披露经过汇总的重要信息。① 具体包括：在线平台的管理人员、控股股东、经理，及其详细信息；业务活动、发行方式、任何外包给第三方的事项；发行新股的程序和条件；投资者应支付的任何费用；减少和管理欺诈风险的方法；保护收集到的投资者个人资料和信息的方法；戒绝利益冲突的方法；处理投诉的方法，以及指定接受投诉的机构及其地址；庭外争端解决机制；发行人在平台披露的信息以及相应的后果；有关注册登记规定的相关超链接地址，CONSOB 关于投资者教育的网址；法令第 25 条第 8 款规定的企业登记特殊要求；批准与警告；在线平台对发行人不遵守其管理时将采取的措施，等等。

"两警告"是指警告投资者可能存在的投资风险，警告投资者要量力而行。对于警告投资者可能存在的投资风险，法令明确规定，在线平台应该用简洁、易于理解的形式为投资者提供初创企业发行证券的相关风险，至少应该包括以下内容：（1）失去全部投资的风险；（2）投资不能立即兑现的风险；（3）法令第 25 条规定的禁止分配利润；（4）收益再投资要求及其风险；（5）公司法第 26 条和破产法第 31 条规定的减损风险；（6）撤销权的行使及其未能行使的风险。

而警告投资者要量力而行，是指在线平台要警告投资者其投资要与自己的经济承担能力相匹配，法令规定在线平台应该警告非专业的投资者，高风险金融资产的投资应该与投资者金融资源保持适当的比例。② 另外，法令也要求在线平台在准许投资者购买之前，必须警告投资者，其投资可能完全失败，并且要投资者声明其有经济能力承担所有损失。③

美国法律也要求中介机构，用任何电子格式，为投资者提供投资者教育并披露相关投资风险。同样，SEC 根据该法定要求，④ 在《众筹规则建议稿》中规定，在线平台必须提供投资者教育材料，并解释

---

① Regulation No. 18592. ART. 15（1）.
② Regulation No. 18592. ART. 13（3）.
③ Regulation No. 18592. ART. 15（2）（c）.
④ U. S. 1933 SEC. ACT. §.4A（a）（4）.

发行和投资中可能面临的风险。① 另外，美国法律也要求在线平台务必确认投资者已经完全了解教育材料和相关的投资风险。②

当然，美国和意大利两国上述法律规定，要求在线平台在投资者购买之前对其进行投资者教育，将有助于投资者充分认识购买股权众筹证券的相关限制和风险，也有助于投资者了解发行人的商业计划、支付结构、救济措施和特定条件下的求偿权。

2. 投资者资格审查

审查投资者资格是在线平台的一项法定义务，在线平台要审查投资者是否按照要求在平台开户注册，是否设立了符合要求的账户和密码，是否同意平台的各项规定。在线平台还要审核投资者的个人信息是否符合法定要求，或者是否符合在线平台的规定，在该审核中，核心的要求有两个，一是要审查投资者的投资是否超过法定限额；二是审查投资者是否完全了解投资风险。例如，根据意大利法律规定，在线平台必须在确认投资者了解、接受了投资者教育的内容，并符合资格要求的，才准许购买发行证券。值得注意的是，意大利规定，判断投资者"了解"了投资者教育内容的标准主要有三个，其一是已经阅读了相关的投资者教育信息和门户规定的信息；③ 其二是明确回答了投资者教育调查问卷；其三是回答投资者教育调查问卷的结果表明，其已经完全了解通过在线平台向初创企业投资的基本特征和主要风险。而投资者"接受"投资者教育内容的主要标准只有一个，即声明他们有经济能力承担可能发生的所有投资损失。

（三）建立交流平台

为了更好地强化投资者保护，提高发行人和投资者之间信息的对称性，让参与股权众筹的发行人和投资者能够更好地交流，有些国家明文规定在线平台有义务在其网站上创建一个交流平台（Communication Channel）。该义务是一种积极行为，是为已经在平台上开户的大

---

① SEC, Proposed Rule 302 (b) of Regulation Crowdfunding, 2013.
② SEC, Proposed Rule 303 (b) (2) of Regulation Crowdfunding, 2013.
③ 主要指 Regulation No. 18592. ART. 14 (1) (k) 规定的信息和 Regulation No. 18592. ART. 15 (1) 规定的信息。

众群体提供一个集中讨论和分享信息的交流渠道，有利于潜在的投资者之间或潜在投资者与发行人之间分享关于发行人或发行证券的信息，根本目的是为潜在投资者提供一个评估投资机会的新模式，有助于减少盲目投资和可能存在的发行欺诈。

但是，在美国国会的立法中，并没有该项要求。该创意的出台源于 SEC 的大胆推测，因为 SEC 认为要求在线平台提供该交流设施，符合众筹的市场特性，并不会违反美国国会的立法意图，甚至与国会的立法意图是相契合的，用 SEC 的原话来讲，就是"相信国会预料会产生这样的机制"。① 因而，SEC 在 2013 年《众筹规则建议稿》中建议，② 在线平台应该在其网站上创建一个投资者之间相互交流的渠道，发行人也可以通过交流平台与投资者就发行事项进行交流。而该建议被 2016 年的最终规则所采纳。③

根据 SEC 的设计构想，依据股权众筹集思广益，利用众人智慧的特点而创建的交流平台，主要有两种功能，一种是展示，另一种是交流。

交流平台的展示功能，是指交流平台上的交流信息是公开的，允许所有人通过互联网可以浏览平台上的交流话题和交流信息。④ SEC 认为这种设计的好处在于，希望通过互联网的便捷性，为广大潜在的投资者找到一种分享信息、交流观点和发掘有价值投资机会的地方。因此，允许所有人浏览交流信息，将会扩大信息的共享率，使得发行信息的传播更为广泛，符合股权众筹的目的。

交流平台的交流功能，是指允许投资者在线讨论正在发行的产品，而不是在在线平台之外的地方交流信息。但根据 SEC 的设计，虽然交流平台上的信息是对所有人开放的，但参与讨论交流的人，却仅

---

① "……we believe that Congress contemplated that there would be such a mechanism in place for offerings made in reliance on Section 4（a）（6）." See SEC, *Proposed Rule of Regulation Crowdfunding*, 2013, pp. 175-176.
② SEC, Proposed Rule 303（c）of Regulation Crowdfunding, 2013.
③ Final Rule 303（c）of Regulation Crowdfunding.
④ SEC, Proposed Rule 303（c）of Regulation Crowdfunding, 2013.

限于在平台上注册的投资者,即交流平台上的信息是向所有人开放,但参与讨论交流的人是有限制的,不是所有人都能在交流平台上发帖、交流和参与讨论。因此,该规定实质上限制了讨论参与人的范围,可能与股权众筹的大众参与要求相悖。

对此,SEC 也承认实质上"缩小了代表意见的范围",因为"排除了没有在平台开户的人",但是,SEC 认为这是一个艰难的选择,因为如果允许所有人在平台上参与讨论,当然会扩大代表意见的范围,有效的信息将会更加广泛,也提供给投资者更多的参考意见,但是,投资风险也随之增加。譬如,如果有人故意在平台上发布虚假信息,或者散布谣言或者诋毁发行人和发行项目,或者有目的地推介特定的发行项目,肆意夸大发行项目的优越性,故意隐瞒欺诈行为等,将会误导投资者的判断,进而影响投资者的投资决策。

更加危险的是,当这种非法信息或不正当消息蔓延时,监管机构却无能为力,因为不知道发帖人的真实身份,也不知道其身处何方。因此,为了安全性着想,SEC 认为将参与交流的人限制在已在平台注册开户的人,如此,在交流平台上发帖的人就具有真实的身份信息,有助于维护良好的交流秩序,并促使投资者在交流中发表负责任的评论和信息。

按照 SEC 的设计,在线平台应准许发行人及其代表在交流平台上与投资者交流信息,因为作为股权众筹共享信息的参与人,发行人与投资者关于发行事项的询问、回答、质疑、反驳、提出意见、解释原因等交流活动,将有助于投资者更深入了解发行人或发行项目,帮助其作出更好的投资决策。但是,在线平台应该禁止发行人和投资者在发行证券的平台之外进行交流,① SEC 认为该要求将有助于保护投资者利益。② 另外,当发行人及其代表在交流平台上参与交流时,要明确标注其发行人身份,如果是发行人代表或雇员,应该同时澄清其是否获取报酬,SEC 认为这个规则适用于所有代表发行人的人。

---

① SEC, Proposed Rule 204 of Regulation Crowdfunding, 2013.
② SEC, *Proposed Rule of Regulation Crowdfunding*, 2013, p. 177.

第三章 股权众筹融资参与人行为规则法律问题研究

对于发行人及其代表与投资者交流信息的范畴，SEC 并没有限制，即 SEC 并不限制发行人及其代表只能与投资者交流发行项目。因为 SEC 认为，《1933 年证券法》第 4A（b）（2）项只是规定禁止与发行有关的广告行为，并没有对交流内容进行限制，如果禁止交流发行条款之外的事项，将使股权众筹发行人承担比注册发行人还要重的负担。同时，SEC 还认为，允许发行人交流非发行事项信息，可能会增加业务成功率，因为发行人可以宣传自己的产品或服务。

最后，在《众筹规则建议稿》和《众筹监管规则》中，SEC 都强调在线平台在交流渠道中的中立性质，SEC 认为在线平台的职责在于搭建信息沟通平台，在信息交流中应该扮演中立角色，不应该参与投融资双方的交流。但是，在线平台也有维持交流秩序的职责，如果交流平台上出现有欺诈嫌疑、包含非法信息、虚假信息、诋毁他人或者具有煽动性语言等不适当举止的信息，在线平台应该及时删除，[①] 依据规定取消相关人员的访问资格，及时向投资者说明情况，并向监管机构汇报。

（四）通知

作为中介组织的在线平台，在发行人和投资者之间起着桥梁的作用，因而，对相关事项和信息的及时沟通传达便成了在线平台最主要的业务，其中，最重要的沟通方式就是通知。在线平台的通知主要分为两种，临时通知和定时通知。

1. 临时通知

临时通知主要是指在线平台由于面临不确定的、临时的、突发的事件而通知投资者、发行人和监管者相关信息。这些临时通知，可能涉及一般的日常业务，如服务器暂时中断或网络页面出现故障或下单失败等，如遇见此类问题，在线平台应该及时通知，并维修系统，使之恢复正常；除此之外，在线平台还有一些法定的临时通知义务，譬如，意大利法律规定，当发行人公司章程发生修改，控股股东、管理人员、代表权、专业任职资格发生变更，依据《18592 号规则》第 9

---

① SEC, Proposed Rule 303 (c) of Regulation Crowdfunding, 2013.

条、第10条第1款所列事项，以及根据第11条第2款的规定暂停或撤销任职资格的，在线平台有及时通知的义务，不仅要将这些临时性的情况及时通知CONSOB，还要及时通知投资者；① 如果发行人延期发行或中断发行的，在线平台也需要及时向CONSOB和投资者通知延迟的开始日期、中断和恢复的日期等。美国《众筹监管规则》同样规定，如果发行材料发生变化，在线平台应该及时通知投资者，特别是必须立即通知已经预购的投资者，在接到通知之后的5日内要重新确认，否则其预购无效。② 另外，美国法还规定，如果发行人提前结束发行的，在线平台也必须在实际结束时间5日之前及时通知投资者，并告知撤销权行使的期间和最后日期。③

2. 定时通知

定时通知主要是指在线平台在特定事件发生后或者在法律规定的某个特定时间必须向投资者发送的信息，这同样是在线平台的一项法定义务，按照通知发送时的时机不同，可以分为特定时间发送的通知和特定事件发送的通知。

特定时间发送的通知，一般情况下指的是年度报告和季度报告，在美国2013年的《众筹规则建议稿》中，要求的定时持续披露信息是年度报告和季度报告，但考虑到小型发行人的成本和负担，在2016年的最终规则要求的定时持续披露只有年度报告。而在意大利，主要是指年度报告，按照意大利法律规定，在线平台在每年的3月31日之前，需要向CONSOB报送年度报告；④ 年度报告主要包括以下材料：组织结构和执行活动的情况，⑤ 在线平台在过去一年里的活动数据资料，包括发行信息的汇总资料，与发行有关的辅助服务的执行情况，操作中断以及维护情况，是否收到书面投诉，对存在问题将要采

---

① Regulation No. 18592. ART. 24（2）．
② Final Rule 304（c）of Regulation Crowdfunding.
③ Final Rule 304（b）of Regulation Crowdfunding.
④ Regulation No. 18592. ART. 21（3）．
⑤ 这是根据《18592号规则》附件2的要求进行的报告内容，要求报告已经发生改变的任何信息；如果没有变化，可以不提交报告，视为已经报告。

取的整改措施等。

特定事件发送的通知，在美国《众筹监管规则》中主要有两种，一种是投资者在预购证券时的通知，当投资者通过在线平台预购正在发行中的证券之后，在线平台有义务在第一时间及时为投资者发送一份电子预购通知，告知投资者其所购买的证券名称、数量、金额、发行人名称等事项。特别重要的是，在该通知中，在线平台还有义务告知投资者有权利在发行结束时间 48 小时之前任何时间内无条件撤回其预购，自动返还其预购款项，并明确告知投资者行使撤回权的期间或最后日期。① 另一种是在发行结束时，在线平台需要向投资者发送一份电子通知，告知其购买的证券类型、价格、数量、成交日期、发行总数以及所购证券的详细情况，更为重要的是，在线平台还必须告知在线平台为发行人提供服务所获得的报酬情况，② 有助于投资者更为全面、深入地了解其所持有的证券价值。

（五）信息记录与保存

记录有关信息并妥善保存是在线平台的法定义务。因为其记录和保存的信息是监管机构分析市场数据、追踪可疑行为与处罚违规行为的重要依据，如果在线平台不能有效记录和保存相关信息，将直接影响到防止欺诈、加强监管的实际效果。一般而言，在线平台记录和保存的信息根据其主体的不同，分为投资者信息、发行人信息和在线平台自身信息。

1. 投资者信息

在线平台应该记录和保存的投资者信息，主要包括其开户信息，如账号、联系地址、真实姓名、邮箱等；交流信息，如主动发帖内容、参与讨论内容、回应询问内容等；资格申报信息，如年收入、净资产、投资经验、风险偏好、心理倾向、经济能力、家庭收入、工作情况、是否有违法违规投资经历等；接受的投资者教育情况，包括对发行流程、项目、支付、权利享有、权利救济等的情况的介绍、投资

---

① SEC, Final Rule 303 (d) of Regulation Crowdfunding.
② SEC, Final Rule 303 (f) of Regulation Crowdfunding.

风险警示、投资者适当性投资警示、问卷检测、特定问题回答等；合规证明材料；购买总额，投资者撤销权及其其他权利的行使情况，支付情况；投资者的其他信息。

2. 发行人的信息

在线平台应该保存发行人及其管理人员、主要股东、20%以上的利益拥有人、控制人和关联人的资格信息；发行人的所有申报材料、发行人披露的所有信息、发行人向 SEC 或在线平台提交的特别说明、发行人及其代表人在交流平台上的交流信息，等等。

3. 在线平台自身的信息

在线平台对于自身的信息也要按规定进行记录和保存，主要包括在线平台的合规信息、经营信息、管理信息，向 SEC 报送的信息等。

意大利法律规定，在线平台有义务将上述信息建档归案，并按照内容与参与人的关联程度保存一定的时间，如果是一般的信息，则在发行后至少保存 12 个月以上；而与利益相关方有关的信息，则必须保存 5 年以上。① 但是，意大利法律并没有说明"与利益相关方有关的信息"的内涵。

但是，意大利法律却对保存 5 年以上的信息给予了列举式介绍，包括投资者订单，行使撤回权与撤销权的命令，银行和投资公司发送的订单指令、交易确认书，以及《18592 号规则》第 17 条第 5 款规定的证明材料。② 由此可见，根据实践来推测，"与利益相关方有关的信息"可能是指参与人参与发行不可或缺的信息，或必不可少的信息。

与此同时，意大利还明确规定了信息保存的方法，即应该用有序的方式，使用电子文档、硬拷贝格式和在线平台管理信函副本、合同副本的方法将相关信息存储。③

此外，意大利法律还规定，在线平台有义务拥有一套安全可靠的

---

① Regulation No. 18592. ART. 13 (4).
② Regulation No. 18592. ART. 20 (1).
③ Regulation No. 18592. ART. 20 (1).

操作系统和硬件，来确保其能够接受、发布和存储相关信息，并且在线平台应该采取适当程序和控制措施避免操作中断，强化信息的记录和保存。① 另外，在线平台必须具备一定的识别和防止操作风险的措施，并具有适当的备份设备。② 从意大利《18592号规则》第18条"对投资者可能面临操作风险的保护义务"规定，③ 可以看出其将设备问题可能引起的股权众筹操作风险，上升到保护投资者利益的高度，其对于股权众筹市场安全性的担忧可见一斑。

美国也有同样的要求。在2013年《众筹规则建议稿》中，SEC要求在线平台记录和保存的信息和意大利的规定大体一致，包括发行人资格信息、交流信息等。④ 与意大利规定不同的是，美国要求在线平台必须保存为了遵守众筹规则而在其经营过程中创造的所有记录，其中包括一些非常细微的，甚至"烦琐"的要求，譬如，每日、每月和每个季度的交易总结，⑤ 提供给发行人和投资者的所有通知和警示，每个发行人的发行过程，所有合同，向法定机关的报告等等。并且，对于保存的期限，美国规定在线平台应该将相关信息保存5年，前两年应该随时可供查询。⑥

另外，美国还有一个非常特殊的条款，即明确认可在线平台可以使用第三方代理机构提供的信息记录和保存服务，但当在线平台决定使用第三方代理机构的服务时，应该向SEC提交一份其与第三方机构签订的书面协议，并且在协议中约定，第三方机构必须承诺其所记录和保存的信息的所有权属于在线平台。该条款规定的目的一是降低成本，二是便于监管机构行使检查权。因为一般而言，SEC或其他监管机构与第三方机构并没有直接的隶属关系，其无权要求第三方机构提供相关的信息和资料，这样会阻碍监管机构的监管工作，因此，在合

---

① Regulation No. 18592. ART. 18.
② Regulation No. 18592. ART. 18（2）.
③ Obligations Of Investor Protection Due To The Operational Risks.
④ SEC，Proposed Rule 404（a）（3）of Regulatio Crowdfunding，2013.
⑤ SEC，Proposed Rule 404（a）（8）of Regulatio Crowdfunding，2013.
⑥ SEC，Proposed Rules 404（a）of Regulation Crowdfunding，2013.

同中明确约定信息所有权属于在线平台，就给了监管机构要求第三方机构提供信息的合法理由。① 此外，在线平台也应该向其所注册的自律组织提交经过第三方机构的代表会签的书面保证，很明显，本条的规定有助于确保由第三方机构维持和保存的记录随时可供自律组织检查。因此，这种事前统筹、规划的全面协调能力，反映出美国立法者具有很高的立法水平。

二 在线平台的禁止性行为及其规制

法律对于在线平台的行为规则，除了规定必须履行的上述积极行为之外，还从消极方面规定了不得从事的行为。

（一）禁止提供投资建议

法律禁止在线平台向投资者提供任何形式的投资意见，无论是直接的、还是间接的，明示的、还是默示的，主动的、还是被动的，即在线平台作为一种投融资中介，应该保持一种中立状态，不能参与或者试图影响证券的发售。按照美国法律的规定，在线平台禁止提供投资建议主要包括以下内容：不能向投资者或潜在的投资者推介某个特定的发行人或发行项目，不能对发行人或发行项目做预见性商业分析或商业判断，不能将特定的发行信息置于网站明显位置进行展示，不能依主观标准对筹资人的信息进行归类和整理，不能在交流平台参与交流等。

但是，上述规定，很难具体落实。

譬如，可操作性问题。根据上述规定，在线平台应该保持中立态度，不能依主观标准对筹资人的信息进行归类和整理，该条规定有利于预防对发行人的不当宣传，但是存在执行障碍。首先，在线平台也是一个盈利性机构，发行项目的成败和在线平台的利益是紧密联系的，在线平台基于关心自身经济利益或者市场声誉、知名度等因素，自然会对发行项目的优良进行初步分析、判断，甚至有可能会对项目进行分级、分类管理；其次，法律规定"不能依主观标准"进行分

---

① SEC, Proposed Rule 404 (d) of Regulation Crowdfunding, 2013.

类，但是在发行初期，判断发行项目分类的"客观标准"是什么？对于很多项目而言，很难用主观标准或客观标准区隔得泾渭分明。所以，操作性可能不是很强。

再如监管问题，如上所述，在线平台"不能将特定的发行信息置于网站明显位置进行展示"，但是，在其网页上总有一些地方会被称为"网站明显位置"，那么恰好被安排在这一"敏感"地带的发行项目，是否就意味着可能得到了在线平台的推荐和介绍？如何举证？因此，监管会异常艰难。

所以，在讨论该条规定时，很多人提出异议。普遍的建议是监管机构应该为在线平台禁止提供投资建议的规定提供相关指导，① 即建议 SEC 应该设计禁止提供投资建议的模板或标准，这样有利于在线平台清晰认识禁止与不禁止的"边界"，有助于在线平台的实际操作。该建议使得 SEC 认识到"法律规定的禁止规定可以被解读的如此广泛，以至于会限制在线平台的功能"，② 因此，SEC 表示要努力在"限制条件和在线平台功能之间找到适当平衡"，③ 并由此建立了"安全港"规则。关于这一点，后面详细论述。

（二）禁止引诱

根据美国 2013 年《众筹规则建议稿》的解释，在线平台在股权众筹证券的发行中禁止引诱，主要包括两层含义，其一，在线平台不得充当证券销售人员的角色，不得通过群发邮件、传真、宣传单或其他传播方式向投资人推荐投资项目，并诱导其购买通过在线平台发行的证券；其二，在线平台自己不得购买在其平台正在发行的证券，或者不能作为转售人向投资人出售证券。

根据上述解释，所有通过在线平台发生的证券交易行为，都必须

---

① SEC, *Proposed Rule of Regulatio Crowdfunding*, 2013, pp. 224 - 225.

② "we recognize that the statutory prohibitions could be read so broadly as to limit the utility of funding portals", See SEC, *Proposed Rule of Regulation Crowdfunding*, 2013, p. 228.

③ "The proposed rule seeks to strike an appropriate balance by identifying certain limited activities in which a funding portal may engage, consistent with the statutory prohibitions", See SEC, *Proposed Rule of Regulation Crowdfunding*, 2013, p. 228.

且只能发生在发行人和投资者之间，在线平台不得作为证券买卖合同的一方当事人参与在其平台上发行的证券交易。因而，该条规定和前条规定相似，同样会出现执行问题，并且，禁止提供投资建议与禁止引诱之间存在紧密联系，不适当的投资建议可能会演变为引诱；相同，引诱是用投资建议的方式表现出来。

（三）禁止向第三人支付佣金

根据美国《1934年证券交易法》以及《众筹监管规则》的规定，① 禁止在线平台向第三人支付佣金，是指禁止在线平台以任何名义，给予推销其平台上发行证券的第三方推销人员任何报酬，同时，也禁止在线平台向任何人员购买潜在投资者的个人信息。对此，也存在很多争议。

1. 支付方式问题

在一般意义上来看，禁止在线平台"以任何名义"给第三方支付报酬，是指禁止以金钱、股权、股票、债券等内容支付，但是该规定禁止的是一般意义上的支付报酬，还是禁止一切形式的支付报酬，存在不同看法。如果禁止的只是一般意义上的支付报酬，是指禁止给予金钱等货币或给予股权、股票、债券等有价证券作为支付手段，但并不包括收益共享安排、约定按比例分成和其他非支付方式；如果规定的是禁止一切形式的支付报酬，则后面这些安排也在禁止范畴。按照股权众筹的发展现状而言，立法的意图应该是禁止一切形式的有偿支付，这里的"任何名义"不仅指支付方式的种类，也指任何与收益有关的安排。SEC在《众筹规则建议稿》中认为，广泛限制中介机构为给其提供投资者或者潜在投资者信息的人支付报酬，不允许中介机构给予第三方佣金或其他交易基础上的补偿，② 这个"其他交易基础上的补偿"就涵盖了所有的支付方式。

2. 无偿促销问题

对于无偿为在线平台提供促销服务的，是否应该禁止，也存在

---

① U.S. 1933. SEC. ACT. §. 4A (a) (10).

② SEC, Proposed Rule 305 (a) of Regulation Crowdfunding, 2013.

第三章 股权众筹融资参与人行为规则法律问题研究

异议。

支持的观点认为，按照股权众筹的现状，法律禁止有偿促销，其立法目的应该是保护投资者利益免受不法侵害，"有偿"只是法律禁止的一种最明显、最直接的方式，但并不表示法律只禁止"有偿"这一种形式。法律的规定应该被理解为禁止一切形式的推销，如果只是禁止"有偿支付促销"，监管机构或投资者要对在线平台和推销者之间是否存在"有偿支付"进行举证，这是非常困难的。

反对观点认为，法律禁止的只是在线平台的有偿促销行为，立法目的是防止在线平台利用提供报酬的方式，进行高压促销或其他不当销售，但是对于无偿为在线平台提供促销服务的，应该不在禁止范围内，因为无偿的促销并不是在线平台的行为，也不是在线平台授意下或鼓动下的行为，属于市场的自动反应。因而，如果在线平台没有向推销人支付报酬，推销人是可以向在线平台提供潜在的投资者的个人信息或者推销其发行证券。①

美国法律对该问题没有明确规定，《众筹规则建议稿》只是规定，在线平台，除了为没有为其提供任何潜在投资者信息的第三方或注册经纪商支付报酬之外，不得向任何第三方支付报酬或其他交易基础上的补偿。② 因而，准许支付的对象仅包括注册的经纪商和未向其提供潜在投资者信息的第三方。该规则的重点是禁止在线平台有偿促销行为，对于第三方无偿促销行为是否禁止，并没有规定。

但是，按照一般的市场规律，第三方是不可能在没有任何收益或获利的情况下，自愿为他人提供服务，即所谓的"无利不起早"。但是，在互联网时代，网络上存在的很多行为，很难准确界定其是否与收益或获利有关，有些行为或许没有目的，或者至少是没有获利目

---

① SEC, *Proposed Rule of Regulation Crowdfunding*, 2013, p. 198.
② 在 2013 年《众筹规则建议稿》中规定，如果第三方是注册经纪人或交易商，在线平台可以支付报酬，但该款内容在 2016 年的《众筹监管规则》中被删掉了。对此，SEC 的解释是一方面该内容与 402（b）（6）的规定重复；另一方面，也是为了更好地保护投资者利益。详见 Proposed Rule 305（b）of Regulation Crowdfunding, 2013 和 SEC, *Final Rule of Regulation Crowdfunding*, 2016, p. 244。

的，如果在线平台利用这种方式进行促销，按照目前的立法，不属于禁止事项。但是，是否许可，仍存在疑问。

3. 个人信息问题

对于第三人提供什么内容的信息才符合法律规定的投资者推介信息，尤其是符合法律禁止的在线平台有偿支付的投资者个人信息，也存在不同的看法。

一种观点认为投资者"个人信息"应该很明确，就是指属于投资者个人所拥有信息；但另一种观点认为，投资者"个人信息"的范围非常宽泛，如果只是简单要求"个人信息"，而没有规定特定的范畴，可能无法执行，因而，监管机构应该对"禁止购买投资者个人信息"条件下的"个人信息"进行界定，或者给予相应的说明。

SEC 在《众筹规则建议稿》中，对该问题进行了回应，认为"个人信息"是指任何用来识别个人身份的信息，无论是单独的还是与其他信息或与其他具体的个人联系在一起，[①] 并且，SEC 还列举了一些属于个人信息的事项，如出生日期、姓名、个人金融、就业、教育或医疗信息等。[②]

但是，SEC 的这种列举并不是穷尽的，所以，在具体的执行中，各个在线平台的选择或者判断标准可能不太一致，但毫无疑问，禁止性规定中要求的个人信息应该包括与买卖证券相关的个人信息，譬如，投资者在开户时填写的相关信息。

（四）禁止持有、管理、保管投资人的资金或证券

在线平台不能持有、管理、保管投资人的资金或证券。因为在股权众筹发行模式中，尽管有足额募集划拨和部分募资划拨两种方式，但是在实践中，大部分在线平台规定当发行人的募集金额达到或超过预期募资总额时，在线平台才能将投资者认购的资金划拨给发行人；当募资总额达不到预期的募资额度或者投资者行使撤销权时，在线平台必须将投资者认购资金返还给投资者。所以，在投资者认购后到资

---

① SEC, Proposed Rule 305（c）of Regulation Crowdfunding, 2013.
② SEC, *Proposed Rule of Regulation Crowdfunding*, 2013, p.199.

金划拨之前这段期间，认购的集合资金应该存放在一个账户或资金池中，但是这个账户或资金池应该由谁来控制，或者说这个账户或资金池是否需要单独组建，关系到投资资金的安全问题。

一般情况下，该账户或资金池的持有者有两个，在线平台和合格第三方机构。如果在线平台使用自己的账户进行资金存储、划拨和周转，涉及资金代管，而根据美国和意大利法律的规定，资金代管需要纳入金融监管的范畴，即资金代管的主体必须持有相关执照，否则可能违反吸收公众存款、放款、债券交易等法律的规定。并且，如果由在线平台控制账户或资金池，其可能侵吞或挪用资金。

因而，对在线平台而言，不应该持有、管理、保管投资人的资金，这些资金应该存放在合格的第三方机构，一般是与在线平台签订书面合同的银行，由第三方机构进行资金托管和划拨。

但是，在线平台使用合格的第三方机构，也会产生复杂的法律问题，原因是第三方机构是执行在线平台的指令进行资金管理，这涉及到资金的归属问题，即资金的所有权主体是谁？为了分析该问题，我们需要按照资金流转的顺序，即资金池的设立、划拨前和划拨后三个阶段分别论述。

1. 资金池的设立

按照在线平台的管理规定，在发行项目前，在线平台需要以自己的名称在合格的第三方机构开设账户，即资金池的建立。这个阶段资金池是一个空壳，里面并没有资金，按照在线平台与第三方机构签订的资金代管合同，在线平台拥有该资金池的所有权益，也承担该资金池的所有责任。因此，根据该项合同约定，第三方机构凭在线平台的指令管理资金池。

2. 划拨前

资金池建立起来后，在线平台开始发行项目，并接受投资者的购买认购，投资者经过一定的程序，将认购资金划入在线平台指定的账户中，即划入之前设立在第三方机构的资金池中。此时，资金池中有了资金，并产生孳息。从投资者购买证券的意图来看，该笔划入资金池中的资金是投资者用来购买发行证券的预付款，在投资者的投资合约生效之前，即在划拨给发行人之前，这笔资金属于投资者所有，所以这个阶段的资金及其孳息都属于投资者，在线平台是无权占有的。因而，就出现了第一个矛盾，资金池的所有权属于在线平台，而资金池中的资金及其孳息属于投资者。

如果发行失败或者投资者行使撤销权，在线平台应该指令第三方机构将相关的资金及其孳息返还给投资者，因为该笔资金及其孳息的所有权属于投资者。但在实践中，在线平台往往只是指令返还资金，而不返还孳息，投资者的资金孳息在资金池沉淀下来，发行结束后，在线平台将属于投资者的孳息据为己有。这是第一个矛盾带来的第一个问题。

第二个问题是，如果在此阶段，在线平台发生破产清算，该资金池中的资金如何处置。按照前面的论述，资金池的所有权属于在线平台，在线平台的债权人或者优先股持有者可以主张对资金池的清算。但是资金池中的资金属于投资者，对在线平台而言属于负债，但是在法律关系上，除非资金池单独以投资者的名义开户，否则资金池并没有和其中的资金剥离开来，或者没有独立的法律地位。因而，面对优先权请求时，会影响其主张。

第三个问题是，如果在此阶段，在线平台出现故障，或者跑路，但是资金池中的资金并没有转移，此时，投资者是否能够以自己的名义主张资金返还？就一般程序而言，投资者不能以自己的名义指令第三方机构返还，因为第三方机构与投资者之间没有具体的权利义务关系。但是投资者可以向法院请求以自己的名义返还，此时，需要投资者举证证明投资者与在线平台之间存在法定关系，问题是投资者与在线平台之间并没有真实的合同关系，投资者和在线平台之间也没有签订协议的习惯，唯一的证明材料是开户的注册资料和资金划拨的银行记录，如果因为故障或跑路而造成在线平台开户资料丢失，只是凭借银行的资金划拨记录，很难说服法院认可投资者以自己的名义要求第三方返还资金的主张。因而，投资者可能面临无法撤回投资资金的风险。

第四个问题是，第三方凭借在线平台的指令划拨资金，但是第三方机构并没有义务来审核在线平台的指令内容是否符合投资者利益或者符合发行人利益。因而，当在线平台指令将资金池中的资金划拨向其他的账户，即如果在线平台利用指令挪用资金池中的资金时，第三方机构并不能阻止，除非在线平台与第三方机构之间签订的是三方协议，否则同样会产生在线平台侵吞或挪用资金的风险。可能还有一种办法能够缓解这种风险，就是要求在线平台和第三方之间签订的资金代管协议是以发行人为受益人的，即在线平台的指令只能要求第三方划拨给发行人，但是这只能在发行成功后才能实现，而在发行成功之前，是无法避免上述风险的。并且当投资者撤销购买承诺时，在线平台只能指令第三方将资金划拨给投资者本人，但是投资者本人并不是，也不能成为在线平台与第三方之间资金代管协议的指定受益人。

3. 划拨后

划拨后就是指发行成功后，在线平台指令第三方将资金池中的资金划拨给发行人。发行成功后，特别是指冷却期结束后，投资者与发行人之间的投资合同成立，这个时候，资金池中的资金性质发生了变化，严格意义上来讲，这个时候资金池中的资金分为三部分，一部分是投资者的认购资金，一部分是投资者认购资金产生的孳息，一部分是在线平台约定的发行费用。投资者的认购资金一部分变成了发行人的募集资金，即所有权属于发行人；而另一部分则属于在线平台按约定比例向发行人收取的发行费用，所有权属于在线平台；而分离出来的投资者认购资金产生的孳息，除非有特别说明，否则应该属于投资者。但是实践中，在线平台往往会指令第三方将投资者的认购资金扣除发行费用后的剩余资金划拨给发行人，而对于分离并出来的孳息则将其沉淀下来，据为己有。这是划拨后的第一个问题。

划拨后的第二个问题是，分阶段划拨的资金及其孳息的归属问题。在实践中，为了保证发行人能够将募集资金真正运用到发行项目的创新上，也是为了防止发行人出现发行欺诈，在线平台在其平台的管理规定中，会约定分阶段或分批次划拨募集资金，即在线平台规定，当发行成功后，在线平台会根据发行人的项目实施进度分阶段或分批次的划拨资金。在这种情况下，资金池中的资金会出现四种不同的属性，即发行人募集的资金当然归属于发行人，发行人募集资金产生的孳息也属于发行人，而原来投资者认购资金产生的孳息属于投资者，在线平台按一定比例从发行人募集总额中扣除的发行费用及其孳息属于在线平台。在实践中，在线平台一般会将发行人募集的资金分阶段或分批次划拨给发行人，但会将发行人募集资金产生的孳息和投资者认购资金产生的孳息一起沉淀下来，据为己有。与第一个问题相比较而言，第二个问题中涉及的发行人募集资金所产生的孳息更多。

  第三个问题是，划拨后，在线平台出现故障，或者跑路，但是资金池中的资金并没有转移，这个时候，发行人是否可以以自己的名义主张资金的返还？与划拨前的情况不同，在这种情况下，发行人完全有权以自己的名义进行主张。但是鉴于第三方只是执行在线平台的指令，所以发行人只能通过法院进行主张。当然，这里会涉及一个更为复杂的问题，即法院的管辖权问题。

  第四个问题，依旧是资金的挪用问题。与划拨前的问题一样，在分阶段或分批次划拨的划拨后情况下，也会出现资金的挪用问题，解决的办法也是在在线平台与第三方之间资金代管协议中约定受益人为发行人，只能向发行人划拨。但是在这里，会出现两个新的问题：

  其一是如果资金还没划拨完时，发行项目失败，剩余资金如何处置问题。按照合同约定，剩余的资金属于发行人，应该继续划拨给发行人，但是在实践中，在线平台会根据项目的进展来划拨资金，如果发行项目失败了，在线平台会认为继续划拨没有意义，转而将剩余资金返还给投资者。现实中，很多人认同这种做法，认为这是在保护投资者的利益，但是从法律角度来看，除非发行人明确表示同意这种安排，否则这种返还的做法没有法理依据，因为在线平台无权将发行人的资产划拨给投资者，发行人与在线平台之间约定的关于募集资金分阶段划拨的方法，只是适用于划拨给发行人，但不能推定可以授权在线平台将资金划拨给投资者；另外，出于保护投资者利益的理由也是很牵强的，因为投资者可以通过出卖其持有的证券来保护自己，如果返还给投资者一部分认购资金，那么如何界定其持有的证券的价值？或者如何界定其持有的发行人股权数量？交易市场如何进行运作？发行人一个项目的失败,并不表示发行人的彻底失败或者发行人发行证券的没有价值,更何况一个项目在失败后还有可能再次成功,特别是高科技领域,很难用一次或几次失败来看待发行人的成败的。

其二是,如果资金还没划拨完时,发行人破产的,剩余资金如何处置问题。如前所述,按照合同约定,剩余的资金属于发行人,应该继续划拨给发行人,作为清算资产。但是在实践中,在线平台会认为发行人破产就表示发行项目失败,因而,将剩余资金返还给投资者,如上面所述,这种做法可能会保护投资者利益,减少投资者的损失,但是没有依据,也不利于二级市场的建立和完善。如果完全抛弃二级市场,只是关注发行市场,股权众筹市场是建立不起来的。

当然,如果资金还没划拨完时,发行人破产的,在信息不对称的情况下,在线平台可能会截留剩余资金,将剩余资金据为己有,这是需要防范的。

(五)禁止与发行人存在经济利益关系

是否应该禁止在线平台与发行人存在经济利益关系,同样存在争议。

支持者认为应该禁止在线平台与发行人存在经济利益关系。[1] 首先,如果允许在线平台及其关联人与发行人存在经济利益关系,特别是财务利益关系,那么势必将在线平台与发行人的利益捆绑在一起,在线平台及其关联人员为了获取在发行中的自身利益,会冒险采取更为激进的、甚至违法的销售策略,将导致发行人之间的差别待遇,也会导致在线平台与投资者之间的利益冲突,从而危及投资者利益的保护。其次,如果允许在线平台及其关联人与发行人存在经济利益关系,将会促使发行人将相关的经济利益转移给在线平台,而不是为了吸引投资将相关利益转移给投资者,因而,会减损投资者的潜在利益。

但是反对者认为,没有必要禁止。[2] 因为允许发行人与在线平台

---

[1] SEC, *Proposed Rule of Regulation Crowdfunding*, 2013, pp. 132 – 134.
[2] SEC, *Proposed Rule of Regulation Crowdfunding*, 2013, pp. 132 – 134.

及其关联人存在利益关系,同样会增加发行人之间的市场竞争,有利于产生更好的投资产品,如果只是单纯担心会损害投资者的利益,完全可以要求在线平台做出相关信息的充分披露即可;同时,也有观点认为,没有必要完全禁止,在发行前可以禁止,但发行后就没有必要禁止了,在特定的条件下是应该允许的。

美国法律明确规定,在线平台及其董事,高级职员或合伙人(或任何拥有相同或类似职位的人)在发行人使用其平台发行证券时,不得与发行人有任何财务利益关系(financial interests),① 意思是指在线平台及其董事,管理人员或合伙人,或任何拥有相同或类似职位的人,在为发行人提供发行服务时,不能从发行人那里获取任何财务利益。但是,法律并没有对什么是财务利益给予界定。

SEC 在 2013 年《众筹规则建议稿》中将该条法律规定进行了扩展解释,规定不仅上述人员不得与发行人有任何财务利益关系,还不得接收发行人的财务利益作为提供服务的补偿。② 除此之外,SEC 还对《1933 年证券法》第 4A(a)(11)项规定的"发行人的任何财务利益"进行了解释,认为"财务利益"是指直接或间接拥有的发行人任何类别的证券或经济利益。③

但是,在 2016 年的《众筹监管规则》中,对建议稿中的解释进行了修改,总体而言,把建议稿中禁止在线平台及其关联人与发行人有任何经济利益关系,修改为两部分,一部分是禁止,即严禁在线平台的董事、高级职员或合伙人在发行人使用其网站服务时,与发行人有任何财务利益关系;另一部分是允许,即有条件的允许在线平台本身可以在发行人使用其平台发行证券时与发行人存在财务利益关系。④ 对于这项改动,SEC 的解释是,发行人可能没有资金向在线平台支付

---

① U. S. 1933. SEC. ACT. §. 4A(a)(11).
② SEC, Proposed Rule 300(b) of Regulation Crowdfunding, 2013.
③ "A financial interest in an issuer" to mean a direct or indirect ownership of, or economic interest in, any class of the issuer's securities. See Proposed Rule 300(b) of Regulation Crowdfunding, 2013; also see SEC, *Final Rule of Regulation Crowdfunding*, 2016, p. 162.
④ 条件主要有两个,一是必须是作为在线平台提供服务的报酬;二是报酬是发行人在该在线平台上发行的同期、同权、相同条件的证券。

使用发行平台的费用,而允许发行人将拟发行的证券作为报酬支付给在线平台,不仅有利于帮助发行人,进而有利于资本的形成,而且,还有利于鼓励在线平台积极参与股权众筹的发行。①

考察美国法的规定,就会发现,第4A(a)(11)规定的目的在于当投资者与股权众筹发行人或中介机构及其关联人出现利益冲突时,首先保护投资者利益。因为与其他人相比,与发行人有财务利益的人可能更急于足额募集,对投资者产生不利影响。但是,美国法中对"发行人的财务利益"的规定,还是有点狭窄,因为它只是规定为发行人任何种类证券直接或间接的所有权或经济利益,在这个范围内,只是涉及证券类的经济利益。但是在实践中,发行人能够给予在线平台及其关联人的经济利益非常广泛,例如可能通过一些合同的安排进行利益输送,也可能设计一些财务利益分享计划,给予在线平台及其关联人一些潜在有价值的财富安排等等。因此,尽管SEC努力通过扩展在线平台利益人的范围,力图将在线平台的业务范围限制在最大保护投资者利益的领域,力争避免可能存在的利益冲突,但是,由于对"财务利益"过于狭窄的理解,可能会给投机者留下操作的空间,因为在线平台以及股权众筹相对较低的准入门槛和比较宽松的监管要求,使得在线平台有越轨操作的实践可能。

三　在线平台安全港规则及其争议

根据《JOBS法案》的规定,美国在《1934年证券交易法》增加了第3(a)(80)项规定,即在线平台不得提供投资建议,不得推荐发行证券,不得购买、销售在其平台上的证券,不能为上述证券的发行销售而给予雇员、代理人或其他关联人一定的补偿,不得持有、管理、拥有或以其他方式处理投资者的资金或证券,不得从事SEC规定的其他行为。

鉴于对在线平台的行为做出以上比较严格的限制,这种限制有助于确保在线平台能够处于中立立场,并尽最大努力戒绝与投资者利益

---

① SEC, *Final Rule of Regulation Crowdfunding*, 2016, pp. 162 – 163.

之间的冲突,最终起到有效保护投资者利益的作用。但是,正如在上文讨论所述,如此严格的行为准则及其要求却在立法上存在很多模糊空间,对行为准则的理解不清或者过于概括,不利于规则的落实和具体操作。无论是监管机构、在线平台还是投资者都无法准确把握在线平台行为规则要求的具体边界或范围,尤其是涉及禁止性法律规定时,参与者高度警惕,唯恐稍不小心就超越了规则的要求,从而导致违法或违规。因此,如何理解该行为准则无形中限制了在线平台的经营自由。

为了解决在线平台的这种担忧,彻底激活在线平台的经营自主权,SEC 在思考如何廓清法律对股权众筹在线平台比较概括的规定时,认为应该在限制措施和在线平台功能之间进行适当协调,在行为合法与违法之间设立了一个有效的缓冲带,即安全港(Safe Harbor),特意为那些可能被认为是违反行为规则的行为设立了豁免规定,将模糊或边缘地带的法律规定清晰化、明确化,为在线平台的行为提供明确的指导意见。因此,如果在线平台的行为不符合安全港规则,就表明在线平台违反了《1934 年证券交易法》第 3(a)(80)条的规定,以及违反了众筹交易规则的规定。①

(一)根据客观标准对发行信息进行限制、搜索、交流和展示

1. 根据客观标准对发行信息进行限制

这是一条豁免规定,意思是法律允许在线平台对发行信息进行适当的限制,即在线平台可以对发行人或发行信息进行筛选、分类和整理。譬如,在线平台可以选择发行人所在的地区或行业,或者一定的发行额度,或发行证券的种类要求等,如果不符合这些要求,可以拒绝其发行。对于这样的事先筛选,不应当被视为是违反法律规定的行为,但是 SEC 考虑到在线平台可能会过度利用这条豁免规则,触及在线平台不得主观评价、不得提供投资建议和不得推介证券的红线,因而要求在线平台在对发行信息进行限制时,必须遵循客观的标准。从《众筹规则建议稿》的规定来看,SEC 的设计是非常谨慎的,虽然规

---

① SEC, Proposed Rule 402 (a) of Regulation Crowdfunding, 2013.

则的目的是为在线平台限制发行信息提供安全港，但是文本的重点核心还在于强调利用这个豁免规则的前提条件，即客观标准的设立。

对于客观标准，在建议稿中没有统一的要求，但在很长的篇幅中，SEC 从不同的角度零散地提出要达到客观的标准需要注意的事项，但是，这些要求过于烦琐，出台后意见非常多，[1] 普遍的看法是 SEC 对在线平台的限制太过于严格，不利于在线平台发挥其自主性。于是，在 2016 年的最终规则中，SEC 对建议稿第 402（b）（1）项进行了修改，规定在线平台在遵守《证券交易法》第 3（a）（80）项的禁止性规定和《众筹监管规则》的规定下，自己决定能够通过其平台发售股权众筹证券的项目。从条款内容来看，条件放松了，有很大的伸缩空间，但是仍然对实践操作带来一些困扰，因为无论在线平台在其网站上披露不披露区分的标准，在实践操作中，必须遵循一定的规则，即实践中的客观标准。因此，综合建议稿和最终规则的表述，标准主要有以下几点：

（1）设立标准的主观目的是客观的。因为 SEC 并没有对客观标准设定一个统一的要求，而是把这个规则的实施权授权给了在线平台，因而在线平台决定各自的客观标准是有所不同的。从 SEC 的角度来看，让在线平台自主决定各自平台使用的标准，将会促进股权众筹市场的多元化，并增加市场之间的相互竞争，从长远来看，是有利于投资者的。但是在线平台在设立标准的时候，必须具备一个设计底线，即其主观目的必须是客观的，也就是说在线平台设立筛选、限制发行信息的标准的目的是为了广泛发行人和投资者的福利，而不是为了特定发行人或特定投资者，或者不是为了排除特定的发行人或特定的投资者。

（2）标准本身是客观的。标准本身是客观的，包含两层意思，其一是指设立的标准具有典型的客观性；其二是指设立的标准不能隐含或暗示任何的推荐或认同或赞赏或优越性。就"设立的标准具有典型的客观性"而言，SEC 列举了几个标准，如发行人所处地理位置、发

---

[1] SEC, *Final Rule of Regulation Crowdfunding*, 2016, pp. 275 – 276.

行人所在行业、发行证券的类型（如普通股，优先股或债券）、预计发行的数额、最大发行额、最小或最大投资额等。① 就"设立的标准不能隐含或暗示任何的推荐或认同或赞赏或优越性"而言，SEC 也明确列举了几种不符合客观标准的例子，例如，不能以发行主体的身份作为选择标准，否则，在线平台将被视为提供了含蓄的推荐或认可某些发行人或发行，在线平台不能使用基于特殊的发行人或发行的优点或缺陷的评定标准。② 除此之外，SEC 明确排除了在线平台在发行风险不同的基础上区分不同的发行，因为 SEC 认为，风险评估一定暗含某种判断。③

（3）标准的适用应该是客观的。这是指标准的适用问题，主要有三层含义，其一，标准要在在线平台突出的地方公布出来，要做到公开透明；其二，标准要具有一定的时效性、连续性和稳定性，不能朝令夕改，变相改变标准；其三，标准的运用要客观、公平、公正，不能存在歧视性或偏向性或双重标准。

2. 根据客观标准对发行信息提供检索工具

本条也是一个豁免规定，即允许在线平台在其平台上为投资者搜索发行信息提供检索工具。该检索工具是在线平台设计的一个应用程序，投资者可以免费使用该程序来对海量的信息按设计标准进行搜索，查找匹配自己风险需求的发行人或发行信息。借助于该程序，投资者会减少搜索发行信息的成本，并可以高效地对比和分析，提高投融资需求的匹配效率。但是该程序的设计是根据一定的人为设定参数作为基准的，在线平台也会利用这些参数对发行人的发行信息以及市场反应进行统计，并以统计数据为标准按一定的顺序将所有发行人在该参数项目上的表现进行评估和排名。因而，根据搜索工具检索出来的发行项目排名，会对投资者的投资决策有明显的影响，因为对于大多数投资者而言，排名在前的发行项目会被认为是最热门的项目，受

---

① SEC, Proposed Rule 402（b）(1) of Regulation Crowdfunding, 2013.
② SEC, Proposed Rule 301（c）of Regulation Crowdfunding, 2013.
③ SEC, *Proposed Rule of Regulation Crowdfunding*, 2013, p. 233.

到市场的关注度要高于排名靠后的项目。所以，在一般情况下，在线平台对于搜索工具应用程序的设计，在一定程度上反映该在线平台的价值倾向或者反映出在线平台一定的风险喜好，而正是这一点，涉嫌触犯在线平台不得对发行项目进行主观判断、不得提供投资者建议和不得推荐发行证券的禁止性规定。SEC 考虑到这种情况，① 在权衡检索工具带来的便捷性、低成本与在线平台提供该工具可能违反禁止性规定的整体利弊之后，决定准许在线平台使用该种搜索工具，但是，也要求在线平台在设计检索工具应用程序时，必须依据客观标准进行设计。

3. 根据客观标准提供信息交流平台

该项豁免主要针对在线平台提供交流平台可能会违反其恪守中立的定位。因为按照《JOBS 法案》的规定，在线平台只是一个提供服务的中介机构，并不能参与投融资业务，但是，SEC 为在线平台创设了一项义务，即要为投融资双方提供一个交流信息的电子平台，并同时告诫在线平台，只能创建，不能参与。② 按照 SEC 对交流平台的设计，认为其是"方便投资者之间交流信息，也方便投资者与发行人或其代表根据《众筹规则建议稿》303（c）的规定交流有关发行证券的信息"。③

但是，如本节所述，SEC 除了授权在线平台设立该平台之外，还要求在线平台管理该交流平台，要负责制定平台的交流规则，监管交流信息，及时披露不当信息，并负责删除滥用、误导或欺诈的内容。因而，虽然法律规定在线平台只创建、不参与，只管理、不交流，但实际上通过后台的管理功能，在线平台已经参与到交流平台的交流事务中。因此，需要赋予相关的豁免。

但是，值得注意的是，虽然 SEC 希望在线平台仍旧能够扮演中立裁判者的角色，但如果涉及经济利益，很难避免在线平台的偏向性管

---

① SEC, *Proposed Rule of Regulation Crowdfunding*, 2013, p. 234.
② SEC, Proposed Rule 303（c）（2）of Regulation Crowdfunding, 2013.
③ SEC, Proposed Rule 402（b）（4）of Regulation Crowdfunding, 2013.

理。因此，SEC在给予安全港保护的同时，要求在线平台能够根据客观标准提供交流平台，并依据客观标准管理交流秩序，试图达成新的平衡。

4. 根据客观标准对发行信息进行突出展示

该条豁免规定，是最有争议的一项豁免。在线平台对发行进行突出展示，一定是对某个特定的发行项目或者少部分发行项目进行突出展示，而不可能对所有的发行项目都给予完全均等的突出展示。因而，当在线平台选择突出展示的发行项目时，其实质是在某个发行项目与其他发行项目之间做出区分，或者直接根据在线平台的喜好做出选择。很明显，违反了在线平台的禁止性规定。

因此，反对该项豁免的理由是：如果能在在线平台的重要位置突出性展示某项发行信息，类似于在显著的位置刊登广告一样，具有明显的市场推广效应，不仅能够传播其发行信息，而且还有利于其募集资金。因而，与那些没有突出展示的发行信息相比，突出显示的发行人获取了不平等的机会，间接损害了其他发行人的利益。因而，如果给予在线平台突出展示的豁免权利，一方面可能导致市场的不公平的竞争，另一方面也会为在线平台留下借此向发行人索取额外报酬的隐患。但是，支持该项豁免的理由是：潜在投资者的风险偏好和兴趣爱好不同，突出的展示可以使其快速寻找到与自己偏好匹配的发行信息，将有助于降低搜索成本。

考虑到上述争议，但SEC仍然在《众筹监管规则》中赋予在线平台该项豁免。SEC认为，反对豁免者所列举的问题，可以通过强化在线平台对突出展示的严格约束来解决，譬如，要求在线平台对其突出展示，必须依据客观标准执行，必须适用于所有的发行人，并且不能推荐或暗示某个发行人。另外，要防止投资者误将突出展示看作在线平台的推荐或是对特定发行项目的隐性担保，并禁止在线平台为了突出展示特定的发行项目而获得任何特殊的报酬。①

但是，分析这种豁免，会发现放松监管的步伐走得太远，可能会

---

① SEC, Proposed Rule 402 (b) (2) (iii) of Regulation Crowdfunding, 2013.

给市场带来不利的影响,尤其是在股权众筹市场还不成熟、市场机制建设还不完善的情况下,给予在线平台过多的豁免权利,可能会损害投资者的投资安全。

(二) 为发行人提供相关的建议和帮助

根据《JOBS法案》以及随后修改的《1933年证券法》和《1934年证券交易法》的规定,在线平台不能提供投资建议。但是,鉴于股权众筹融资是一个处于创建期的融资模式,发行人对股权众筹的发行流程、操作模式、法律规定和中介要求等发行事项不太熟悉,因此,SEC准许在线平台在一定范围内向发行人提供相关的建议和帮助。①

根据2013年《众筹规则建议稿》的规定,在线平台可以对发行人的发行文件、发行内容和发行结构提出建议;② 可以向发行人提供申报表格的模板,建议将要发行证券的类型、条款、程序,并为其提供相关法律规定等。SEC认为该豁免规定不仅可以帮助发行人,帮助它更好地履行法定披露义务,而且是股权众筹市场顺利建设不可或缺的服务之一。③

但是,《众筹规则建议稿》中提出的这些建议是否就是法律允许"提供建议和帮助"的全部范围,从文本内容来看,并不清晰。但如果从立法意图来看,SEC设立该安全港的目的,是为了放宽在线平台提供服务的范畴,即要求其在不违反中立与客观的情形下,可以适当帮助发行人,只要这种帮助是公平的,不损害其他发行人和投资者的利益,就属于安全港的范围。很明显,如果按照立法目的来解读,该安全港的范围会比《众筹规则建议稿》中列举的范围要广泛,并且将行为是否属于安全港的解释权授权给了在线平台,因而,只有在监管机构认为在线平台的解释不符合法律规定时,监管机构才行使裁定权。

---

① SEC, *Proposed Rule of Regulation Crowdfunding*, 2013, p. 236.
② SEC, Proposed Rule 402 (b) (5) of Regulation Crowdfunding, 2013.
③ 因为在某种程度上,依据第4 (a) (6) 条发行证券的发行人主要是初创企业和小企业,这些企业没有相关的市场经验,它们需要在线平台的帮助。See SEC, *Proposed Rule of Regulation Crowdfunding*, 2013, p. 236.

但是，这种扩大化的解释赋予了在线平台过多的权利，考虑到保护投资者利益，以及股权众筹市场还不成熟的现状，最稳妥的解决办法可能就是将赋予在线平台的豁免权严格限制在文本列举的范围内，不能扩大解释。

（三）为在线平台招揽客户的第三人支付报酬

根据《JOBS 法案》以及随后修改的《1933 年证券法》和《1934 年证券交易法》的规定，在线平台在交易依据第 4（a）（6）条发行的证券时，不能为向其招揽客户的第三方支付报酬，但是经纪商除外。这是一条禁止性的规定，即在线平台必须遵循该条款，不得违反。因此，SEC 在执行该条款时，对该立法作出了解释，现总结为以下四点：

1. 在线平台不能为向其提供潜在投资者个人信息的第三方支付报酬。

2. 在线平台可以为向其推荐投资者的第三方支付报酬，但是该第三方不得提供任何潜在投资者的个人信息。

3. 在线平台可以通过与注册经纪商签订合作协议，相互提供服务并支付报酬。

4. 在线平台与注册经纪商相互提供服务并支付报酬的，不得违反法律的禁止性规定，即在线平台不能为向其提供潜在投资者个人信息的第三方支付报酬。

这样的解释看起来很拗口，实则为在线平台的经营行为拓展制度空间，在坚持法定要求的同时，围绕在线平台的禁止性规定，为在线平台向第三方支付报酬提供了豁免保护。该豁免对在线平台的经营非常重要，因为虽然在线平台可以借助互联网将其发行信息公开传播，但并不能保证潜在投资者能够在诸多互联网平台中搜索并访问自己。很明显，访问量越大，成为投资者的可能性就越高，进而发行的成功率就越高；相应的，在线平台的收益就越多。因而，在线平台需要更多潜在投资者，而本条豁免保护为在线平台提供了两条吸引更多投资者的办法，一是鼓励第三方向其推荐合格或潜在投资者；二是通过与注册券商合作，利用券商的地位和资源推荐在其平台上发行的证券，

第三章 股权众筹融资参与人行为规则法律问题研究

从而达到吸引更多投资者的目的。

从措辞可以看出，SEC 对这个扩展也比较谨慎，对于鼓励第三方推荐，SEC 用"付费推荐"一词，表示付费的对象仅为推荐，而不包括其他，尤其不包括以交易为基础的个人信息买卖。对此，SEC 举例说明，如果第三方为潜在投资者发送了一个在线平台的超链接，在线平台可以为该第三方支付报酬，但是第三方绝对不能向在线平台提供潜在投资者的个人信息，无论是直接的还是间接的。

对于为注册券商的付费，SEC 在《众筹规则建议稿》第 402（b）(7) 项和第 402（b）(8) 项中指出，允许在线平台提供支付或报酬给注册券商，作为其为第 4（a）(6) 条发行证券提供服务的报酬，也允许在线平台提供服务，并从一个注册券商那里得到相应的报酬，但不允许在线平台接受以交易投资者个人信息为基础的报酬。

因此，可以看出，SEC 的目的是想在不违反法律禁止性规定的前提下，尽量给在线平台多一些经营自主权，方便在线平台与他人合作，积极培育在线平台的市场信心。与此同时，SEC 也在积极防御，尽可能避免在线平台利用该豁免进行高压销售和其他滥用激励的销售行为，损害投资者和其他发行人的利益。但是，SEC 对这样的限制性扩展解释可能对股权众筹市场的影响，仍是忧心忡忡，不断强调"这些条款作为一个整体存在"，而不能单独拆卸出来解读。可见，SEC 自己在备感忧心的情况下，仍然推出这个安全港措施，跨出的步伐确实有点大；SEC 在刺激在线平台积极性的同时，或许对于保护投资者利益和维护市场公平的措施预估得不够充分，也有可能高估了在线平台的自律精神，可能会为在线平台滥用该豁免留下借口。

在股权众筹市场，在线平台应该扮演的角色就是提供信息交流和发行服务，在线平台的收益主要应该依靠高质量的成功发行项目，因此，在线平台应该关注如何筛选高质量的发行项目，以及如何公平地维持平台的日常运营，而不能只是关注如何吸引投资者，如何从吸引投资者中获取利润。所以，SEC 看似均衡的扩展解释做法，偏离了金融投资者保护的轨道，忽视或者弱化了投资者保护利益，让金融投资者暴露在风险中。按照美国立法的传统来看，似乎受到了在线平台利益群体游说的影响,但从本质上来讲,该条豁免是不应该出现的。

(四) 适当的广告、拒绝访问、接受承诺和资金管理

该项豁免是指准许在线平台适当地宣传自己,① 在一定条件下可以拒绝发行人访问,② 在特定条件下可以接受承诺③和管理资金。④

在线平台可以适当地宣传自己。根据《JOBS 法案》以及随后修改的《1933 年证券法》和《1934 年证券交易法》的规定,在线平台不得使用广告进行招揽,但是 SEC 对该条规定进行解读,认为国会的意图是禁止使用广告进行招揽,并不禁止在线平台在一定条件下使用广告宣传自己的平台,SEC 举例说明,在线平台可以选择通过社交媒体广告、网络广告或者印刷媒介的广告等宣传在线平台,吸引更多的投资者。但是在线平台在使用广告时,要注意以下几点:首先,确保该广告的设计必须符合客观要求,即要基于普遍的发行人,而不是特定的发行人;其次,不允许在其平台或其他平台上,以任何方式宣传其提供的产品是高质量的、最安全的或者是安全的,也不允许宣传其发行项目比其他平台的项目更值得投资;最后,平台不得因为在广告中对某个或某些发行人进行宣传,而接受其支付的报酬。

如此规定,是为了在保护投资者利益、预防投资安全与提高发行效率之间维持适当平衡,SEC 的意图很清晰,希望通过广告,让投资者从在线平台的广告中,区分并选择匹配自己风险偏好的发行信息,从而达到提高市场效率的目的。

在线平台也可以拒绝发行人的访问,如果在线平台认为发行或发行人可能存在潜在的欺诈,或者可能存在对保护投资者利益不利的事项,⑤ 在线平台可以拒绝其访问或者删除其发行。

另外,在线平台在一定条件下,可以代表发行人接受潜在投资者的投资者承诺,因为根据法律规定,在线平台不能持有、管理、拥有

---

① SEC, Proposed Rule 402 (b) (9) of Regulation Crowdfunding, 2013.
② SEC, Proposed Rule 402 (b) (10) of Regulation Crowdfundin, 2013.
③ SEC, Proposed Rule 402 (b) (11) of Regulation Crowdfunding, 2013.
④ SEC, Proposed Rule 400 (f) of Regulation Crowdfunding, 2013.
⑤ SEC, Proposed Rule 301 (c) of Regulation Crowdfunding, 2013.

或以其他方式处理投资者的资金或证券。但是根据 SEC 的阐释,在线平台可以在遵守一定原则的条件下,适当发挥一定的灵活性,能够从事以下两项资金管理工作:

首先,在线平台可以在平台上引导投资者转移资金或将汇款与证券的购买连接起来,直接为参与者提供转移资金的指导服务,但要注意的是这里只是允许在线平台引导或指引资金的有序安全划拨转移,为资金的转移提供"路牌"或"指路"的作用,并没有授权在线平台可以设立资金池。

其次,在线平台可以引导有资质的第三方发布资金转移程序,即在线平台可以为有资质的第三方金融机构提供服务,协助其在平台发布相关的资金转移程序和要求。在实践中,一般有两种做法,一种是在其网页上特定的地方,专门展示第三方金融机构规定的资金划拨程序与要求,投资者直接通过该网页浏览;第二种是在线平台在其网页上提供了第三方金融机构资金划拨规定和要求的超链接,投资者通过点击超链接,转跳登录到第三方金融机构的网页上浏览相关的信息。

值得强调的是在线平台提供的这两种服务,本质上是在线平台的法定义务,因为这两项内容都涉及重要的投资者教育事项,因而,在线平台必须与在投资者教育环节对该信息的充分披露和告知义务正确区分开来,也就是说即使在投资者教育环节已经完成相关的披露,但是,在购买、支付、撤销环节,在线平台还应该做出相应的指引性服务。

第四章 股权众筹融资信息披露法律问题研究

第一节 股权众筹发行人信息披露问题

一 股权众筹发行人一般信息披露

灯光是最好的警察，阳光是最好的防腐剂，自美国证券法将信息披露作为维护证券市场的核心手段以来，世界各国都效仿这一做法，将信息披露作为建设证券市场的最重要基础。相比于其他证券市场，股权众筹市场作为一个新型的创建型小额初次发行市场，由于发行人与投资者都是缺乏证券投融资经验的参与者，因而，股权众筹市场更需要公开透明的信息披露制度。

（一）发行人及其关联人员的一般信息披露

从事股权众筹证券发行的发行人为创新型初创企业，一般为高科技企业，其创业的成败，与发行人的管理团队有直接的关系。因而，对发行人及其关联人员的信息披露，特别是对发行人主要创业者、董事会成员、高级管理成员、主要持股人员等重要决策者的管理能力、技术素质、业务能力、市场远见、判断能力和风险控制等信息的披露，将成为投资者判断是否投资的主要依据之一。

1. 披露的内容

发行人及其关联人的一般信息是发行人信息披露的基础内容，主要披露发行人、发行人的管理人员、董事以及主要控股股东的基本情况，目的是让投资者、在线平台和券商了解发行人的基本构成。从一般的实践来看，这些信息的披露通常包含在发行人的招股说明书中，

第四章 股权众筹融资信息披露法律问题研究

也有部分信息会披露在注册书和上市公告书中。①

根据美国《1933年证券法》第2条的规定，招股说明书是符合该法第10条格式要求的，通过书面形式或无线电或电视等形式出售证券要约或确认证券出售的任何说明书或通知，是上市公司的主要法律文件。法律要求除非获得注册豁免，否则发行人在初次发行披露的招股说明书中，应该详细披露拟发行公司自运营日起至今或过去5年的运营、财务、市场情况，并披露拟发行公司的董事、高级管理人员、主要控股股东的个人资料。而根据美国《JOBS法案》以及随后修改而来的《1933年证券法》第4A（b）（1）（A）目和第4A（b）（1）（B）目的规定，从事股权众筹证券发行的发行人，必须在其招股说明书中说明有关发行人、高级管理人员、董事和主要控股股东的一般情况。具体如下：

（1）发行人的名称、法律地位、组织形式、成立日期和成立地址。

（2）发行人的地址和网址。

（3）发行人的董事和管理人员的姓名，以及过去3年的从业情况。②

（4）持有发行人20%及以上股份的持股人名单。

而根据意大利法律，股权众筹发行人及其关联人的披露要求，应该在发行注册书中给予披露。主要披露以下内容：

（1）发行人的名称、法律性质、成立的时间、成立地址、公证机构的名称和地址。

（2）发行人的地址、登记机构名称、登记号码、总部及区域分支机构名称和所在地。

（3）股东名单、受托人、控股人。

（4）发行人简介和发行人董事简历。

---

① 上市公告书是证券交易所规定的申请上市的发行公司必须提交并公布的报告。上市公告书除了招股说明书的主要内容外，还包括上市情况、证交所要求的事项。另外，用于公司债券发行的募集文件是募集说明书，其内容与招股说明书相似，但相对比较简单。

② 从业情况主要包括主要职业、所在单位和主要从事的工作。

（5）持股人的学历和专业经验、管理人员和其他工作人员的简介。①

（6）发行人拥有的知识产权情况简介。

（7）发行人的研发费用说明。

相比较而言，美国证券法的规定，比较简单，与美国其他证券发行人的发行披露相比，做了一些精简。

2. 披露的期间

美国在 2016 年《众筹监管规则》中规定，股权众筹发行人应该披露其董事、管理人员在过去 3 年的从业经历；而根据意大利法律的规定，创新型初创企业是指成立不足 48 个月的企业，意思是将"初创型企业"界定在成立起的 4 年之内，超出 4 年的都不能从事股权众筹证券发行事项，因此，对于发行人信息的披露主要依靠发行人的运营时间来界定，一般都在 1 到 2 年之内。

对于美国 3 年期的披露期间是否合理，存在争议。

首先，股权众筹发行人主要是初创企业，可能没有 3 年的经营历史，因此，对于这些发行人而言，对其要求 3 年的披露期是不现实的。

其次，按照现在科学技术的发展速度，一项技术或者创新性项目如果在 1 到 2 年内没有取得进展，该项目很可能已经落伍，也有可能是该发行人缺乏研发实施该项计划的能力。考虑到中小企业的生命周期，主要是 2 年的成长期，因而，要求披露 3 年的信息不太科学。

最后，就目前的行业细分和市场分割特征而言，发行人的管理人员和董事职位的人，过去在某个岗位上有了 3 年从业经历，并不能代表其具有娴熟的管理技巧和精湛的专业技能，尤其是在发行人成立不足 3 年的情况下，其管理人员或董事的一部分从业经历是从外部得到的，是否契合发行企业的运营特征还不得而知，因此，对董事和管理人员而言，3 年的披露期间应该太短，不足以让投资者判断其专业水平。

---

① 主要披露学历背景、研究经历和工作经历。

第四章 股权众筹融资信息披露法律问题研究

因此，考虑到法律规定的披露期间，主要是为了保证从事股权众筹的发行人具有一定的专业知识和管理经验，具有较高的专业技能和道德水平，确保投资者的投资能够以正确的方式运用到企业运营和产品创新上，并且保证发行人具有一定的企业管理能力，能够准确预判风险、防御风险，为投资者的投资安全保驾护航。所以，对于发行人的披露期间应该按照中小企业的成长规律，控制在2年之内为宜，这也符合"初创企业"的初创特征；而对其董事和管理人员的披露要求，应该扩展到5年以上，并应该要求从业经验的相似性。

3. 诚信信息披露问题

意大利法律规定，要求发行人披露管理人员的诚信信息，包括管理人员是否有犯罪前科、在从事证券业务中是否受到监管机构的处罚、是否存在洗钱动机、是否与黑社会有染、是否涉诉等；而美国在《众筹规则建议稿》的征询意见中，也曾提出类似的设想，但在《众筹监管规则》中没有明确规定。

要求披露管理人员的诚信信息，目的是让投资者了解发行人管理人员的经营管理经历，关键是了解其是否存在欺诈、违法、违规和不道德行为的过往经历，并依此为根据来判断发行人是否值得信赖，是否值得投资。从长远来看，股权众筹市场的建设绝对需要这样的诚信信息披露，因为，一方面可以通过披露信息将那些存在诚信瑕疵的管理人员排除在市场之外，净化投融资市场从业者生态环境；另一方面通过诚信信息的披露，警示管理人员注意保持良好的纯洁诚信记录。但是，在股权众筹市场刚刚建立的时候，启动这项披露要求，可能会影响发行人使用股权众筹模式募集资金的积极性，也可能会给发行人增加额外的披露成本，进而会影响股权众筹市场的建设。

但是，在新市场建立初期，也是建章立制的最佳时机，一个具有良好指导作用的诚信信息披露要求，将会帮助股权众筹参与人构建一个更加积极向上的金融环境。在股权众筹市场创建初期，要求发行人履行比较严格的披露义务，也许会造成相对比较高的市场准入门槛，影响市场的建设速度，但是与市场成熟后，再建立这样的制度相比，则是利大于弊的；如果在建设市场的过程中，为不良行为者提供了再次违法或违规的机会，不但会影响整个市场的声誉，鼓励了劣迹行为者的投机心理，还会损害投资者的利益。

4. 持股股东的问题

在发行人披露持股股东的相关信息时，持股股东的范围成了一个关键问题。根据美国法的规定，发行人要求披露20%以上持股股东的姓名，① 对于何为"20%以上持股股东"，在随后的法条中，似乎作出了界定，即发行人20%以上任何类别证券的持股份额和持股人名称。② 但是，SEC 在2013年《众筹规则建议稿》对该范畴又进行了小范围的调整，即要求披露最近持有20%以上具有投票权股份的实际持股人信息；③ 并且，在2016年的《众筹监管规则》中，对"最近"做出了限制性补充，即"最近"是指发行人发出招股说明书之前120日内。④

而意大利法律规定发行人要披露控股股东的信息，但对于什么是控股股东，《18592号规则》没有规定，不过根据《意大利民法典》⑤ 第2359条的规定，控股股东的主要表现是：（1）在例行股东大会上享有可行使的多数表决权；（2）在例行股东大会上享有足以产生决定性影响的表决权；（3）根据特别协议控制发行人。⑥

法律对于持股股东或者控股股东的披露要求，一方面是为了让投资者了解影响发行人经营管理决策的重要因素，为投资者作出明智的投资决策提供参考依据；另一方面，是通过披露信息，为发行人证券的流通限制做好前期准备，按照美国和意大利法律对于发行证券的流通限制，一般会对发行人及其关联人持有的证券规定特定的锁定期或者规定特殊的转让条件，因而，股权众筹规则中要求发行人披露持股股东或控股股东的范围，就决定了发行人披露义务的大小和限制流通

---

① U. S. 1933. SEC. ACT. §. 4A（b）（1）（B）.
② U. S. 1933. SEC. ACT. §. 4A（b）（1）（H）（iii）.
③ SEC，Proposed Rule 201（c）of Regulation Crowdfunding，2013.
④ See Rule 201（c）of Regulation Crowdfunding；SEC，*Final Rule of Regulation Crowdfunding*，2016，p. 48.
⑤ CODICE CIVILE ITALIANO.
⑥ 《意大利民法典》，费安玲等译，中国政法大学出版社2004年版，第558页。

股份的大小。

就美国立法而言,最初立法机构规定了两个不同的披露范围,根据《1933年证券法》第4A(b)(1)(B)目的规定,发行人应该披露20%以上持股股东的姓名,即发行人披露的是主要的持股人,只要持股人持有发行人20%以上的证券,无论是否是控股股东,就需要公开披露相关信息,但是在该条规定里并没有解释该20%的计算基数或者计算依据,特别是没有规定是否包含没有投票权的股份;而在随后的4A(b)(1)(H)(iii)条款中,规定要披露发行人20%以上任何类别证券的持股份额和持股人名称,根据该条规定,仍然是要求披露主要的持股人,并不要求是否控股,并且明确提出20%的计算基础是发行人任何类别的证券,即只要是发行人的证券,持有20%及以上就需要披露,包括了没有投票权的证券在内的所有证券,范围非常广泛。

虽然后一条规定是对前一条规定的说明,但发行人面对这两个要求时,很难选择应该按照哪一个进行披露,立法比较模糊。因此,SEC在2013年《众筹规则建议稿》中要求披露最近持有20%以上具有投票权股份的实际持股人信息,很明显,SEC对国会的立法意图进行了解读,认为国会在立法时,第4A(b)(1)(B)目并不限于具有投票权的股权证券,范围太广泛,会增加发行人的负担,考虑到发行人可能有不同投票权的多种证券,所以,在计算发行人的实际持股人时,有必要进行适当的限制。因此,SEC将范围限制在20%以上的具有投票权的实际持股人,并且将实际持股人的"实际"明确界定在最近操作的日期,[①] 这个规定与发行人的注册发行条件要求是相同的。

而意大利法律明确要求披露控股股东信息,按照《意大利民法典》的规定,虽然要求的是具有控制性的投票权,但是实质上要求的是"控制效果",即只要是直接或间接控制发行人的,就需要披露,而不论控股人持有股份的多少。值得注意的是,意大利法律中对通过

---

① SEC, Proposed Rule 201 (c) of Regulation Crowdfunding, 2013.

特别协议控制发行人的情况也包括在内，就可以佐证立法的目的是要求披露"控制效果"。

因而，对比美国和意大利的规定，会发现意大利的规定比美国的规定更具有针对性。虽然SEC认为要求发行人披露最近持有20%以上具有投票权股份的实际持股人信息，是符合"第4A（b）（1）（B）和第4A（b）（1）（H）（iii）的要求，同时也减少发行人的负担"，因为"拥有20%股权的人毕竟是少数，比较容易监管"；但是，SEC可能忽视了股权众筹小额发行的特征，小额发行面对的主要是"双小"，即小额散户投资者与较小的发行额，即投资者很难拥有超过20%以上的投票份额。按照该规定，发行人对小额投资者几乎不用披露。并且就整个发行人股权份额而言，那些对于发行人的证券具有投资决定力、经济影响力和直接经济利益相关人，但是不占有20%的实际拥有人，也不应该披露。很明显，这不符合该条立法的目的。相反，意大利的规定比较实际，更贴近市场实践，追溯其原因，可能还是与立法理念有很大关系，按照佛朗切斯科·卡尔克诺（Francesco Galgano）的观点，市场的判断替代了立法的预先判断，这是对旧有家长制立法理念的革新。①

（二）发行人业务信息披露

发行人业务信息披露是招股说明书中另一个重要的内容，按照招股说明书的设计目标，其功能是通过发行人业务的描述，向潜在的投资者介绍其主要商业模式、发行计划、募集资金的使用方向、预期的发行数额、发行期限、发行价格、股权和资本结构等信息。对于投资者而言，发行人的业务信息是决定其是否投资的最核心依据。

1. 商业计划

商业计划，又称经营计划，主要描述发行人的主营业务、发展现状以及未来的发展构想，是股权众筹发行人《招股说明书》的核心内容。与注册上市企业的《招股说明书》和吸引风险投资的《投资

---

① ［意］佛朗切斯科·卡尔克诺：《公司法编指修改》，费安玲等译，载《意大利民法典》，中国政法大学出版社2004年版，第1—12页。

建议书》、《经营计划书》相比,股权众筹发行人的商业计划要简单一些。① 但是,对于发行人而言,商业计划仍然担负着比较全面而深刻的反映本企业的现实情况和未来发展走向的重任,是发行人的规划蓝图,商业计划的描述能否吸引投资者,决定着发行的成败。

(1) 概述

商业计划的概述部分,主要简单披露项目的特点、产品和服务的市场竞争优势、主要管理人员、业务情况、财务状况、投资回报和退出方式等内容,是整个《商业计划书》的精华和浓缩。根据以往的市场经验,该部分内容往往会形成投资者的第一印象,并对投资者是否继续阅读和关注起到举足轻重的作用,因而内容应该凝练、简洁、准确,要区分披露的重点、要点和难点,同时行文语言要充满感染力,要能引起投资者的兴趣,但是注意不能夸张或虚假披露。

(2) 创意或业务

发行人对业务的披露,主要是披露业务的创新性。对于那些只有创意或者设想的发行人而言,就需要披露创意或设想的创新性,目的是介绍创意或业务的独特性和竞争力,方便投资者判断发行人创意或业务的可行性、现实意义和市场竞争优势。

对于业务而言,如果是技术性开发项目,发行人需要披露在发行项目中具有的技术创新成果,包括注册的或正在注册的专利技术情况、拥有的专有技术和技术秘密,并说明这些技术的先进性、实用性、可行性,以及技术的成熟性、应用前景、研发团队建设、研发投入等情况;如果是产品和服务项目,需要披露产品的性能、特点、质量、规模、价格、利润、目标消费群体、消费结构、消费偏好、市场

---

① S-1表格包括17项内容,其中前12项内容要载入招股说明书。这17项内容是:(1) 申报前言与招股说明书封面外页;(2) 招股说明书封面内页与封底外页;(3) 信息摘要、风险因素以及盈余与固定支出的比率;(4) 募集资金的用途;(5) 发行价格和决定发行价格的方法;(6) 股份稀释情况;(7) 销售证券的证券持有人基本情况;(8) 发行计划;(9) 注册证券的基本情况;(10) 在登记表上署名的会计师、律师、承销商方面的专家与该证券是否存在利益关系;(11) 发行人的基本信息;(12) SEC 的相关要求;(13) 发行费用;(14) 董事、经理和其他主要工作人员的基本情况和相关职责;(15) 发行人在过去三年内未按《1933年证券法》注册的证券的销售情况;(16) 附件及财务报表;(17) 其他有关事项。

容量、预期市场占有额、竞争产品情况、营销团队的建设等；如果项目涉及生产的，要披露生产过程、工艺水平、生产成本、生产设备的性能、能力和更新周期等。

对于创意而言，发行人需要披露创意的大概思路、创意的独特性、可行性和实施目标；需要披露创意与目前市场存在的相似设计的区别及其优越性，以及对实施该创意所需要的团队组建、支持技术、可能所需的生产设备、支出费用等情况的介绍。

但是，需要注意的是与注册发行不同，对于股权众筹发行人业务与创意的披露标准，各国法律并没有明确要求，并且每个在线平台的要求也不同。譬如，意大利法令只是规定要披露商业计划，并没有具体要求；① 而美国法也只是要求发行人披露有关其业务和经营计划，并没有要求披露的标准或类型。② 因而，SEC 认为从事众筹融资交易的公司可能是不同行业，处于不同发展阶段的企业，一方面不可能提供一个能够适用于所有类型企业的标准；另一方面 SEC 也不愿意让商业计划变为用来游说投资者的一份市场营销文件，③ 因而，SEC 认为应该授权给发行人，让其来决定披露内容。④

（3）发行价格、发行数额和发行期限

发行人应该在商业计划中披露发行价格、发行数额和发行期限。对于发行价格，应该披露单个证券的价格或定价方式，如第二章所论，证券的定价是一个艰难的专业工作，一般情况下，设计固定价格会比较便捷，而动态定价的方法可能让普通的投资者很难计算。但是美国和意大利的法律都没有明确规定应该如何定价，美国《1933 年证券法》第 4A（b）（1）（G）目规定了价格或确定价格的方式由两种选择，让发行人自由选择；⑤ 而意大利只是规定了对金融工具的披

---

① Regulation No. 18592. ANNEX 3.3（a）.
② U. S. 1933. SEC. ACT. §. 4A（b）（1）（C）.
③ SEC, *Proposed Rule of Regulation Crowdfunding*, 2013, pp. 49 – 50.
④ SEC, *Final Rule of Regulation Crowdfunding*, 2016, pp. 50 – 51.
⑤ U. S. 1933. SEC. ACT. §. 4A（b）（1）（G）.

第四章 股权众筹融资信息披露法律问题研究

露,并没有具体的要求。①

对于发行数额,美国法只是规定要披露预期发行募集的金额,②但对于什么是发行数额,并没有详细规定。SEC 在 2013 年的《众筹规则建议稿》中对该条文进行了解读,③ 要求在披露中需要注意三点,其一是应该披露正常条件下的预计发行总额;其二是要披露发行人是否接受超额发行,如果接受超额发行,需要披露愿意接受的超额发行额。其三是如果接受超额发行,需要披露超额发行额的分配方法。但是,SEC 在随后的解释和 2016 年的《众筹监管规则》中,进一步澄清,④ 如果发行人披露了愿意接受超额发行的超额额度,就没有必要制定相关的分配方法,发行人可以自主决定如何分配,但是,强调发行人必须披露超额发行的分配方法。⑤

但是 SEC 的这个解释,可能影响投资者的权益,如第三章所述,如果发行人接受超额发行,会稀释投资者的股权,而后面的这个自我更正,可能会给发行人输送利益留下空间。

对于发行期限,应该规定一个确定的发行期间,包括开始日和结束日,有的国家还规定了一个发行的最小区间,如意大利规定不少于 21 天。因为发行日期的确定,特别是发行结束日的确定,是决定投资合同是否生效的关键日期,关系到投资者能否行使撤销权。所以,当发行人要提前结束发行或者延展发行结束日期等实际改变发行期间的,要提前告知投资者和在线平台,以便投资者作出相应的反应或行使相应的权利。美国法律规定,当发行人决定改变发行期间的,应该及时将信息披露,⑥ 如果发行人在截止日期之前完成发行量,则可以提前停止发行。但是,发行人必须在新的发行截止日之前 5 个工作日内通知相关方新的发行截止日期;如果缺少后面的条件,则必须要求

---

① Regulation No. 18592. ANNEX 3.3 (c).
② U. S. 1933. SEC. ACT. §. 4A (b) (1) (F).
③ SEC, Proposed Rule 201 (g) of Regulation Crowdfunding, 2013.
④ SEC, *Final Rule of Regulation Crowdfunding*, 2016, pp. 54 – 55.
⑤ Final Rule 201 (h) of Regulation Crowdfunding.
⑥ SEC, Proposed Rule 201 (j) of Regulation Crowdfunding, 2013; Rule 201 (i) of Regulation Crowdfunding.

发行人推迟或延长确认期限。①

（4）资金用途与股权结构

发行人应该在商业计划中披露融资方式和募集资金的使用方向。该项披露会告诉投资者其投资的流向，发行人如何使用资金，专业投资者通过阅读该项披露信息就能判断投资风险的大小和投资回报率的高低。一般而言，发行的项目就是资金的使用方向，但是也可以具体细分出更为详细的开支项目，如研发费用、市场推广费用、资产收购业务、工资薪酬、回购证券等等，但美国和意大利法律并不要求发行人必须罗列出具体的资金使用明细，只是发行人为了吸引投资者的关注，可能会主动披露较为详细的财务安排。

SEC 在 2013 年《众筹规则建议稿》中列举了一些可能的财务明细安排，并建议发行人还应该披露企业的资金缺口，如如果发行人没有明确的资金缺口，但是已经规划了将来可能需要资金的事项及其用途，则发行人应该披露该规划及其安排；如果发行人表示它将接受超额发行，发行人将被要求提供一个单独、合理、详细的使用说明，以及任何超额发行的具体办法。② 后来，经过征求意见，SEC 在 2016 年的《众筹监管规则》中仍然坚持这一立场，并认为这样规定有益于保护投资者权益。与征求意见稿不同的是，在最终规则中，SEC 列举了一些可能的资金使用目的，③ 意图在于解释说明或者引导发行人应该如何披露拟募集资金的使用目的。

除此之外，如果是已经成立的企业，发行人还应该披露融资前企业的股本类型和结构，以及融资后原有股东和其他权利人拥有的股权数量和在总股本中各自所占比重；如果企业有债务、担保或者抵押等情况，也应该一同披露。另外，如果法律规定了必须披露的其他特殊业务安排，则应该披露，譬如，意大利法律规定，发行人需要披露以下特殊业务安排：发行结束后发行人的控股股东转让自有股份给第三

---

① SEC, *Proposed Rule of Regulation Crowdfunding*, 2013, pp. 53 - 54.

② SEC, Proposed Rule 201 (i) of Regulation Crowdfunding, 2013；Rule 201 (i) of Regulation Crowdfunding.

③ SEC, *Final Rule of Regulation Crowdfunding*, 2016, pp. 52 - 53.

第四章 股权众筹融资信息披露法律问题研究

方的相关条款，如投资程序、任何回购协议、可能的股份锁定、投资者的看跌期权以及继续持有的条款等；① 计算专业投资者或《18592号规则》第24条项下的其他投资者保留股份的方法；② 与发行有关的利益冲突，包括发行人和在线平台管理人之间现有协议中的利益冲突，控股人、管理层、专业投资者和《18592号规则》第24条项下的其他类别投资者已经持有金融工具的保留份额的冲突等。③

最后，SEC根据美国《1933年证券法》第4A（b）（1）（H）条规定，在2013年《众筹规则建议稿》和2016年的《众筹监管规则》中都要求发行人披露股权和资本结构，④ 包括拟发行证券以及发行人的其他证券类型，包括拟发证券号码或股数，有无投票权，对投票权的任何限制，拟发行证券如何进行修改，拟发行证券与发行人的其他证券如何区分，拟发行证券的权利可能受到限制、稀释的风险；并介绍发行人主要股东行使权利可能对证券购买的影响，拥有20%以上股权的股东的名称和持股水平，发行人在后续发行中对已经发行证券的估价方法等。

对于上述资本结构和投票权重的披露，虽然有人质疑可能披露负担过重，但是SEC仍然坚信这些披露要求并不违反《1933年证券法》第4A（b）（1）（H）的要求，并且认为这样的披露为投资者提供了一个更完整的发行人资本结构图，将有助于投资者在做出投资决定之前更好地评估发行事项。⑤

（5）投资风险及其防控措施

尽管投资者通过在线平台的投资者教育都会获得有关投资风险的初步知识和认识，但是在线平台披露的这些风险具有普遍性，比较抽象和概括，缺乏针对性，因而，各国法律一般都会要求发行人应该在

---

① Regulation No. 18592. ANNEX 3.3（d）.
② Regulation No. 18592. ANNEX 3.4（d）.
③ Regulation No. 18592. ANNEX 3.4（i）.
④ SEC, Proposed Rule 201（m）of Regulation Crowdfunding, 2013; Rule 201（m）of Regulation Crowdfunding.
⑤ SEC, *Final Rule of Regulation Crowdfunding*, 2016, p. 59.

商业计划中披露可能出现的风险。如美国2013年《众筹规则建议稿》规定发行人要披露购买证券的风险,[①] 包括小股东持股风险,增发股份风险,变卖发行人资产风险、发行人回购证券风险,发行人整体出售风险、发行人的关联交易风险等;而意大利《18592号规则》附件3第2条也规定,要披露发行人和购买人的详细风险。[②]

  发行人披露的风险是针对本企业的发行项目和市场运营提出的具体问题,具有特殊性,如果发行人不做该项披露,投资者可能意识不到该种风险。因而,投资者也希望通过发行人披露的风险信息中,获得有关发行人可能面临的具体风险,以及风险大小、出现概率、风险的防范和控制措施等信息。当然,如果涉及技术研发,可能还要披露相关的技术风险,如技术预期与实际效果可能出现的偏差、技术寿命、技术配套、技术前景等方面的不确定性等;如果涉及生产产品,还要披露相关的市场风险,如市场认可程度、接收时间、扩散速度等不确定因素、生产风险、生产条件和管理能力等。

  需要注意的是,发行人在披露风险信息时要实事求是,不能为了吸引募资而刻意人为地缩小或者隐瞒风险,甚至虚假披露,造成投资者对发行人职业素养的质疑和不信任感。此外,发行人应该对预防可能出现风险的防控措施进行披露。

（6）投资回报和资本退出

  投资者投资的目的不仅在于获取高额的回报,而且在于快速获取高额的回报,因而,发行人需要披露投资的回报率和投资的回收期。尽管从事股权众筹的投资者一般情况下都知道股权众筹发行人是处于种子期的企业,有着较大的风险和较高的回报率,回报周期也较长,但是发行人的披露能够帮助投资者更好地进行投资评估。对于发行人而言,要在众多发行人中脱颖而出,吸引投资者,除了发行项目的独特性之外,更重要的是要有具有市场竞争力的回报率和回报周期。因而,该项披露对发行人而言,不仅是一个简短的尽职披露,也是一个

---

① SEC, Pproposed Rule 201 (m) of Regulation Crowdfunding, 2013.
② Regulation No. 18592. ANNEX 3. 2.

宣传自己，区别于他人的"广告宣传"，尤其是在在线平台提供了数据搜索工具的情形下，良好的回报率和较短的回报期都会使发行人处在搜索排行榜的前列，被投资者视为热门发行人，不仅有助于吸引更多的资金，而且还会对发行人的市场价值产生巨大影响。

2. 其他业务信息

（1）对《招股说明书》的修改信息

其他业务信息主要是指对《招股说明书》的修改信息。法律一般情况下允许发行人对《招股说明书》进行修改，一方面是因为从事股权众筹的发行人可能没有发行经验，因而其起草或披露的《招股说明书》可能不太完善，存在很多瑕疵，而在发行的过程中，通过交流平台上的交流，集合众多投资者的意见，发行人可能会对《招股说明书》做一些增补或修减；另一方面是因为发行人在发行的过程中，可能会根据募集资本进度和程度，对《招股说明书》进行修改，例如当募集不理想时，可能会相应地提高回报率或者放松一些限制性条件；当募集比较火爆时，可能会增加接受超额发行的条款等。但是，发行人对《招股说明书》的修改信息需要及时向投资者披露。

然而，对于发行人需要披露的"修改信息"，在实践中出现两种观点，一种观点认为只有那些对《招股说明书》的重大修改才属于披露的范围；而另一种观点认为只要发行人对《招股说明书》进行修改，都需要披露。SEC在2013年《众筹规则建议稿》中规定，对于"任何重要信息"的修改都需要披露，① 并且解释"重要信息"是指"对一个理性的投资者而言，该信息对决定是否购买证券是非常重要的"，② SEC 还将财务与资金用途的修改作为重大信息修改的两个例子。

就规定发行人必须将《招股说明书》信息修改进行披露的立法动因而言，主要预防对投资者利益的损害，因此，发行人的修改只要不

---

① SEC, Proposed Rule 203（a）（2）of Regulation Crowdfunding, 2013.

② "Information is material if there is a substantial likelihood that a reasonable investor would consider it important in deciding whether or not to purchase the securities", See SEC, *Proposed Rule of Regulation Crowdfunding*, 2013, p. 91.

对投资者利益造成损害,则没有必要披露。虽然参与股权众筹融资的投资者大多数是没有经验或具有很少经验的小额散户,很难集中或统一约定一个标准来判断某项信息是否会影响其购买证券的判断,但只要不是对价格、回报、风险、回报期、股权等重大事项或重要信息的修改,就没有必要披露。

如果对重大信息进行修改,发行人有义务进行披露。从实践来看,该种披露和首次披露时简单的公示不同,发行人必须以有效的方式通知到每个投资者,特别是已经购买了相关证券,处于等待期的投资者。与"有效通知"相伴随的义务是,发行人必须同时通知投资者享有撤销投资承诺的权利,并将行使撤销权的期间相后延展,根据美国 2013 年《众筹规则建议稿》的规定,该延展期间为 5 个工作日;① 2016 年的最终规则维持了上述立场。②

(2) 相关服务信息

发行人的《招股说明书》是信息披露的基本法律文件,内容涵盖比较全面,而对业务信息的披露主要集中在《招股说明书》的商业计划中。除此之外,还有一些附随的业务信息,法律虽然没有要求必须披露,但发行人可能为了说明基本情况,也会披露,譬如,关于对研发或生产的一些服务情况,涉及售前服务、售中服务、售后服务、服务方式、服务水平、服务时间、服务内容等。当然,如果发行项目是关于服务的,如咨询项目,其产品就是服务项目,需要依产品披露要求进行公开披露。

(3) 特殊要求信息

美国和意大利法律都规定了需要披露的特殊业务信息。如意大利法律规定,发行人应该披露以下特殊信息:专业投资者或根据《18592 号规则》第 24 条规定的其他类型投资者参与发行的任何信息;向投资者收取的任何费用;银行和投资公司的下单、程序、期限以及是否与其存在利益冲突;资金划拨的时间;撤回或撤销预购时的

---

① SEC, Proposed Rule 203 (a) (2) of Regulation Crowdfunding, 2013.
② SEC, *Final Rule of Regulation Crowdfunding*, 2016, pp. 113 – 115.

退款程序；是否在其他在线平台发行相同证券；适用的法律和管辖权；公开披露信息使用的语言或文字。①

而在美国，除了《JOBS 法案》的信息披露要求之外，② 2013 年《众筹规则建议稿》还要求发行人披露以下特殊业务信息，选择的在线平台名称、注册登记号、CRD 号，给中介支付的费用，员工人数，负债情况，过去三年的豁免发行情况，确定的关联方交易等。③ 但是，在随后的征求意见环节，有声音质疑建议稿提出的上述披露要求是否必要，并认为可能存在重复或繁琐要求。④ 因而，在 2016 年的《众筹监管规则》中，SEC 进行了微调，分别从"加减"两方面对建议稿进行修改，"加"的方面主要是要求增加披露发行人制定招股说明书的背景材料、增加披露发行人向中介支付报酬的方式、要求披露能够查询日常披露信息的发行人网址，并要求发行人披露其前身是否存在未能依法履行众筹持续披露义务的情况；⑤ "减"的方面是，如果发行人在招股说明书、财务报告等其他地方已经披露的信息，就不需要再次披露。⑥

（三）发行人持续信息披露

与注册上市发行一样，从事股权众筹豁免发行的发行人需要履行持续披露的义务。发行人持续披露的义务可以分为三部分，第一部分是发行过程中的持续披露；第二部分是发行结束后的定期信息持续披露；第三部分是监管部门要求的特定信息持续披露。

1. 发行过程中的持续披露问题

股权众筹证券的发行过程呈现动态的数据信息，发行人应该将这些动态的数据信息及时公开披露，以便投资者判断发行项目的募集进度。一般而言，这些动态的数据会反映投资者对发行项目的购买意

---

① Regulation No. 18592. ANNEX 3.4. (b), (c), (d), (e), (f), (g), (h), (i), (j), (k), (l).
② U.S. 1933. SEC. ACT. §. 4A (b) (1) (I).
③ SEC, Proposed Rule 201 (e), (f), (p), (q), (r) of Regulation Crowdfunding, 2013.
④ SEC, *Final Rule of Regulation Crowdfunding*, 2016, pp. 60 – 65.
⑤ Rule 201 (y), (o), (w), (x) of Regulation Crowdfunding.
⑥ SEC, *Final Rule of Regulation Crowdfunding*, 2016, p. 66.

愿，是最真实的市场反应，也是最真实的交流信息，还未决定购买的投资者可以利用这些动态信息，作出是否购买的决定；而已经购买的投资者，可以根据这些披露信息判断是否行使撤销权，因而，这些信息的披露对保护投资者利益是非常重要的。在实践中，通常是由在线平台对这些动态数据信息进行披露，但有些国家要求应该让发行人负责披露，如美国《1933年证券法》第4A（b）（1）（F）目和2013年《众筹规则建议稿》要求发行人对募集资金的过程进行定期的更新披露，① 这些更新披露要根据SEC的EDGAR报告所形成的C—U表格进行，提供给投资者、中介机构和潜在投资者。

对于发行过程中信息的披露频率或时间要求，每个在线平台的规定并不一致，有的每日更新，有的根据发行进度达到预定的额度进行更新披露，也有根据一定的"关键日"进行更新披露的，还有根据每笔发行业务自动更新披露的。就披露效率而言，每笔业务自动更新和每日更新的效率最高，也最符合投资者的预期，但会增加发行人的披露成本；而预定额度披露和关键日披露相对会减少发行人的成本，但效率随同下降，缩短了投资者的反应时间，有可能损害投资者利益。

美国的立法倾向于根据预定额度披露和关键日来进行披露，根据2013年《众筹规则建议稿》的规定，当发行人的发行达到目标发行额，如50%和100%后的5个工作日内，对信息进行披露；如果发行人接受超额发行，应该在发行截止日后5个工作日内及时披露发行总额。② 此外，如果在5个工作日内，有多种信息需要更新，（例如发行人在11月5日达到发行额的50%，而在11月8日达到发行额的100%），发行人可以合并披露。③

但是，建议稿的规定引起了很多争议。有观点认为不应该要求发行人向SEC披露募集进度信息，因为SEC完全可以到中介平台的网

---

① SEC, Proposed Rules 203（a）（3）of Regulation Crowdfunding, 2013.
② SEC, Proposed Rule 203（a）（3）of Regulation Crowdfunding, 2013.
③ 合并披露是指发行人只需要填写一张C—U表格，将数次更新合并为一次更新即可。只要C—U表格披露了最新的进展，并且在法定期限内将信息披露给监管机构、投资者和有关中介，发行人即完成披露义务。

站上去查询和复制;① 也有观点认为应该豁免发行人的上述披露义务。② SEC 在认真分析各种意见后,认为有必要对建议稿的规定进行修改,在 2016 年的《众筹监管规则》中规定了一个"预设性条款",即如果发行人的发行进度在中介平台的网站上有经常性的更新披露,那么发行人就没有必要披露;但是如果中介平台的网站上没有提供发行进度信息披露,那么发行人必须履行披露义务;并且,无论如何,在发行结束后 5 日内,所有的发行人必须填写一张 C－U 表格,披露发行总额。③

2. 发行结束后的定期信息持续披露问题

(1) 是否应该要求定期披露

对于股权众筹豁免发行,发行结束后,是否需要定期信息披露,存在异议。反对者认为作为豁免发行,不需要定期披露,理由有三,其一,因为在实践中有些豁免发行是不需要定期披露信息的,如美国证券法上的 A 条例下的发行、④ 美国证券法上 D 条例第 504 规则下豁免募集 100 万美元也没有定期披露的要求、D 条例 505 规则和 506 规则下募集 200 万美元也没有定期披露的要求,所以股权众筹证券作为豁免发行证券,应该不需要定期披露;其二,定期持续披露会增加发行人的成本,将为处于创业早期的发行人带来更多负担,并且这些繁杂的披露要求和程序,会分散创业者的注意力,影响创业项目的进展;其三,披露的信息可能会被其他竞争者利用,影响发行人的市场地位并增加发行人的间接成本,从而导致具有创意类或有较强创新技术的发行人不愿意使用股权众筹模式来发行证券,不利于股权众筹市场的建设。

而支持者认为股权众筹作为公开发行,应该和注册发行一样进行持续披露,包括定期向监管机构和投资者提供营业和财务信息;当发生重大事项时,也应该向监管机构和投资者披露这些重大事项,以方

---

① SEC, *Final Rule of Regulation Crowdfunding*, 2016, p. 110.
② SEC, *Final Rule of Regulation Crowdfunding*, 2016, p. 110.
③ Final Rules 201 (v) and 203 (a) (3) of Regulation Crowdfunding.
④ 17 CFR 230.257.

便投资者决策是否继续持有该发行证券,具体理由有三:① 其一,要求发行人定期披露信息可以减少信息不对称,有利于投资者更好地评价和监督发行人及其发行项目的实施情况;其二,披露要求也会提高市场的信息效率,披露的信息将会为投资者提供评估其他发行人的参考信息;其三,持续披露信息,有利于在提升发行人募资能力与保障投资者权益之间形成适当平衡。

美国《1933年证券法》第4A(b)(4)项规定,发行人应该定期持续披露信息,SEC依据该规定,在2013年《众筹规则建议稿》中要求,发行人至少每年1次向投资者披露发行人的经营和财务信息,② SEC认为该要求将提高投资者的决策效率,也可能有利于发行证券在二级市场的流动,最终有利于发行人。

就上述争议而言,支持者的理由更有利于市场的建设,因为股权众筹证券发行属于小额公开发行,而不是单纯的小额私募,因此,定期披露的信息是投资者对该证券进行估值并决定是否继续持有的重要判断依据,同时也是交易市场的基础要求之一,而反对意见虽然有合理的诉求,但对股权众筹市场建设的整体性而言,只是一些技术性的细节问题,只要在线平台和发行人谨慎履行披露义务,可以避免或者减少可能给发行人带来的负面影响。

(2) 定期披露的标准问题

发行结束后要求发行人定期披露信息,就出现了定期披露信息的标准问题,即法律应该要求发行人履行什么样的定期披露义务。同样,该问题对发行人非常重要,因为标准问题实质上决定了发行人合规义务的大小和合规成本的高低。

定期披露标准的第一个问题是披露频率,即发行人应该在多长时间对相关信息披露一次。注册发行的定期披露要求一般分为月度披露、季度披露、半年度披露和年度披露四种,而美国证券法对股权众筹的定期披露要求是每年至少1次,SEC对该条要求进行了解释,认

---

① SEC, *Proposed Rule of Regulation Crowdfunding*, 2013, pp. 359 – 361.

② SEC, Proposed Rule 202 of Regulation Crowdfunding, 2013.

第四章 股权众筹融资信息披露法律问题研究

为第 4A（b）(4) 的规定，是要求发行人在最近财政年度结束后的 120 天之内，提交年度报告。① 但是有学者对美国的这种规定提出异议，认为要求至少每年披露 1 次，很难执行。② 就市场实践而言，年度披露的要求可能会存在一些问题，有两个原因，一是因为目前从事股权众筹的很多发行项目，其项目实施期为 1 年，也有很多项目的实施期小于 1 年，因而，对这些发行人而言，1 年期的规定是没有约束力的；二是对于实施期限超过 1 年的发行项目，如果要求年度披露信息，鉴于当前市场的快速变化和科学技术更新换代的速率加快，1 年的时间对于高新技术项目而言，可能会发生非常大的变化，但是披露的时间可能是在 1 年结束后的第 120 天，即在第二年的 4 月结束前，因此，投资者只能在发生变化后的一段时间才能做出反应，而此时市场已经发生了根本变化，投资者可能已经失去了最佳的市场反应时间。因此，半年披露或季度披露可能是更好的选择。但是，在 2016 年的最终《众筹监管规则》中，SEC 仍然坚持了年度披露，说明 SEC 还是更加倾向于关注众筹小额发行人的负担问题。③

定期披露标准的第二个问题是披露内容。定期持续披露的内容与初次披露的内容非常相似，但是并不完全相同，定期持续披露的主要是经营和财务状况的变化信息，也包括一些重大事项的变更。当然，不同的国家对定期持续披露的内容要求也不同，但一般会为定期披露设计一个披露范本或者对披露的内容做一些列举式的要求，对发行人而言，该范本或要求只是最低限度的披露义务，发行人可以根据该最低限度的要求披露更多的内容。如，美国在 2013 年《众筹规则建议稿》为持续披露创建了一个模板，即 C-AR 表格，根据 SEC 的要求，发行人披露年度信息的，需要按照 C-AR 表格的格式提交信息，但

---

① SEC, Proposed Rule 202 (a) of Regulation Crowdfunding, 2013.
② SEC, *Proposed Rule of Regulation Crowdfunding*, 2013, p. 93.
③ "We believe a more frequent filing requirement would require an allocation of resources to the reporting function of Regulation Crowdfunding issuers that we do not believe is justified in light of the smaller amounts that will be raised pursuant to the exemption." See SEC, *Final Rule of Regulation Crowdfunding*, 2016, p. 120.

是该模板要求年度披露的信息包括经会计师审核或审计的财务报表，对发行人的持续披露提出了较高的要求，于是，有人反对该规定，认为会不合理地增加发行人的负担。① 从 2016 年的最终规则来看，SEC 接受了该反对意见，并将发行人持续披露的财务信息规定得更为灵活，即持续披露财务信息应该由首席执行官核验是否属实，但是如果发行人已经拥有由会计师审计或审核的财务报表，则应该向投资者提供经审计或审核的报表。②

定期披露标准的第三个问题是披露方式。该问题其实反映了股权众筹证券信息披露与传统证券信息披露的不同之处，由于股权众筹的建立基于互联网，所以很多工作可以在互联网网络上完成，有助于提高效率和降低成本，所以，从理论上来讲，所有的股权众筹工作都可以在网络虚拟的空间中完成，可以完全实现线上操作化。但在目前的股权众筹市场，参与人仍然习惯将线上与线下结合起来，因此，对于定期信息披露，实践中的做法是通过发行人的网站将其公开披露，并允许投资者下载阅读。③ 虽然发行人可以利用电子邮件等互联网通信工具将披露信息发送给投资者，但是发行人也必须在其网站上公开披露；也就是说，发行人并没有义务将披露信息逐一发送或邮寄给投资者。美国 2016 年的《众筹监管规则》仍然坚持了上述立场，但是与 2013《众筹规则建议稿》的规定相比较，SEC 增加了一条规定，④ 即发行人必须在《招股说明书》中说明，持续披露信息的时间和投资者可以查阅相关持续披露信息的网址，按照 SEC 的逻辑，此条规定在于保护投资者的知情权，即必须确保投资者能够找到持续披露信息的地方。

定期披露标准的第四个问题是持续披露义务的豁免或终止问题。对于定期披露的年度信息，SEC 还规定了适当的豁免和终止披露的条件，根据 2013 年《众筹规则建议稿》的规定，当发行人没有完成众筹融资交易，就不用提交持续年度报告；而当发行人成为一个《1933

---

① SEC, *Final Rule of Regulation Crowdfunding*, 2016, p. 122.
② Final Rule 202（a）of Regulation Crowdfunding.
③ 美国法律规定，发行人的年度报告，应该在发行人指定的网站上公布。
④ Final Rule 201（w）of Regulation Crowdfunding.

年证券法》第 13（a）款或第 15（d）款下的报告公司时或者发行人根据第 4（a）（6）条豁免发行的股权众筹证券被本人或其他人完全收购时或发行人根据州法进行清算或解散时，发行人应该终止持续披露义务，① 并在在终止事件发生后 5 个工作日内，按照 C 表格中的"C‐TR 终止报告"的表格提交，并通知投资者和 SEC。此外，2016 年最终《众筹监管规则》又增加了两条豁免发行人持续披露的条件，即发行人在履行了 1 年披露义务之后，证券持有人不足 300 人的，② 或者发行人在履行了 3 年披露义务之后，其总资产不超过 1000 万美元的，③ 可以豁免持续披露义务。其实，2013 年《众筹规则建议稿》中的三条终止条件容易理解，因为无论是成为正常的报告公司，还是被收购或被清算，都意味着发行人主体资格的重大变化，不适宜继续援引众筹规则进行持续披露义务，但是 2016 年的最终规则中的两条豁免条件，比较容易引起争论，譬如这些豁免条件的设计是否科学？是否有合理的依据？SEC 的解释是这些门槛设计主要是依据《1934 年证券交易法》中对报告公司的相关规定，④ 但是，很明显，《1934 年证券交易法》下的报告公司与股权众筹发行人之间存在很大差别，SEC 一直在强调必须区分一般上市发行公司和众筹发行人之间在规模和负担上的差异性，但是这里的设计却违反了这一信条；尽管 SEC 坚持的持续披露义务必须与一定规模的资本运营联系起来，为部分股权众筹发行人减轻持续披露负担的初衷是值得称赞的，但门槛的选择却效法一般报告公司，其路径可能是不科学的。

3. 监管部门要求的特定信息持续披露

和注册上市证券一样，股权众筹证券发行人需要按照监管部门和自律组织的要求，依法披露特定的信息，并且监管部门可以要求发行人随时提交其财务或营业报告以备审查。该信息主要是为了监管而披露，是维护市场秩序的一种手段。监管部门要求的特定信息中，"特

---

① SEC, Proposed Rule 202（b）of Regulation Crowdfunding, 2013.
② Final Rule 202（b）（2）of Regulation Crowdfunding.
③ Final Rule 202（b）（3）of Regulation Crowdfunding.
④ SEC, *Final Rule of Regulation Crowdfunding*, 2016, p.125.

定信息"是指可能影响市场交易、影响投资者权益的重大信息，其范围与前文"重大信息"的界定相同。

但是，在注册上市证券的监管信息披露中，对内幕交易信息的披露要求非常严格，因为内幕交易是影响市场交易、影响投资者权益的重大信息。但是值得注意的是在股权众筹的相关立法实践中，关于内幕交易信息的考量很少，或许是因为股权众筹在目前只涉及发行，属于一级市场范畴，并不涉及二级市场的交易行为，所以似乎可以推定如果涉及股权众筹证券的内幕交易行为，其规制应该采用和注册发行证券相同的规定。然而，问题在于注册上市证券内幕交易规制中，对"内幕人员"的界定可能与股权众筹证券的环境不太相同，因而对股权众筹证券交易的监管可能需要新的监管规则，这不属于本书讨论的话题，有待后续研究。

二　股权众筹发行人财务信息披露

（一）财务信息披露的要求

财务信息是股权众筹发行人披露的所有信息中，最直接反映发行人经济实力的信息，也是具有明确判断标准的客观信息之一。对于投资者而言，虽然不能仅仅依靠财务信息来判断发行人发行证券的价值，但是，毫无疑问，财务信息是投资者判断是否购买的重要考虑因素。

美国《1933年证券法》第4A（b）（1）（D）目规定，股权众筹的发行人应该在目标发行额的基础上，披露其过去12个月期间的财务状况：

1. 发行额等于或小于10万美元的，应该披露最近一年的所得税申报表和财务报表，[①] 财务报表需要发行人首席执行官的核验。

2. 发行额大于10万美元，但不超过50万美元的，应该披露最近一年的财务报表，财务报表需要独立的会计师核验。

3. 发行额大于50万美元的，应该披露最近一年的财务报表，财

[①] 主要指资产负债表、损益表、现金流量表和所有者权益变动表。

务报表需要审计。

此外,根据第 4A(h)的规定,10 万和 50 万美元的分类额度,应该由 SEC 根据劳工统计局公布的反映所有城市消费者中消费者价格指数的变化至少每五年修改一次。

SEC 根据证券法的上述规定,对发行人披露的财务信息做了补充性规定,在 2013 年《众筹规则建议稿》中,SEC 要求发行人在必须披露《1933 年证券法》要求的财务信息之外,还要披露一份《财务情况分析》。① 这份《财务情况分析》与注册上市发行中要求发行人披露的财务状况分析是相似的,但不要求具体的内容和格式,主要介绍发行人的流动性和资本运营经历;如果发行人没有相关的经营经历,则应侧重于分析重要的财务事项、流动性和其他面临的困难;如果发行人有相关的经营经历,则重点应分析过去的盈利和现金流量情况。另外,发行人分析其财务状况,应该考虑发行收益和相关的资金问题,包括资金来源、资金是否充足、资金缺口如何补齐等。但是,在征求意见的过程中,有人认为这些要求太过于模糊,建议 SEC 应该给予更加具体的要求。② 不过,2016 年《众筹监管规则》保留了建议稿中的上述一般要求,只是做了一些技术性的改动,反映出给予新行业一个相对比较宽松的监管环境。

意大利股权众筹法律只是要求披露财务信息,但对股权众筹和其他注册发行证券的信息披露是否有所不同,没有明确规定。

(二) 财务信息披露的问题

1. 所得税申报表问题

根据美国立法的规定,股权众筹发行人在过去 12 个月内的发行总额小于或等于 10 万美元的,要披露最近结束年度的所得税申报表;③ SEC 在 2013 年《众筹规则建议稿》中增加了非强制性的规定,"在条件允许的情况下,该所得税申报表应该由首席执行官核验。"④

---

① SEC, Proposed Rule 201 (s) of Regulation Crowdfunding, 2013.
② SEC, *Final Rule of Regulation Crowdfunding*, 2016, p.75.
③ U.S. 1933. SEC. ACT. §. 4A (b) (1) (D) (i).
④ SEC, Proposed Rule 201 (t) (1) of Regulation Crowdfunding, 2013.

按照第 4A（b）（1）（D）（i）条款的规定，是"最近结束年度的"所得税申报表，而根据实践，"最近结束年度"由于申报时间与会计扎账时间不同步，可能导致存在两个最近结束年度的区间，如果发行是在申报年度所得税之后进行，自然按照年度所得税申报表进行披露，这个没有异议。但是如果发行是在申报年度所得税之前进行，实际上就有"两个最近结束年度的"所得税申报表，一个是最近结束年度的，一个是前一年度的，即根据实际业务情况，发行人已经结束了本会计年度的经营业务，但还没有申报所得税。在这种情况下，根据美国的规定，发行人需要按照已经申报了所得税的上一年度报表进行披露，很明显，上一年度的所得税申报表并不能如实反映发行人本年度的经营活动，也就是说发行人披露的所得税申报信息是过时的，并没有包含"最近"一年的财务变化，因而，对投资者而言，是无法准确了解发行人的真实财务信息的。

SEC 也认识到这个问题，在《众筹规则建议稿》中补充到："如果发行人在前一年以来有任何重大变化的，必须披露"，并提出一种预防措施，即让首席执行官来核验是否完整准确，其实，这种披露要求增加了发行人的披露负担。就本质而言，美国立法者的初衷是强调财务信息披露的客观性，但是为了减轻披露负担，对于 12 个月间发行总额等于或小于 10 万美元的发行人，法律并没有要求发行人披露的财务信息需要独立的会计师进行核验或审计，因而，对该发行人而言，财务披露信息是自己披露的数据，可能存在瑕疵、虚报或其他不真实情况。所以，为了解决这个疑虑，立法者又提出了一个相对比较客观的参考对照标准，即最近年度的所得税申报表，立法者力图通过相对客观的所得税申报表来约束发行人，使其在披露财务报表时，注意客观和真实性。但是如上所述，如果发行是在申报年度所得税之前进行，就可能使用前一年的数据，不能反映最真实的财务情况，而立法者希望首席执行官能够保证最近一年的重大变化都披露在财务报表中，这相当于希望发行人"自我约束"，效果可想而知。按照实践中的做法，如果首席执行官没有从严把关，使得最近一年的重大财务信息并没有披露出来，监管者只能从发行人本年度的所得税申报出来以后，将本年度的所得税申报表和发行人披露的财务信息进行比照，才能发现，而此时，有可能发行已经结束，所以启动追责机制可能造成更高成本的负担。

另外，披露所得税申报表涉及保护个人隐私和市场竞争问题，因为根据所得税申报表中罗列的项目，很容易计算出发行人的毛收入、成本、财务分配情况、利润、利润率等企业的核心数据，这些数据如果被竞争对手所掌握，将会造成很大损失。虽然有人认为不应该披露利润，[1] SEC 也要求发行人在纳税申报前适当编辑节选个人信息，但是这些预防措施还是不够的；对发行人而言，为了获得不足 10 万美元的资金，而披露所得税申报信息，存在很大风险。

因此，为了避免出现以上问题，对于股权众筹发行人在过去 12 个月内的发行总额小于或等于 10 万美元的，要么直接规定由独立的会计师进行核验，要么直接规定仅披露财务信息，不需要披露最近年度的所得税申报表。

从 2016 年《众筹监管规则》的规定来看，SEC 对建议稿所做的修改与上述思路不谋而合，及时修补了建议稿规定可能出现的疏漏，主要表现在不要求发行 10 万美元以下数额的发行人披露联邦所得税纳税申报信息，而只是要求披露经首席执行官核验与该发行人联邦所得税纳税申报信息相符合的总收入、应纳税所得额和税收总额的信息。[2] 与此同时，SEC 又增加了一个条款，即如果发行人的财务报表已经通过独立会计师核验或者审计，那么发行人必须披露经过核验或审计的财务报表，在这种情况下，就不需要披露联邦所得税纳税申报信息或者经首席执行官核验的部分信息。[3]

2. 财务情况分级披露问题

美国证券法规定，股权众筹发行人财务信息的披露是根据发行人在过去 12 个月期间的发行总额而分级披露的，第 4A（b）（1）（D）

---

[1] SEC, *Proposed Rule of Regulation Crowdfunding*, 2013, p. 68.
[2] Rule 201（t）（1）of Regulation Crowdfunding.
[3] SEC, *Final Rule of Regulation Crowdfunding*, 2016, p. 96.

目将发行总额按照10万美元、50万美元的门槛分为三级，即10万以下，10万到50万之间，50万以上。每个等级的披露要求不同，总体而言，是逐级而上，越高越严。因而，该分级就出现了几个问题：

(1) 分级的科学性

就分级披露而言，首要问题是分级的科学性。对于10万、50万的门槛规定，其依据是什么，在美国国会的立法动议和SEC的解释中都无法找到，但这对于发行人非常重要，因为被划为不同的等级，其披露要求是不同的。为了减少披露费用，发行人可能将一个15万美元的项目消减成10万美元的项目进行发行，同样，对一个11万美元的发行人而言，10万美元的发行人享受更优惠的发行政策，将是不公平的。另外，对投资者来说，10万美元以下的发行不需要财务审计，将会给投资者带来更大的风险，从这个角度来看，立法者的意图可能被推定为不鼓励投资者投资于10万美元以下的发行，而这不利于市场竞争的形成。

此外，三个不同的等级是严格限制的，还是可以变通的，也无法确定。譬如，1个拟发行9万美元的发行人，按照规定需要披露一份所得税申报表和一份首席执行官核验的财务报表，但是他能否以提供一份经过独立会计师核验的财务报表来替代上述两份材料？即越级披露？按照常理来推断，法律应该允许或者支持发行人按照更高的标准进行披露，因为这更有益于保护投资者的利益。但是，对相同发行额度的发行人而言，允许越级披露对忠实执行原有规定的发行人造成了直接伤害，导致竞争环境的不公平。因而，市场竞争的结果将助推发行人趋向于更高等级的披露，而原有等级的法律规定和降低发行成本的立法努力，都变成一纸空文，没有任何意义。

(2) 分级的基础

分级的基础也是一个敏感问题，即10万、50万美元的计算基数是什么？因为只有根据一定的基数，才能计算出发行人到底达到一个什么样的等级，应该履行什么样的财务信息披露义务。根据美国《1933年证券法》的规定来看，是指发行人在过去12个月期间的发行总额，但是这个"发行总额"的概念非常模糊，是指发行的总额，还是指发行中出售的总额？是仅仅指已经发行或出售的总额还是包括将要发行的总量？法律的规定并不清楚，SEC 对此进行了解释，认为立法规定的发行总额应该是指发行中实际出售的总额，并且应该包括将要发行的总量，① 但是很明显，这样的规定是自相矛盾的。

3. 财务报表披露时间问题

美国法律规定股权众筹发行人需要按照美国公认的会计准则编制并披露最近两个财务年度的财务报表或者自经营以来的财务报表，② SEC 对此的解释是，财务报表涵盖最近两年的信息，将有利于投资者进行对比，以判断最近一年的财务状况，并帮助投资者识别企业的发展变化。对于小额发行人而言，此项规定可能会增加发行人的成本，但是，SEC 认为投资者将从两年的财务报表披露中获利。此外，SEC 还认为如果发行是在最近结束财政年度之后 120 天内，发行人不需更新财务报表。③

但问题是要求披露最近两年的财务报表是否适合。就财务报表的披露要求而言，主要是让投资者了解发行人的财务现状，即当前发行人的财务条件，对于股权众筹发行项目而言，过去的财务历史除了有助于投资者更深入了解发行人的经营历史之外，对发行项目没有实质意义，对投资者购买行为的影响可能也是有限的，况且很多发行人没有经营历史，甚至根本没有组织架构，只是一个想法或创意，因此，鉴于财务报表最重要的作用是披露当前的财务水平，因而主要应该披露当前的财务报表。"当前"的意思是指发行《招股说明书》时发行人的财务报表，包括之前两年或自运营开始，也包括中期财务报表，如果按照 2013 年《众筹规则建议稿》中的要求，披露两年的报表，但是在最后一年结束后 120 日内不更新财务信息，尽管 SEC 在后续的解释中强调，"发行人应该讨论在报表提交之后的财务变化"，④ 但是还是有点"丢了西瓜捡了芝麻"的味道。

---

① SEC, Proposed Rule 201 (t) of Regulation Crowdfunding, 2013.
② See Instruction 3 to paragraph (t) of Rule 201 of Regulation Crowdfunding.
③ SEC, Proposed Rule 201 (t) of Regulation Crowdfunding, 2013.
④ SEC, Proposed Rule 201 (t) of Regulation Crowdfunding, 2013.

因此，有人建议只需要最近结束的一个财政年度的财务报表信息，①但也有人建议对于成立不足 12 个月的发行人应该直接免除披露财务报告的义务。② 就股权众筹证券的发行而言，无论是否有经营历史，对于当前财务水平的披露绝对是有必要的，即使发行人没有经营历史或者成立不足 12 个月，还是应该向投资者披露他的财务状况，这有助于投资者判断发行人是否有能力或者有实力或者有条件完成相应的发行项目。但是，没有必要提出过多的要求，譬如两年的财务报表除了比较之外，没有实质性意义，并且增加了发行人的负担，因而，要求披露当下或最近一年的财务报表是比较适宜的。但是，2016 年的《众筹监管规则》仍然坚持两年的披露要求，但是却删除了中期财务报表的要求。③

对于 SEC 认为"最后 1 年结束后 120 日内不更新财务信息，但需要披露重大变化的"要求也存在问题，因为对于高增长企业而言，120 日的时间是非常长的，会发生很多变化，不更新意味着投资者无法客观、准确地了解发行人当前的财务水平。因而，应该适当缩短这个周转期限，结合创新型初创企业的特点，规定 30 天的周转期可能会更加合适，因为一般企业的市场营销或者财务结算以月结或半月结算为主，但是如果要求半月结算，可能会对没有很多市场业务的初创企业形成压力，30 天的安排会比较合适。

4. 财务报表的核验或审计问题

《JOBS 法案》以及根据该法案草拟的 2013 年《众筹规则建议稿》规定，过去 12 个月期间发行总额达 10 万美元及以下的发行人的财务报表需要首席执行官核验；超过 10 万美元，但不超过 50 万美元的，财务报表必须符合 AICPA 发行的 SSARS 的审查；④ 对于超过 50 万美元的，财务报表应该被审计。⑤ 根据 2016 年《众筹监管规则》的规定内容来看，SEC 修改了建议稿中的部分内容，适当延展了《JOBS

---

① SEC, *Proposed Rule of Regulation Crowdfunding*, 2013, p. 366.
② SEC, *Proposed Rule of Regulation Crowdfunding*, 2013, p. 80.
③ SEC, *Final Rule of Regulation Crowdfunding*, 2016, p. 103.
④ SEC, Proposed Rule 201 (t) (2) of Regulation Crowdfunding, 2013.
⑤ SEC, Proposed Rule 201 (t) (3) of Regulation Crowdfunding, 2013.

法案》的规定范围,即原则上"超过10万美元,但不超过50万美元"的发行,其财务报表必须符合 AICPA 发行的 SSARS 的审查,但是如果发行人的财务报表已经通过审计,那么发行人必须披露经过审计的财务报表,而不需要披露会计师核验的报表;① 原则上,"超过50万美元的发行",应该披露经过审计的财务报表,如果是超过50万美元但不超过100万美元的首次股权众筹发行,可以披露经独立会计师核验的财务报表,但是如果发行人的财务报表已经通过审计,那么发行人必须披露经过审计的财务报表,而不需要披露会计师核验的报表。② 从最后规则的内容可以看出,SEC 从最初在《众筹规则建议稿》中对《JOBS 法案》的从严解释,逐渐转向《众筹监管规则》中的宽松、灵活处理,其核心考量还在于为新兴发行人减轻合规负担,因为"审计的成本比会计师核验要高出40%"。③

但是,财务报表要求独立的注册会计师进行核验或审计,其目的是保证财务报表的客观性和真实性,原因如前所述,是为了保证投资者能够了解到真实的信息,从而做出明智的投资决策。因而,要求发行人披露的财务报表经过会计师的核验或审计,首先要确保会计师的独立性,只有会计师有了足够的独立性,才能保证其核验或审计的客观性;其次要保证注册会计师具有良好的执业经验,因为只有良好的执业经验才能保证核验或审计的真实性。

(1) 独立性问题

美国《1933 年证券法》第 4A(b)(1)(D)(ii)条要求发行人向 SEC 申报,并提供给投资者、中介机构和潜在投资者的财务报表要经过独立的会计师依据 SEC 对此设立的专业标准和程序审查。很明显,法律没有规定会计师独立的含义,表述也是比较模糊,并且法律也没有规定独立核验或审计的程序或专业标准,而是授权给 SEC,让 SEC 决定是否应该制定一套适用于股权众筹的审计或核验标

---

① Rule 201(t)(2) of Regulation Crowdfunding.
② Rule 201(t)(3) of Regulation Crowdfunding.
③ See Traklight Letter, SEC, *Final Rule of Regulation Crowdfunding*, 2016, p. 99. note. 378.

准,并希望 SEC 能够根据实践作出更加符合监管实际需要的办法或准则。但是 SEC 在 2013 年《众筹规则建议稿》中,对该问题做了简单化处理,首先,SEC 认为对注册会计师独立性的要求,应该与注册发行条件下的要求相同,即要求注册会计师必须符合 S-X 条例第 2-01 的独立标准;其次,对于会计师独立核验或审计的程序和标准,SEC 同样认为应该"照旧",① 即按照由美国注册会计师协会的通知审查("SSARS")即可。

SEC 在《众筹规则建议稿》中的两点回应,反映出其不仅有点保守,而且有点"偷懒"。因为制定新的标准的确会耗费很多精力,并且在证券市场同时使用几套不同的核验或审计标准或程序,会增加监管的难度,也会增加发行人的选择难度。正如 SEC 所言,"不建议为这些规则设立新的审查标准,因为在此时,我们认为没有必要"。② 但问题是,对于股权众筹的发行人,依据与注册上市公司同样的标准来要求,是否适当?或者对于股权众筹发行人而言,披露义务是否过于繁重?要求是否过于严格?监管机构认为统一化的要求,既简单又方便,市场参与者对该标准也有了比较深入的了解,并且对新市场还有"过渡性辅导"的效果,因此,既有标准可以适用。但是对发行人而言,小额发行人没有市场经验,也没有很多的资本和精力来处置同大公司一样的披露审计,如果按照注册上市公司同样的要求,不仅增加了发行人的负担,而且还间接影响到股权众筹法律赋予的豁免地位。

因此,综合而言,在股权众筹发展的早期,不应该使用与注册发行公司一样的财务信息披露核验标准,而应该给予适当的、要求比较宽松的过渡性要求,这样有助于股权众筹企业更好地向正常的报告公司过渡,也有利于证券市场的平稳、有序和多元发展。但是,从 2016 年《众筹监管规则》的规定来看,SEC 仍然坚持其在建议稿中的观点,认为没有必要设计两种不同的会计标准,有意思的是,SEC

---

① SEC, Proposed Rule 201 (t) (2) of Regulation Crowdfunding, 2013.
② SEC, *Proposed Rule of Regulation Crowdfunding*, 2013, pp. 75-76.

第四章 股权众筹融资信息披露法律问题研究

为其论点找到了新的理由。①

（2）执业经验问题

财务报表的核验或审计的第二个问题是会计师的执业经验问题。因为在注册上市企业信息披露审计中，对会计师的执业经验有明确要求，如执业年限或执业信誉等，但此处的问题是，对于核验或审计股权众筹发行人财务报表的会计师是否应该遵照与注册发行企业一样的执业经验要求？对此，存在不同的看法。有人认为应该要求过去5年具有良好的执业信誉；② 也有人认为不应该要求必须有5年以上的良好执业信誉，因为可能会不必要地限制选择会计师的范围，如信誉良好但是执业不到5年的会计师就不能参与。③ SEC 的观点是并不强制性地要求一个具体的执业经验或者执业年限，但是却从相反的思路，提出不合格会计师的判断问题，即如果按照 SEC 的 S-X 规则 2-01 项的规定，会计师依据住所或办公地点的法律，未依法登记注册或没有良好的信誉；或者依据住所或主要办事处法律，其没有良好的执业信誉的，④ 则不能参与。

从 SEC 的态度来看，将执业经验问题的判断交付于个案处理，并没有规定一个适用于所有股权众筹发行人的统一要求，但是这恰好也是问题的症结所在，即对于股权众筹财务报表核验会计师的执业经验没有明确要求，可能因为会计师的缺乏经验或者不合格而出具错误或者误导性的财务核验或审计结论，从而损害投资者的利益。因为在个案处理中，只有问题出现之后，才能追溯发现会计师的不适格性，但这时对投资者而言，损失已经产生了，没有起到预防损失发生的屏障效果，因而，SEC 的这种做法可能不恰当，也可能与保护股权众筹的立法意图相佐。因此，在股权众筹发行中，应当适当提高会计师的执业经验要求，要借助于会计师的经验来保证发行人财务信息的准确、真实和有效，以此作为屏障保护投资者利益，对于担心提高会计师的

---

① SEC, *Final Rule of Regulation Crowdfunding*, 2016, pp. 100-102.
② SEC, *Proposed Rule of Regulation Crowdfunding*, 2013, p. 69.
③ SEC, *Proposed Rule of Regulation Crowdfunding*, 2013, p. 79.
④ SEC, *Proposed Rule of Regulation Crowdfunding*, 2013, pp. 78-79.

执业经验要求,可能会缩小适格会计师的范围,并可能增加发行人负担的考虑,① 可能过于保守。从相反的思路思考,正是因为缩小适格会计师的范围,才能保证核验和审计的真实有效性,也才会促进会计师行业的执业竞争,同样,对于一个健康的市场环境而言,促进竞争,可能会降低成本,而不会增加成本。对会计服务提供者而言,老资历和良好的信誉能够获取相对较高的服务报酬,但不会脱离会计行业的整体收费标准,因而,差额不可能太大,而且是发行人能够承担的。如果因为提高执业经验的要求而导致会计服务费用的大幅度增加,只能说明会计师行业的竞争还没有形成,而这不能归责于对会计师有较高执业经验的市场需求。

三 股权众筹发行人信息披露形式问题

(一)表格问题

股权众筹发行人信息披露形式的首要问题是表格问题,因为表格的设计和要求决定了信息披露的内容和方式。美国证券市场喜欢用不同的表格来体现不同的证券发行方式,早在《1934年证券交易法》中就规定了发行人披露财务报表的格式,如规定了 10 - Q 格式,② 10 - K 格式;③ 而在 1982 年,SEC 为了简化对信息披露的管理,出台了信息披露综合管理制度,规定了 S、F 系列表格和 S - K、S - X 两组规则。S - 1 表格为初次发行披露使用;S - 2、S - 3 则为持续披露使用,是 S - 1 表格的精简版;而 F - 1、F - 2、F - 3 则为外国发行人申报时使用。针对股权众筹发行人的信息披露表格,是使用已有的表格还是创设一种新的表格,在《JOBS 法案》中并没有规定。

因此,在实践中,出现关于该问题的议论。④ 有观点认为,既然法律没有规定,那么 SEC 就不应该制定单独的表格,应该根据 A 条例对于证券发行的要求适用 1—A 表格;有观点认为应该适用 NASAA

---

① SEC, *Proposed Rule of Regulation Crowdfunding*, 2013, p. 79.
② 10 - Q 格式是规定的季度报告格式。
③ 10 - K 格式是规定的年度报告格式。
④ SEC, *Proposed Rule of Regulation Crowdfunding*, 2013, pp. 101 - 102.

第四章 股权众筹融资信息披露法律问题研究

的小公司发行注册表 U-7；也有人认为应该模仿共同基金行业的招股说明书摘要，制作一个简单、统一并且比较容易理解的表格；但是也有人认为 SEC 应该创设一个新的表格，以便简化过程，为投资者、中介机构和发行人，提供法律的确定性。

从 2013 年《众筹规则建议稿》中的表述来看，SEC 采取了后一种建议，为股权众筹创设了新的表格形式——C 系列表格，即要求股权众筹的发行人需要按照 C 系列表格的形式提交披露信息。① 按照 SEC 的解释，C 系列表格主要分为以下几类：

1. C 表格，主要是发行人的招股说明书的内容，是初始披露使用的主要表格；

2. C-A 表格，主要用于修改招股说明书；

3. C-U 表格，主要用于发行人依据第 4A（b）（1）（H）及相关规则更新募集进度信息；

4. C-AR 表格，主要用于发行人依据第 4A（b）（4）及相关规则披露年度报告；

5. C-TR 表格，主要用于发行人依据第 4A（b）（4）及相关规则终止报告义务。

但是，在 2016 年的最终《众筹监管规则》中，将"C-A 表格"的名称修改为"C/A 表格"，并增加了一种表格类型 C-AR/A，该表格用来对 C-AR 年度披露表格的修改。②

从表格的分类来看，股权众筹的信息披露表格和其他证券信息披露的表格内容相似，都区分为不同的用途，只是股权众筹多了 C-U 和 C-AR/A 表格，少了季度披露表格。但是对于美国监管机构青睐采取单一表格涵盖所有信息的"大一统"的披露方式而言，为股权众筹发行设立单独表格的确有点"逆道而行"，对此，SEC 的解释很简单，认为使用单独的表格，比较高效和简化，也便于投资者区分不

---

① SEC, Proposed Rule 203 (a) of Regulation Crowdfunding, 2013.
② SEC, *Final Rule of Regulation Crowdfunding*, 2016, p.132.

同的文件,① 但是,美中不足的是可能会增加发行人的成本。②

(二) 格式问题

格式问题是指披露信息的表格应该按照什么样的数据格式提交。现代通信技术的发展,使得同一个表格或者同样的数据可以通过多种不同的格式进行传输,而有些格式之间是相互兼容的,有的则不兼容;有的格式对电子媒介的硬件和软件要求较高,有的格式则要求比较简单;有的格式支持统计工具或大数据计算工具的使用,而有的格式则不能适用。因而,信息披露的格式会对监管机构和投资者正常使用相关信息产生不同的影响。美国在《1933 年证券法》或者《JOBS 法案》中,并没有披露格式的具体要求,但是 SEC 在 2013 年《众筹规则建议稿》中提出,③ C 系列表格的关键信息披露要按照 XML 格式提交,但是允许发行人适用其他格式或演示文稿披露其他信息。

使用 XML 格式的好处是显而易见的,无须人工检查每个文件;可以提高收集发行人信息的效率;可以汇聚成一个数据池,为其他市场参与者提供分析服务;可以激励投资者对不同的发行进行比较。④ 另外,基于 XML 格式披露的发行人支付给中介机构的薪酬信息,将有助于监管机构、发行人和投资者评估、分析和了解股权众筹的融资成本。

同样,使用 XML 格式,也会帮助监管机构汇总每次发行的关键信息,以便监管股权众筹融资豁免发行的实施情况;基于 XML 格式的文件汇集,也为监管者提供了使用豁免发行的详细数据,以便监管者评估豁免规则的执行情况,是否有利于投资者的保护,以及是否有利于资本的形成。

但是,在美国,使用 XML 格式披露信息并不是股权众筹发行人

---

① SEC, *Proposed Rule of Regulation Crowdfunding*, 2013, p. 104; also see Final Rule 203 of Regulation Crowdfunding.

② SEC, *Proposed Rule of Regulation Crowdfunding*, 2013, pp. 368 – 369; also see SEC, *Final Rule of Regulation Crowdfunding*, 2016, p. 134.

③ SEC, Proposed Rule 203 (a) (1) of Regulation Crowdfunding, 2013.

④ 例如,使用基于 XML 的文件,将方便投资者、分析师等参与者,更好地汇编、分析和比较各种发行人的资本结构和财务状况。

的唯一披露格式，除了要求股权众筹发行人对确定的关键信息使用 XML 格式披露之外，SEC 还允许发行人用其他的格式披露信息，譬如，文本格式，视频格式、图像格式等。因此，美国监管机构在该问题的处理上保持了一定的弹性，而这种处理方式确实有助于不同发展阶段和不同行业的发行人采用比较灵活的方式披露信息；① 如果强制性要求所有发行人只能使用 XML 格式，可能会弄巧成拙，因为不能满足或者不符合部分发行人的发展水平。正是基于上述思考，SEC 在 2016 年的最终《众筹监管规则》中，作出了两项重要的修改，一是修改了 S–T 规则，② 允许发行人使用 PDF 格式提交 C 系列表格；③ 二是在 C 系列表格中增加了一个"问答模式"④ 选择，发行人使用这种"问答模式"披露信息的，不需要按照 XML 格式提交信息，⑤ 从而使得选择更加多元化。

(三) 载体问题

关于发行人披露信息的载体问题，主要是指信息披露是用纸质稿件的方式还是用电子稿件的方式披露，对此，法律的规定并不明确。根据美国《1933 年证券法》第 4A（b）（1）项的要求，发行人需要依法向 SEC、投资者、中介机构和潜在的投资者提交披露信息，但是从这条规定中，无法判断对信息披露的载体是否有特殊要求，即该条规定并没有对信息披露使用纸质版还是电子版作出规定。但是，SEC 在 2013 年《众筹规则建议稿》中对第 4A（b）（1）项的适用做出了解释，认为"发行人要按要求填写 C 表格和 C—U 表格"，并且建议发行人"提供给中介机构一份信息披露表格"，"为了满足给投资者和潜在投资者提交披露信息的要求，建议发行人在中介在线平台上发布一份电子信息；发行人的信息也可通过张贴在发行人的网站或通过

---

① SEC, *Final Rule of Regulation Crowdfunding*, 2016, pp. 131 – 132.
② Regulation S – T generally allows PDF documents to be filed only as unofficial copies. *See* Rule 101（a）（1）（xvii）of Regulation S – T.
③ Final Rule 203 of Regulation Crowdfunding.
④ Question and Answer（"Q&A"）Format.
⑤ See Item 1 of General Instruction III to Form C of Regulation Crowdfunding.

电子邮件进行传送"。①

就 SEC 的这些解释而言，只能解读出发行人可以使用电子表格向投资者或潜在的投资者披露信息，但无法判断以下三个问题：

1. 发行人是否可以向投资者或潜在的投资者使用纸质版披露信息？

2. 发行人是否可以向中介机构使用电子版披露信息？

3. 发行人是否可以向 SEC 使用电子版披露信息？发行人是否只能向 SEC 使用电子版披露信息？

关于第 1 个问题，SEC 的后续解释中给予说明，认为基于互联网发行中的投资者，会比较熟悉从网站上获取信息，对于发行人而言，这也是一种最有效益的方式，所以，SEC 认为发行人可以用电子版向投资者披露，并且 SEC 不要求发行人向投资者提供报告的纸质副本，也不要求发行人通过电子邮件向投资者提供年度报告。② 按照这个解释，从理论上来说，法律并没有规定发行人必须依据电子版或纸质版向投资者提交披露信息，即发行人既可以使用电子版，也可以使用纸质版，法律仅要求发行人将披露信息提交给投资者或潜在的投资者即可。但是，SEC 在《众筹规则建议稿》中对在线平台要求，只有当投资者同意以电子传递方式接受所有发行材料时，才被允许参与投资，可见 SEC 的目的是将发行彻底电子化，因而，发行人是不能向投资者或潜在的投资者使用纸质版披露信息的。

关于第 2 个问题，严格意义上来说，发行人没有向中介机构提供信息披露的义务，但是鉴于股权众筹的发行是通过中介机构的在线平台进行的，如果在在线平台上能够及时披露发行人的相关信息，特别是 C、C—U、C—A 表格，将有助于投资者有更多的渠道了解发行信息。因此，SEC 建议发行人"为中介机构提供一份信息披露表格"，

---

① SEC, *Proposed Rule of Regulation Crowdfunding*, 2013, pp. 105 – 106.

② 2013 年的《众筹规则建议稿》，对电子邮件的使用没有严格要求，而在 2016 年的《众筹监管规则》中，SEC 允许发行人通过网站向投资者披露信息，但增加了一个要求，即如果发行人有投资者的电子邮箱，则可以通过电子邮件直接向投资者发送披露信息。详见 Instruction 2 to Rule 203（a）of Regulation Crowdfunding。

第四章 股权众筹融资信息披露法律问题研究

"建议发行人在中介电子平台上发布一份电子信息"。由此可以看出，向中介机构提供的信息格式，最好是电子版，这样便于中介机构张贴和公示。在实践中，在线平台一般也要求发行人提交电子版信息，方便其检索、汇总和使用。

关于第 3 个问题，SEC 没有做出解释，但是 SEC 在征求意见环节提出了该问题，询问"发行人是否只能以电子表格的形式向 SEC 提交表格？是否应该允许发行人提交纸质表格？允许发行人提交纸质表格会有哪些成本和收益？"从该征求意见中，可以看出，SEC 的倾向在于向 SEC 提交纸质版的表格，或者至少是倾向于纸质版与电子版同时提交，SEC 唯一顾虑的是要求股权众筹发行人提交纸质版的表格是否会对发行人带来过于繁重的额外负担和成本。因此，发行人可以向 SEC 提交电子版披露信息，但是在目前来看，电子版信息绝对不是唯一的方式。

（四）其他形式问题

关于发行信息披露的其他形式问题，主要有语言和文字要求、页面设计要求、色彩要求、图案或图形的样式要求等。对此，意大利的规定比较有代表性，意大利《18592 号规则》规定了公开披露信息使用的语言、文字、表格的质量等要求。[①] 根据规定，发行披露的信息要简洁易懂，要让一个理性的投资者能够明白，不能用技术性语言、不能用特定的术语，语言应清晰、简洁，应该尽量使用共同使用的语言术语，并应该允许在中介平台上对不同发行人的发行信息进行比较；披露的报告和文件应该便于投资者阅读，材料应该用清晰、大小适中的字体打印，材料篇幅适中，以不超过 5 页 A4 纸张为宜；若使用彩色图案或公司图标，应该提醒阅读者对于信息的理解不能依据黑白打印件或复印件。

而美国监管机构在该领域的一个思考值得关注，根据 SEC 的 S-T 规则 306 条款的规定，所有发送给 SEC 的电子文件，包括文件，都要按照规定用英语填写。对于大多数国家而言，使用自己的法定语言

---

① Regulation No. 18592. ANNEX 3.

或者工作语言，无可厚非，但是在实践中，SEC 却敢于反思该规定是否合理，SEC 反躬自问："有些初创企业和潜在投资者，可能不会英语，我们（指 SEC）是否应该修改 306 规则，允许申请人用其他语言填写文件？""如果我们（SEC）要求只能用英语填写文件，是否会增加该类发行人的额外负担？而这种负担是否会影响该发行人的资本形成？"[1] 等等，因此，这种始终围绕培育良好市场环境的监管思路，以及其对监管与市场关系的主动思考，值得深思。

第二节 股权众筹在线平台信息披露问题

一 在线平台对自身信息的披露

在股权众筹业务中，在线平台是投融资双方衔接的桥梁，负责在其平台上公布发行信息，并承担核验投融资双方的身份和监管投融资双方行为符合规范的重大职责，在线平台是投资安全的主要保护屏障之一，其准入的标准和行为的规范性，影响到股权众筹业务的发展。因而，在投资者关注或者在在线平台上注册之前，在线平台首先要向大众公开披露自己的主要信息和主要的业务管理方式；在投资者开户之后，要披露在线平台与发行人之间的利益关系，[2] 特别是要披露在线平台为发行人提供发行服务而获得的报酬情况，[3] 目的是让投资者了解在线平台及其业务流程，并了解发行人和在线平台之间的利益关系，从而对在线平台和发行项目有深入的了解，根据其对在线平台和发行人是否产生信任感，并决定是否愿意通过该网站进行投融资业务。

（一）在线平台的注册信息披露

美国和意大利法律都规定，股权众筹在线平台需要按照法律的规定进行注册登记，取得执照之后，才能营业。但是对于在线平台向监

---

[1] See Request for Comment 22, SEC, *Proposed Rule of Regulation Crowdfunding*, 2013, p. 43.

[2] Final Rule 201 (o) of Regulation Crowdfunding.

[3] Final Rule 302 (d) of Regulation Crowdfunding.

管部门申请登记注册的文件要不要披露，在实践中有很多的议论。①有人认为，在线平台的登记注册过程要透明，因而在线平台登记注册的所有材料都应该向公众披露；有人担心，公开披露在线平台的注册登记材料会泄露在线平台及其有关个人的个人隐私，因而，不应该披露；也有人认为不应该要求在线平台立即注册，并披露注册信息，应该给在线平台一定的延缓期，如 1 年的延缓披露期限。

尽管议论很多，但是在立法实践中，美国和意大利都规定，应该披露在线平台的注册资料。美国 SEC 在《众筹规则建议稿》中规定，在线平台注册登记的所有文件，应该立刻向公众披露；② 而意大利《18592 号规则》第 6 条的标题就是在线平台注册人公开披露信息，该条第 1 款规定在线平台注册人须公开披露在 CONSOB 电子公告里的"注册列表"部分。③ 两国不仅把在线平台披露自己的注册信息当做在线平台的义务，而且认为这种披露将使得在线平台的登记注册行为变得透明，更有利于营造公平、开放的市场环境。而对于有人担忧公开披露会损害在线平台部分个人的隐私或者会造成信息滥用，监管者认为这是可以通过技术手段解决的问题，如 SEC 认为可以通过适当的节选编写，来保护参与者隐私。④

（二）在线平台的业务信息披露

在线平台的业务信息披露，主要是指在线平台在网站上向公众公开披露其主营业务的范围、流程和管理措施。从美国和意大利的立法及议案来看，主要是通过公开披露这些业务信息，一方面保证在线平台在阳光下运营，防止出现暗箱操作或者以模糊规定损害发行人和投资者权益；另一方面是通过公开披露，让参与人知道自己的合法权益以及了解在线平台的法定义务范围，便于参与人更好地预防风险，保护投融资安全。

---

① SEC, *Proposed Rule of Regulation Crowdfunding*, 2013, p. 126.
② SEC, *Proposed Rule of Regulation Crowdfunding*, 2013, p. 212.
③ Regulation No. 18592. ART. 6（1）.
④ SEC, *Proposed Rule of Regulation Crowdfunding*, 2013, p. 212.

1. 主营业务

每个在线平台都有自己的主营业务,基于选择的众筹模式不同,会有不同的主营业务类型,并且,每个平台为了强调差异化的市场营销战略,都有一些差异化的业务范围或者渠道选择。这些主营业务类型和差异化的渠道或范围选择,就是在线平台的特色与市场营销的卖点,既是区别于其他在线平台的最好办法,也是吸引投资者的主要措施,如 INDIEGOGO 最初专注于电影类项目,而 CROWDCUBE 则集中于股权融资项目,等等。① 这些在线平台需要在网站首页披露自己的主营业务,一方面通过披露主营业务的范围、类型和经营方式,告知投资者自己的业务特点;另一方面也是通过这些披露告知潜在的发行人自己接受申请的范围。另外,在线平台也会利用各种各样的合法广告机会,向市场推销自己的业务类型和经营方式,主要也是宣传、介绍主营业务。

2. 业务流程

在线平台除了需要披露主营业务之外,还需要披露业务流程,主要分为发行流程和投资流程。发行流程包括接受潜在发行人申请的流程、发行申请的主要内容、发行程序、发行交流事项、资金划拨流程和发行过程中应该注意的其他问题;而投资流程包括接受潜在投资者注册的流程、合格投资者的界定、询问、投资交流、资金支付程序、撤销权的行使程序等。

3. 业务管理措施

严格意义上来讲,在线平台的管理措施可以分为多个部分,包括纯行政管理性质的管理措施,如对网络登录的管理和说明;技术性管理措施,如对软件、硬件或者其他必要辅助工具,如视频器等的要

---

① 例如,TOGATHER 主要招募新加坡附近区域的创新性项目;INDEA. ME 是一个专注于艺术、音乐及零售产品的阿根廷在线平台,也是首家支持比特币的平台;GAMBITIOUS 是一个专注于游戏领域的荷兰在线平台;ROCKETHUB. COM 是一个可进行投票竞争的在线平台;FUNDABLE 主要聚焦于初创企业的股权融资;APPSTORI 主要招募智能手机应用程序开发项目;GOFUNDME 偏重于招募个人化、生活化的创意项目;ZAOZAO 是亚洲首家时尚用品众筹平台,服务对象主要是亚洲的独立设计师;ZIIBRA 主要通过音乐家与粉丝之间的互动来预售产品,等等。

第四章　股权众筹融资信息披露法律问题研究

求;也有纯业务管理措施,如对开户或者询价或者支付定金或者购买证券的管理等。这里强调的在线平台的业务管理措施主要是指在线平台的纯业务管理措施,但是在意大利的规定中,除了纯业务管理措施外,也包括少量的技术性管理措施。

目前的股权众筹市场,在线平台并没有形成相对统一的业务管理办法或者标准型行业规范,也没有法定的标准或者约定的习俗,因而,在业务管理方面,在线平台完全依据自己的习惯或者按照主要管理人员的思路进行调整,这样的现状可能导致以下结果:

首先,充分发挥了在线平台的灵活性和自主性,有利于业务管理方式的创新,并促进市场的竞争。

其次,这种完全不加限制或没有适当规范的经营方式,将导致在线平台行业中出现了大量、繁杂、互不相同的管理规定,形成了碎片化的现状,① 从而增加了发行人、投资者的识别难度,并降低投融资运作效率,增加了投融资成本。因为发行人和投资者要在不同的在线平台之间进行比较,选取性价比较高的平台进行投资,各个平台之间的规定千差万别,无疑将花费投资者更多的精力去审阅各种不同的规定。

最后,业务管理缺乏明确的指导,完全依靠在线平台的"市场本能",可能蕴含着大量投融资风险。因为在线平台通过自己制定的管理规定,可能将很多原本属于自己的责任条款排除在其承担范围之外,也可能为将来存在的投资风险寻求预防性的规避理由,进而加重了投资者面对的风险系数。如果投资者没有严肃、认真、详细地审阅这些规定,有可能落入在线平台精心设计的各种法律陷阱或者投资陷阱中。

因而,监管机构应该对这种情况有所预判,并给予相应的指导和规范,意大利的立法体现了这种预判,在《18592号规则》第14条

---

① 在线平台的管理规定存在碎片化或破碎化现象,通过市场竞争可能将那些不愿承担责任或者故意设置法律陷阱或投资陷阱的在线平台排除在市场之外。但是,淘汰不合格在线平台的过程,注定会损害大量弱小投资者的利益。因而,从立法层面来看,不应该存在这个过渡阶段,应该在制度启动的同时,运用立法技术限制或者排除这种立法选项。

中，明确以《在线平台管理信息》为小标题，突出显示了对在线平台业务管理规定的指导和规范；在第 14 条第 1 款中，详细罗列了 13 种在线平台必须披露的业务管理办法；主要包括：

（1）管理人员和控股股东的信息；

（2）发行新股的程序；

（3）投资者应支付的任何费用；

（4）减少和管理欺诈风险的方法；

（5）保护个人隐私及其相关信息的方法；①

（6）戒绝利益冲突的方法；

（7）处理投诉的方法以及指定的接受投诉的地址；

（8）庭外争端解决机制；

（9）发行人通过在线平台上传的信息以及相应的后果；

（10）有关注册登记规定的超链接地址，CONSOB 规定的投资者教育网址；企业登记的特殊要求；②

（11）CONSOB 关于批准与警告规定的详细内容；

（12）在线平台对发行人不遵守在线平台管理规定将采取的措施；③

（13）选择发行的方式、任何外包给第三方的事项。

从该条规定来看，意大利监管当局对在线平台的业务管理规定持审慎的态度，尤其是第 14（1）（d）项和第 14（1）（e）项的规定，要求在线平台要明确披露"投资者应支付的任何费用"和在线平台"减少和管理欺诈风险的方法"。该两条款规定明确将投资者保护放在了首要位置，并赋予在线平台依法切实履行保护投资者义务的责任，如果在线平台没有履行这项披露义务，将要依法承担法律责任，无疑增加了在线平台的自我约束的压力，并强化了在线平台对业务风险的谨慎防控。

---

① 主要根据意大利 2003 年 6 月 30 日第 196 号法令及其后续修订的规定。

② 主要指 Regulation No. 18592 第 25 条第 8 款规定的事项。

③ Regulation No. 18592 规定，在线平台必须披露：如果发行人不遵守在线平台的管理规定，其将采取哪些对应措施；如果在线平台没有制定这样的措施，则必须制定。

但是，通过该条规定可以得知，意大利监管当局并不满足于对在线平台施加第 14（1）(d) 项和第 14（1）(e) 项义务。监管机构预判到在线平台可能不愿意忠实履行第 14（1）(d) 项和第 14（1）(e) 项两款义务，或者可能以各种方式规避该项规定，为了预防因这种行为的出现而损害投资者利益，监管机构进而规定了第 14（1）(g) 项、(h) 项、(i) 项，要求在线平台必须公开披露戒绝利益冲突的方法、处理投诉的方法及指定的接受投诉的地址和庭外争端解决机制。通过这三款规定，监管机构明确规定了在线平台在处理业务争端时必须遵循的原则，即预防在线平台可能通过管理规定的自我责任排除而损害投资者利益，并事先规定出现争议时的解决办法。这些规定不仅为投资者对在线平台未来行为的预判提供了定心丸，而且也赋予了投资者更多有效保护投资利益的权利和途径。当然，也为在线平台划定了行使业务管理权的大致界限，防止在线平台超越权限。

除了上述规定外，意大利法律还对在线平台的行政管理和技术性管理提出要求，譬如，《18592 号规则》第 14（1）款就提出在线平台披露的信息应该是便于理解的表格信息，这是一个纯行政管理的管理要求；再如要求在线平台提供的表格信息，应该支持多媒体技术，这是一个纯粹的技术性要求。另外，《18592 号规则》第 14（1）(k) 规定，在线平台应该披露注册登记规定的超链接地址和 CONSOB 规定的投资者教育网址，这同样也是一个纯行政管理要求。但是必须要注意的是，这些看似"无关紧要"的规定，却折射出监管机构对股权众筹市场的紧密关注，因为股权众筹的在线发行，需要解决日益复杂的互联网技术问题和越来越庞大、繁杂的海量信息，同时，也需要解决证券行业专业化所带来的沟通语言的高度专业化，甚至晦涩难懂的问题。

二 在线平台对发行人信息的披露

（一）在线平台对发行人一般信息的披露

因为在线平台是投资者和融资者相互连接的桥梁，因而，关于投融资的大部分信息，其中包括法定信息，都应该通过在线平台而被投融资各方所接触或者所了解。由于互联网的普及以及互联网技术的不断发展，使得投融资双方并不满足于只是依靠在中介平台上披露的信息，在实践中，投资者更乐于借助于互联网的工具属性，广泛搜索有关发行或者发行人或者投资者的相关信息，并且投资者习惯于经常性使用在网络上搜集的相关信息或其他依据个人社交网络获取的信息，来佐证在线平台上披露信息的真实性或者可靠性。这种"反常"行为的背后，隐含着投资者对在线平台发布信息的担忧或者质疑，或者是投资者在投资欺诈和投资风险频发的情况下，对新兴发展的股权众筹市场的一种本能戒备，尤其是在一些传统证券市场监管法制还不完善甚至落后的国家和地区，投资者对在线平台上披露的敏感投资信息，往往保持较强的戒备心理。因为过高的收益率承诺和过于简单但是又很夸张的投资者保护措施，使得这些在线平台与传统金融中介机构看上去有点"格格不入"，甚至有点"与众不同"，但是作为中小投资者，他们对于良好投资收益的渴望，以及他们对自身承担投资风险能力的担忧，使得他们很难将在线平台提供的信息作为支持其是否投资的理由，这种备受煎熬的投资心态，会加速投资者依靠在线平台之外的信息来源，帮助他们做出明智的投资决策。

但是，毋庸置疑，投融资各方仍然把在线平台披露的信息作为最重要的信息来源，也是他们收集、比较信息的最集中场所。对那些依靠在线平台之外的大量信息的人来说，外部的信息也只是证明或者求证在线平台披露信息真实可靠性的对比材料，在整个投资决策的过程中，只是起到辅助性作用，因而，在线平台披露信息的质量高低，对于股权众筹市场来说，具有举足轻重的作用。前面第一节，已经详细论述了发行人应该披露的信息和应该注意的事项，但是发行人披露的这些信息除了可以披露在法定场所之外，还必须借助于在线平台向外披露，特别是在发行期间，因而，如果在线平台对于发行人提供的披露信息进行选择性披露，同样会阻止或者切割发行信息的完整性，所以，立法者或监管机构会对在线平台披露发行人信息，有明确的要求。

第四章 股权众筹融资信息披露法律问题研究

美国《1933 年证券法》第 4A（a）（6）项规定：在线平台应该在将证券出售给投资者（或者 SEC 规定的其他时间）的 21 天之前（不包括第 21 天），依据第 4A（b）款的要求向 SEC 和潜在的投资者提供发行人的所有信息。在该条规定中，将立法的灵活性和原则性相结合，表现在立法强调在线平台履行披露义务的期间起点，必须是出售证券（或 SEC 决定的其他时间）的前 21 天，并且强调该 21 天的规定，并不包括第 21 天本身。但是条文对于这个起点的计算，保持了一定的弹性，在原则上要求以在线平台出售或发行证券之日起，向前倒推计算，但是也规定，可以按照 SEC 规定的其他时间点为基数来向前倒推计算。

仔细研究该规定，会发现立法者其实在强调 3 件事情，涉及 3 个问题：

1. 要求在线平台必须在发行证券前，公开披露发行人信息至少要 21 天

立法者的意图很明显，就是希望通过这个最短的法定披露期间，来保证投资者有足够的时间来搜集、比较、判断、识别、决定和撤销投资。这个期间类似于冷静期，但与冷静期的反悔撤销时间不同，其作用是给投资者留下足够的查证信息时间，能让其从容、多方面考察，从而作出更加理性的投资决定。这一点也可以从 SEC《众筹规则建议稿》中获得印证，在《众筹规则建议稿》第 201 条和第 203（a）款中规定，在线平台必须在证券发行 21 天之前，在网站上披露发行人信息，并且，这些信息应该一直在中介平台上保留，直到发行结束或发行取消。

在这里，值得注意的是，《1933 年证券法》对于至少 21 天的起算时间点做了灵活处理，使用了多个连接点，即可以使用"证券发行"或"证券出售"之时，也可以使用 SEC 规定的其他时间点。立法者之所以选择这种处理方式，是因为立法者认识到对于该具体的市场管理问题的规定，并不是其长项，立法者本身也不认为其规定的"证券发行"或"证券出售"之时是唯一的计算起点，或者是最佳的计算起点，因为对于在线发行而言，市场变化很快，需要结合股权众

筹市场的实际情况，让 SEC 来做出可能更好的判断，从而有利于更好地保护投资者利益。

2. 要求在线平台必须披露发行人的所有信息

这个规定其实是比较模糊，因为发行人的"所有信息"的范围很难界定。根据 SEC 在《众筹规则建议稿》中的规定："在线平台在其平台上公开这些信息，应该以合理的方式允许个人访问、下载保存，或以其他方式存储信息"，"这些信息，包括发行人的其他任何额外的信息，应该一直在在线平台上保持公开，直到证券发行结束或发行取消，"① 按照这些规定，在线平台应该披露的发行人的"所有信息"，是指法定要求发行人披露的所有信息，而不是发行人的所有信息。因此，可以认为在线平台依法披露的发行人信息范围，就是法定机构要求公开披露的信息。

3. 要求在线平台为 SEC 和潜在的投资者提供发行人的所有信息

法律规定的意图是限定在线平台只能向 SEC 和潜在的投资者提供发行人信息，因此，这项规定实际上限制了在线平台披露发行人信息的范围，目的是保护发行人的知识产权和隐私。但是，对于该规定，也有很多争议。

（1）在线平台向潜在投资者提供发行人信息，就有可能为那些专门为获取这些发行信息而在中介平台开户的人提供了信息，毫无疑问，这严重损害了发行人的利益。为此，呼吁监管者或者在线平台应该采取合理的措施，应该将"专门为获取这些发行信息而在中介平台开户的人"排除在"潜在投资者"的范畴之外。从《众筹规则建议稿》的规定来看，SEC 同意这种观点，并认为应该由在线平台采取适当的措施，"禁止"这种人在中介平台开户。但是，实践操作中，在线平台根本没有能力来区分哪些开户者是潜在的投资者，哪些开户者是"窃取机密"的人，因而，SEC 的这个办法可能不太有效，如何保护发行人的隐私和知识产权，会成为以后市场发展中的重要问题。

---

① SEC, Proposed Rules 201 and 203（a）of Regulation Crowdfunding, 2013.

第四章 股权众筹融资信息披露法律问题研究

（2）在线平台没有必要过早向SEC披露发行人信息，至少没有必要在证券发行之前，向SEC披露发行人信息。根据《1933年证券法》第4A（a）（6）项规定，在证券发行或SEC规定的其他时间点之前21天，要向SEC披露发行人信息，这样就可能出现证券没有发行或者证券无法发行，但是已经向SEC披露了，会造成不合理的成本和资源浪费。但是，从SEC在《众筹规则建议稿》中的分析可以看出，SEC没有直接回答这个问题，但是SEC允许在线平台在规定的时间同时将发行人的信息提供给SEC和潜在的投资者，从降低成本和促进效率的角度来看，该问题的确会影响成本和效率，但从SEC在整个《众筹规则建议稿》中的分析逻辑来看，之所以出现这种情况，原因很可能是SEC认为法律并没有授权它对第4A（a）（6）项中的这个规定进行修改。

（3）法律规定只是向SEC和潜在的投资者披露信息，但并没有规定向其他机构，如证券协会，或者各地方监管机构等披露信息，但是，SEC在《众筹规则建议稿》中，默许了诸如全国证券协会、各州监管机构获得这些信息的权利，SEC认为"这种方法（向SEC披露发行人信息）有助于投资者，SEC，FINRA（和其他国家注册的证券协会）和其他感兴趣的各方，如州监管机构，无障碍访问这些信息"，① 因此，《众筹规则建议稿》的规定，可能超出了《证券法》规定的范围。

与美国法律的规定不同，意大利股权众筹监管规则对在线平台赋予了更多的义务，② 该规则的重点内容是强化对在线平台的监管，同时也赋予在线平台很多的监管责任，因而，在该项设计中，在线平台是首要的、第一位的监管责任人。因此，整个《18592号规则》围绕在线平台的权利义务关系展开，所以，对发行人信息的披露，在线平台同样有着重要的职责。在意大利法律中，披露的发行人信息，同样是披露法律规定的应该披露的信息，而不是发行人的所有信息。与美

---

① SEC, Proposed Rule 303（a）（1）of Regulation Crowdfunding, 2013.
② 意大利法律对在线平台义务的规定，详见第三章的行为规则部分。

国法律规定相比较，意大利要求发行人披露的信息要更加广泛，因为意大利法律对发行人有着更为严格的要求，这不仅体现在对发行人的创新性高科技资格有着严格的要求，而且对发行人的管理团队也有比较严格的要求。因而，从这个角度来看，意大利在线平台有着更为沉重的披露负担。

但是，在意大利法律中，对于发行人信息披露的时间和对象，则没有明确的规定。《18592 号规则》中，只是在第 21 条规定在线平台要及时向 CONSOB 报告发行人相关信息。另外，根据《18592 号规则》的规定，意大利将发行人信息与发行信息分别规定，其中第 16 条规定在线平台应该披露的"发行信息"，而第 24 条和第 25 条，规定"发行条件"。其实，第 16 条的发行信息就是规定在线平台应该披露的发行事项，而第 24、25 条规定的"发行条件"其实质就是对发行人的要求；无论是第 16 条，还是第 24 条、25 条，都围绕在线平台的行为规则而展开，主要规定了在线平台的法定义务。

意大利《18592 号规则》第 16 条的规定，主要是从业务方面规定了在线平台披露发行人信息，要求在线平台必须在每一次发行时，要公开披露以下信息：

1.《18592 号规则》附件 3 规定的信息，即投资者风险警示教育信息；

2. 要披露发行人更新的信息；

3. 要披露银行识别的详细信息；

4. 要披露投资公司根据第 17 条第 6 款提供的订单处理程序和账户识别的详细信息；

5. 要披露投资者行使撤销权的详细程序；

尤其是在第 16 条（1）（a）中，立法者特别强调当在发行过程中发现发行材料错误或者发现有其他明显的改动，应该将每一次变动立即通知与发行有关的投资者和个人。这条规定其实已经突破了一般性或正常性的披露义务，而是突出强调在特殊情况下的救济义务，该披露义务虽然与在线平台披露发行人信息的义务紧密相连，但显然已经超越了在线平台的一般义务，触及发行人和在线平

第四章 股权众筹融资信息披露法律问题研究

台的责任追究问题，因而是一个特殊的披露问题，将在下一章详细论述。

（二）在线平台对发行人特殊信息的披露

1. 在线平台对发行人涉及有偿推销行为和身份的披露

根据美国《1933 年证券法》第 4A（b）（3）项的规定，对于通过经纪人或者在在线平台上推销发行人证券的人，股权众筹发行人不能直接或间接地给予任何报酬；如果有，在线平台必须公开披露。SEC 根据该法律规定，在《众筹规则建议稿》中明确禁止这些行为，① 并且特别强调了，如果有此类情况，在线平台有义务在特殊期间立即披露，即在投资者开户阶段披露。因此，当发行人涉及有偿推销时，在线平台应该及时披露发行人代理人或雇用人员的身份，以及所涉及的发行事项和发行证券。

但是，该问题也存在几个疑问：

（1）披露的时间问题。根据 SEC 的解释，如果发行人存在有偿推销行为，则应该在投资者开户的时候，对促销者或雇员进行信息和身份披露。但是，SEC 并没有说明该披露的时间，即"投资者开户时"，是不是唯一的披露时间点，如果发行人和在线平台没有在该时间点及时披露，不过在随后的询价或交流或其他环节进行了披露，在这种情况下，在线平台或发行人要不要承担没有履行法定义务的责任？也就是说，对在线平台而言，是否存在其他的披露时间？譬如，《众筹规则建议稿》中提出的"投资者每次访问在线平台时或在中介机构提供的交流平台上交流时"。② 目前的规则并没有明确的规定，但是可以获知的是，该披露要求的目的是保护投资者的知情权，即监管者希望让投资者尽可能早地获悉发行人存在推销行为，目的是告诉投资者要理性对待推销证券，客观冷静地做出投资决策。从这个角度分析，SEC 要求的"在投资者开户时"，其实已经达到了"尽可能早"的上限，但是并不能据此说明"尽可能早"就只能是"在投资

---

① SEC, Proposed Rule 205 of Regulation Crowdfunding, 2013.
② SEC, Proposed Rule 205 of Regulation Crowdfunding, 2013.

者开户时",这在逻辑上不通顺;并且假设披露只能是在"投资者开户时",那么与最大限度的保护投资者利益是相违背的,也不符合该条立法的目的。因而,"投资者开户时"只是列举的一个最佳的时间点,并不是唯一的时间点。

但是,在线平台没有在"投资者开户时"及时披露,是不是要承担相应的法律责任,这是另外一个问题。如果按《1933年证券法》第4A(b)(3)项的规定来看,只要在线平台在投资完成之前披露了相关的信息,就是符合该条的规定。但是SEC在《众筹规则建议稿》中,细化了第4A(b)(3)项的规定,要求在投资者开户时披露,在线平台是要承担法律责任,随后推迟的披露,只是其减轻责任的一种表现。

(2)披露人员的范围问题。第4A(b)(3)项规定,在线平台必须披露在中介平台上代表发行人推销证券,并从发行人处获得报酬的人和信息。因而,就存在披露人员的范围问题;也就是说法律规定的披露要求,只是针对代表发行人推销证券,并从发行人处获得报酬的人,还是也包括一些其他类别的人?例如,为发行人推销证券,但没有获得任何报酬或补偿的人;再如,发行人的关联人,但他们没有推销发行证券。单纯就第4A(b)(3)项条文的解读,并不能解答这个问题,因而,需要实施细则的补充说明,但是SEC在《众筹规则建议稿》中也没有解释清楚,而是在征询解决的意见和办法。就第4A(b)(3)项的立法目的而言,前面已经论述,是为了让投资者尽可能早地获悉发行人存在推销行为,目的是告诉投资者要理性对待推销人员和推销证券,客观冷静地做出投资决策,所以,只要是有可能产生相同或类似作用的人员,或者是让投资者认为该人与发行人有一定的内部关系的,就应该属于及时披露的范围。①

2. 在线平台对发行人给予自己报酬的披露

SEC在《众筹规则建议稿》中,要求在线平台在投资者开户时,

---

① 2016年《众筹监管规则》修改了2013年《众筹规则建议稿》中的规定,将该事项的范围扩大到任何代表发行人的人。

第四章 股权众筹融资信息披露法律问题研究

以明确方式披露,自己从第4(a)(6)条发行证券的发行人处获得的有关报酬。① 很明显,在《JOBS法案》中,没有这样的要求,因而,在《1933年证券法》中也没有这样的规定。这项出现在《众筹规则建议稿》中的规定,完全是SEC的主张,根据SEC的解释,之所以规定这一条款,是因为SEC认为"上述要求将有助于确保投资者意识到在线平台在发行中存在任何潜在的利益冲突",并且SEC相信"在投资之前把这一信息提供给投资者,将有助于确保他们作出明智的投资"。②

对于SEC的该项规定,可能会产生一些争论。因为与美国国会通过的法律相比较,SEC增加了在线平台的披露负担,可能会有"越权立法"的嫌疑,并且该项披露涉及在线平台的经营收入,也涉及在线平台的盈利水平和核心市场营销战略,这些信息属于公司机密,一般情况下,不应该公开披露。虽然行业的发展已经有了较高的透明度,竞争者之间对于相互之间的盈利水平和企业发展战略都有大概的估算,但是作为经营者仍不愿意将这些信息全部披露,所以SEC的这条规定,可能会受到在线平台或中介机构的强力抵制。

但是,就SEC的意图而言,公开披露在线平台从发行人处获得的报酬或者好处,可以帮助投资者更好地理解在线平台与发行人之间的关系,有助于投资者更为客观、全面地分析发行证券的价值和价格。从市场营销的角度考虑,发行人和在线平台之间完全有可能因为渠道问题,产生合作或优先安排或特殊安排,而无论发行人与在线平台之间只是暂时的利益互换,或者是着眼于未来的战略安排,毫无疑问,都会影响到发行证券在在线平台上的形象、声誉、点击率、关注度、好评指数、陈列位置、价格等,并进而影响投资者和市场的判断。所以,为了保护市场的公平性和维护投资者利益,应该要求在线平台披露其与发行人之间的报酬或安排。

---

① SEC, Proposed Rule 302 (d) of Regulation Crowdfunding, 2013.
② SEC, *Proposed Rule of Regulation Crowdfunding*, 2013, p.162.

三 在线平台对投资者教育信息的披露

一般意义上来讲，投资者教育是指"面向个人投资者进行的传播投资知识、传授投资经验、培养投资技能、倡导理性投资观念、揭示投资风险、告知投资者权利义务及保护途径，旨在提高投资者投资素质和自我保护能力，有目的、有计划、有组织、系统的社会活动"。[①] 良好的投资者教育可以帮助投资者提高识别风险的能力，有利于降低投资者非理性投资行为的发生。投资者教育有着比较广泛的内容，根据教育的内容不同，可以分为基础知识教育、法律法规教育、投资理念教育、投资风险教育、投资技巧教育等等。但是，对于在线平台的现状而言，其扮演的只是一个纯粹的中介机构角色，考虑到大多数投资者对股权众筹还不太熟悉，本书对投资者教育的内容进行适当的简化处理，围绕美国和意大利股权众筹投资者教育的主要规定，将在线平台投资者教育信息的披露义务分为两大部分，即基础知识教育信息披露和风险警示教育信息披露。

（一）基础知识教育信息披露

在基础知识教育信息里面，主要包括对众筹、股权众筹、参与人、流程、参与条件、注意事项、权利义务等内容的介绍。对基础知识教育信息的披露，意大利的规定比较详细，并且其法案生效较早，所以本部分主要围绕意大利的规定展开。

意大利关于股权众筹投资者的教育信息，主要体现在 CONSOB 颁行的一个文件中，该文件名称为《投资者教育：通过在线平台投资于创新型初创企业之前需要知道的重要事项》（以下简称"《投资者教育事项》"），[②] 在该文件中，主要以问答的形式，比较详细地介绍了 12 个方面的内容。

[①] 袁熙：《良好的投资者教育是维护投资者权益的最佳方式》，《中国金融》2010 年第 18 期，第 57—59 页。

[②] Investor Education：Important things to know before investing in innovative start-ups through a portal.

第四章 股权众筹融资信息披露法律问题研究

1. 众筹和众筹模式

在这一部分主要介绍了众筹和股权众筹的概念，并比较简洁、生动地介绍了众筹模式的特点；集中介绍了在意大利，股权众筹立法的背景、立法的目的、立法的经历、监管的主体和立法生效的时间。①

2. 发行人的要求

在这一部分，主要说明了发行人的资质要求，② 特别强调在意大利只有符合"创新型创业企业"的标准才能有资格成为股权众筹发行人。

3. 根据法令，创新型创业企业享有的豁免待遇；

4. 创业孵化器的条件；

---

① In most countries in which crowdfunding portals are active, the activity has not been specifically regulated and in fact falls within the scope of application of existing regulations (appeals for public savings, payment services, etc.). However, Italy is the first country in Europe to adopt a a systematic set of rules specifically for equity crowdfunding. It is well-known that the Italian manufacturing is based on small enterprises. The difficulties that these enterprises encounter in obtaining funding from the banks are also well known, especially after the crisis of 2008. Newly incorporated companies, or start-ups, encounter even greater difficulties. Some provisions introduced by Italian Decree Law No. 179/2012, bearing "Further urgent measures for the growth of the Country" (also known as the Growth Decree *bis*) are specifically dedicated to a particular kind of start-up (innovative start-ups). The name itself helps to understand that it was adopted for the pur pose of stimulating economic growth in Italy. In the general intentions of the legislator, equity crowdfunding is seen as an instrument which can promote the development of innovative start-ups by means of rules and funding methods which can maximise the potential of the Internet. The Decree has delegated to Consob the task of regul ating certain aspects of this activity, with the aim of creating a reliable "environment" able, that is, to instil trust in investors. Consob adopted the new regulation on 26 June 2013.

② Innovative start-up requirements: Pursuant to the Growth Decree *bis*, innovative start-ups: are not listed on regulated markets (or on other trade systems); have been incorporated and have carried out their business for no more that 48 months; have their head office in Italy; are small (total annual production value of no more than 5 million Euro); do not distribute profits; are engaged exclusively, or at least prevalently, in the development, prod uctionand sale of innovative products or services with a high technological value, oroperate exclusively in the sectors referred to by the legislation on socialenterprises (link art. 2, paragraph 1, of Legislative Decree No. 155 of 24 March2006). Innovative start-ups must also have at least one of the following requisites: invest in research and development (at least 15% of the greater amount between production cost and value); more than one third of their employees must have a research doctorate or at least be graduates engaged in research (or more than two thirds must have amaster's degree); must be the holder of exploitation rights (at least one) for industrial, electronic or bio technological inventions or inventions of new vegetable varieties or rights relative to a programme for an original processor。

5. 发行人需要披露的信息,① 以及发行人信息更新的要求;②

6. 在线平台的介绍,强调在线平台的重要性③和经营在线平台的资质要求;并说明在线平台的管理人员名单应该在 CONSOB 网站披露。④

7. 在线平台应该披露的信息,包括在线平台必须披露的投资者教育信息;

8. 对个人投资者特殊保护的信息;⑤ 并告知投资公司或银行控制在线平台时的法律义务;

9. 发行人发行金融工具的条件和限制;

10. 投资者查询发行人信息的渠道以及发行成功的要件;

11. 发行的条件和撤回权的行使条件,包括可能面临的风险;

12. 发行金融工具的性质以及风险。

（二）风险警示教育信息披露

风险警示教育信息披露是在线平台的一项非常重要的义务,主要是指要求在线平台定时或不定时地提醒投资者,其投资可能面临的各种风险。从美国和意大利的法律规定来看,在线平台主要有常规性风险警示信息和特殊性风险警示信息。

该分类是按照风险警示信息的内容不同进行区分归类的,常规性

---

① （1）公司章程规定的日期和地点,公证机构的名称和地址；（2）总部和区域办事处；（3）公司宗旨；（4）公司业务简介,包括研发经费；（5）股东名单、受托人和控股人,以及相应的个人声明；（6）利益关联公司名录；（7）持股者或公司职员的学历和专业经验（敏感数据除外）；（8）与有资质的孵化机构或研究机构或专业投资者或大学或研究中心之间的专业合作协议或商业协议；（9）上一年度的财务报表（用 XBRL 标准格式）；（10）工业专利和知识产权情况。

② 至少每六个月更新一次。

③ 由于在线平台极其关键,在立法时要确保其能够提供高度"可靠的"和"高质量"的服务。原文为：Due to the crucial role played by portals, the legislator stated rules aimed at ensuring a high level of "reliability" and "quality" of the service that they provide.

④ 只有两类人可以管理募集风险资本的在线平台：（1）COBSOB 授权并在 CONSOB 注册登记的人；（2）已被授权提供投资服务的银行和投资公司,按照特殊规定在 CONSOB 注册登记的。

⑤ 个人投资者在下单之前,必须在线填写调查问卷、阅读线上演示文稿,确信其充分了解通过在线平台向初创企业投资的基本特征和主要风险。并且,个人投资者还被要求签署同意书,证明他们同意、也有能力承担投资可能面临的全部损失。如果个人投资者未能完成上述流程,则平台管理员不许其在平台下单。

第四章 股权众筹融资信息披露法律问题研究

风险警示信息是指在在线平台上对每一位投资者都必须披露的信息，并且这类信息是在线平台披露的基础信息之一，是在线平台能够从事股权投融资中介业务的基本条件；常规性风险警示信息披露出现的时间点和披露的频率，一般比较有规律，同一法域下的各在线平台之间没有明显的差异。而特殊性风险警示信息主要针对的是特殊的对象或者特殊的行为或者特殊的事件，是在线平台对个案的单独警示，并没有普遍性，在不同的在线平台之间，因为管理规定的差异，特殊性风险警示信息的内容、方式、时间，或者处理方式，都各不相同。

1. 常规性风险警示信息

美国《1933年证券法》第4A（a）（3）项规定，在线平台必须披露包括风险警示、其他投资者教育材料和SEC依法认为适当材料的信息。SEC根据这条授权条款，在2013年《众筹规则建议稿》中，对在线平台要依法披露的风险警示信息进行了比较详细的罗列。在《众筹规则建议稿》中，SEC不仅要求在线平台必须适用平实的语言进行披露，还要求在线平台必须把教育材料的现有版本和可能已有的修改材料，同时披露出来，以便投资者进行对比，并增进理解。

根据《众筹规则建议稿》的规定，在线平台应该在接受投资者投资承诺前或者在给投资者提供任何进一步的交易前披露以下风险警示信息：①

（1）投资于依据第4（a）(6)条发行证券的风险；

（2）通过中介发行证券的种类，每一种类证券的风险，包括由于股权稀释而导致有限的投票权的风险；

（3）购买依据第4（a）(6)条发行证券的转售限制风险；

（4）发行人必须提供年度报告中的信息类型，报告的频率，以及发行人在未来会终止提交年度报告义务的可能性；

（5）投资者投资数额的限制，如第4（a）(6)（b）所规定的，发行人可取消投资承诺的条件；

（6）对于取消投资承诺的投资者权利的限制；

---

① SEC, Proposed Rule 302 (b) of Regulation Crowdfunding, 2013.

（7）投资者需要考虑投资于股权众筹豁免发行的证券是否适格；

（8）发行结束后，发行人和在线平台之间是否有关联。

2016 年的最终《众筹监管规则》采纳了上述内容，但是对发行人采用年度报告来履行持续披露义务，特别是在特定的条件下，发行人可以停止披露年度报告，可能无法使投资者及时掌握发行人当下的实际情况，尤其是财务状况，有可能由于信息披露的迟缓或停止而误导投资者，因此，SEC 要求在线平台在投资者教育环节，除了披露上述教育信息之外，又增加了一条披露要求，即教育投资者注意，发行人在特定的情况下，可以停止披露年度报告，这可能导致投资者无法继续获得发行人当前的财务信息，① 很明显，该教育内容是提醒投资者关注发行人的持续披露义务，并慎重决定是否投资。

而意大利在立法中，不仅强调投资者可能面临的风险，也强调发行人可能面临的风险，在意大利《18592 号规则》附件 3 中，要求在线平台通过双层披露的形式，对常规性风险警示信息进行披露。

首先是初层披露。在附件 3 中的正式名称是《忠告性通知》（"Advisory Notice"），即法律要求在线平台必须在每一次发行时，向发行人和投资者提出的关于投融资的建议和忠告，也就是披露风险警告信息。值得注意的是，意大利立法特别强调在线平台必须将初层风险警示信息（即《忠告性通知》）用图形化的方式在网站上突出显示。初层披露的内容是格式化的，是针对所有的发行和所有的参与者，具体内容如下：

"提供信息的发行人未经过 CONSOB 的批准，发行人独自对发行的信息和数据的真实性承担完全责任。投资者必须注意，投资于创新型初创企业发行的金融工具，不一定能够兑现，且具有很高的风险"。②

---

① Final Rule 302 (b) (1) (ix) of Regulation Crowdfunding.

② "The information on the offer is not subjected to approval by Consob. The issuer is the sole subject responsible for the completeness and truth of the data and information supplied by the same. The investor must also take note of the fact that an investment in financial instruments issued by innovative start-ups cannot necessarily be cashed in and features a very high risk", See Regulation No. 18592. ANNEX 3 (1).

第四章　股权众筹融资信息披露法律问题研究

其次是二次披露。在附件 3 中的名称是《风险信息》（"Information on Risks"），主要是要求在线平台要披露发行人和购买人（即投资者）的详细风险。但是，在附件 3 中，并没有详细罗列在线平台应该向发行人和投资者披露哪些风险信息，结合《18592 号规则》的整个文本内容来考察，发现在附件 3 第 2 条规定的在线平台要向投资者披露的《风险信息》，主要是指《18592 号规则》第 15 条的规定和 CONSOB 制定的《投资者教育事项》第 7、8、9、10、11、12 个问题的介绍内容。

《18592 号规则》第 15 条第 1 款规定，在线平台应该用简洁、易于理解的形式披露给投资者以下风险信息：

（1）失去整个投资资本的风险；

（2）在投资中不能立即兑现的风险；

（3）依据法令第 25 条规定的禁止分配利润的风险；

（4）税收利润适用于该项投资，特别是考虑到当前的收益以及可能的损失风险；

（5）考虑到《公司法》第 26 条下的减损风险和《破产法》第 31 条下的减损风险；

（6）行使撤销权不当可能带来的风险。[①]

而 CONSOB《投资者教育事项》第 7、8、9、10、11、12 个问题的介绍中，所介绍的风险事项，与《18592 号规则》第 15 条第 1 款规定得相似，例如，主要包括投资可能全部损失的风险；无法及时兑现的风险（流动性风险）；不能分红的风险；《公司法》、《破产法》下的减损风险；个人投资者的撤回权行使带来的风险。

但是，《投资者教育事项》与第 15 条第 1 款规定也有很多的不同：

[①] 从条文本身来看，《18592 号规则》第 15（1）（g）项并没有这个规定，因为原文为：the withdrawal right pursuant to article 13, paragraph 5, and the relative procedures for its exercise（第 13 条 5 款下的撤销权，以及行使撤销权的相关程序）。但是考虑到行使撤销权是有条件限制的，如果投资者未能满足法定要求，也可能面临不可预料的投资风险，因而，本书认为该条款内嵌了这项风险警示信息，所以罗列其中。

（1）《投资者教育事项》对于每一种风险，都用通俗易懂的语言进行了简单而充分的解释，这种解释不只是告诉投资者什么是风险，还告诉投资者为什么会可能发生这种风险。例如，对于"投资可能全部损失的风险"，《投资者教育事项》解释道：与传统的投资相比，投资于创新型创业企业具有特殊的特征和较高的经济风险；你必须首先考虑的事实是，创新型初创企业是一个新企业，它没有经营经历，也没有相关的运作经验，它没有分红承诺（这是不允许的，任何分配的利润可以再投资于业务）；在实践中，初创企业只是提供了一种思路和一个将要实施的项目。

（2）《投资者教育事项》明确提醒投资者，"在线发行存在很多欺诈风险"，并告诉投资者如何识别并防止欺诈，这是一个非常重要的风险警示内容，也是一个非常重要的投资者教育内容。在《投资者教育事项》第12个问题中，CONSOB非常耐心地告诫投资者："通过互联网进行商业交易日趋频繁，投资者遇见欺骗和欺诈的风险也与日俱增"，"如果我们通过邮件收到一份投资建议，或者我们依据承销商来下单或者通过互联网来购买金融工具，请慎重考虑"，接下来，CONSOB非常详细地介绍了投资者要"仔细检查"的6项注意事项，其实质就是给投资者介绍预防欺诈风险的方法。具体包括：

①检查建议的主体，建议投资的主体必须检查清楚；

②检查这些主体所提供的相应地址（电话号码、传真号码、所在地等）；

③直接通过CONSOB的注册表进行检查，如果一个机构声称是在一个公共机构的监督管理下，也要进行严肃的检查，因为不能假设任何授权机构都是负责任的，也不能保证建议的内容是授权范围内的；

④通过CONSOB的网站，检查在线平台的网址和在线平台已经注册登记的管理人员的信息；

⑤不要相信任何要求提供个人资料和个人信息的要求，要检查在线平台处理个人信息的规定（为了确保个人信息不能发送给第三方）；

⑥必须牢记通过股权众筹在线平台募集的资金必须通过银行和投

资公司才能交付，已经注册在案的在线平台的管理人员不能要求投资者支付相应的资金用来购买金融工具；这些资金只能通过发行人在银行或投资公司的绑定账户才能支付。

介绍完这6种预防欺诈的方法之后，CONSOB还是有点"担心"，并再次强调："如果您有任何疑问，包括对没有完全披露出来的任何业务报告的疑问，请咨询CONSOB。"

（3）《投资者教育事项》还给投资者传授管控经营性风险的方法。主要有：

①要"尽可能获得更多的信息"，要积极参与发行公司的日常活动，要积极行使或者履行投票权，要认真阅读发行公司的文件，尤其是公司的财务报告，因为"文件包含的信息能够说明您（这里指"投资者"，下同）的投资是否安全，它会帮助您决定是卖出股份还是继续持有"；但是公司的文件并没有在在线平台上披露，要登录发行人公司的网站查询相关信息；

②在发行结束后，要密切关注发行公司的发展变化，因为"发行公司可能，例如继续通过在线平台募集资金，如果您不想执行期权，（即老股东购买公司新发行的股票的权利），您就会面临股权稀释的风险，（因为新股的发行表示着资本总额的增加）您在公司的投票权重会下降，分红和股票价值同样会下降"；

③要关注发行公司股份的转移情况，因为"发行公司对他们自己的金融工具市场非常感兴趣，尽管初创时期的股票不能在交易市场进行交易，但是在在线平台的帮助下，投资者之间的"观点会议"将会被创建，（博客、关注版等）在这里，股东会根据公司的发展情况买卖股份"，而股东的变化，特别是较大股东和大股东的变化，将可能影响发行公司的管理水平或者业务方向，进而有可能影响投资安全；

④要了解法律法规，特别是与自己的投资密切联系的规章制度，包括公司的章程，因为它直接关系到投资者的权利义务。

据此可以看出，意大利监管机构对投资者利益保护的关注，已经到了"保姆式"服务的程度，其立法和监管理念的价值取向，非常值得中国学习,关于这一点,将在第七章详细论述。

2. 特殊性风险警示信息

如前面所述,特殊性风险警示信息主要针对的是特殊的对象、行为或者事件,是在线平台对个案的单独警示,没有普遍性,在不同的在线平台之间,因为管理规定的差异,特殊性风险警示信息的内容、方式、时间,或者处理方式,都各不相同。因而,在相关众筹立法中,到目前还没有发现具体的规定。

但是,特殊性风险警示信息的披露也有一些比较容易识别的规律,具体如下:

(1)特殊性风险警示信息往往和在线平台的管理程序有关

也可以说特殊性风险警示信息往往是伴随在线平台的特定管理程序而来的,所以,众筹立法关于在线平台程序性事项的概括性规定或者原则性要求,也会影响特殊性风险警示信息的披露。例如,在意大利法令中,就要求在线平台必须建立适当的程序,以保护非专业投资者必须具有适格的资质,才能参加股权众筹证券的在线发行,[1] 而CONSOB根据该条的规定,同样在《投资者教育事项》中要求,非专业投资者在下单之前,必须通过一个发行人或者在线平台提供的投资资格测试程序,这个程序可以称为"明智投资的路径"程序。根据规定,该"明智投资的路径"程序主要包括三方面的内容:

①投资者要阅读第14条第1款K项规定的投资者教育信息和第15条第1款规定的风险披露信息;

②投资者要明确地回答投资者教育调查问卷,并表明已经完全了解通过在线平台向初创企业投资的基本特征和主要风险;

③投资者要声明他们有经济能力承担将要投资的项目全部损失的风险。

所以,当非专业投资者没有参加这项测试或者没能通过这项测试,在下单时,就会触及特殊风险警示程序,在线平台就会及时披露风险警示信息,提醒投资者完成测试或者拒绝下单。

---

[1] Regulation No. 18592. ART. 15 (2).

当然，必须说明的是，与在线平台的管理程序有关的特殊性风险警示信息，不仅面向投资者，也面向发行人。

（2）特殊性风险警示信息经常与关键事项有关

这里所指的"关键事项"主要是指直接影响到投资者权利义务关系的事项，最典型的关键事项如开户、下单、支付、撤销订单、证券价格发生变化、证券发行数量发生变化、发行时间变更（包括提前或延迟）、发行人招股说明书发生变化等，当这些关键事项发生时，在线平台必须及时向投资者披露，这种披露不是常规条件下的公开披露，而是特殊条件下的应急披露，该披露被要求通知到每一个参与其中的投资者。因而，这种披露与在线平台的管理程序设计有紧密的联系，有的在线平台可能通过在网站突出位置发布醒目的通知或告示，并对已经参与人通过电子邮件或联系电话进行逐个通知；也有可能通过程序设计，在投资者登录在线平台时或在网站上进行相关操作时，及时弹出消息栏，进行风险警示。

（3）特殊性风险警示信息经常与不当操作（非法操作）有关

参与人的不当操作（非法操作）也可能导致特殊性风险警示信息的披露，在这种情况下，不当操作（非法操作）可能会直接触及在线平台的预警设置，也可能由不当操作（非法操作）行为引起在线平台管理人员的注意或者通过其他人的举报而触及特殊风险警示信息的披露。例如，当投资者在支付时，支付环境不安全或支付账户有误或支付密码错误或支付金额不足，或者缺乏有效的软件或硬件支持，会直接触及在线平台的预警设置，系统会及时披露风险警示；再如，当投资者或发行人在在线平台提供的沟通平台上散布虚假信息，或者进行非法广告，被在线平台的管理人员发现，或者被其他投资者举报后，在线平台会及时处置并披露风险警示信息。

第五章　股权众筹融资责任承担与救济法律问题研究

第一节　股权众筹融资责任承担机制法律问题

一　股权众筹融资中的责任承担与金融消费者保护

股权众筹融资市场中的责任承担，与其他金融市场的责任承担相似，主要表现在三个方面：

其一，股权众筹市场监管者的责任承担，一般是指法定监管者未能依法履行监管职责，包括不作为、作为过度、作为不足而应该承担的法律责任。该类责任的主体一般为行政机关或行政机构，承担的责任主要属于行政责任，也包括部分严重违法行为造成的刑事责任。此外，该类责任的主体广义上也包括自律组织和行业协会。

其二，股权众筹市场参与人的责任承担，主要是指发行人、投资者和在线平台未能依法履行法定义务，或者行使权利不当而应该承担的责任。该类主体的范畴不是封闭性的，在法定条件下，主体的内涵会外扩，将涉及参与主体的法人治理结构和个人的家庭、亲属和朋友关系。相应地，该类主体承担的责任比较分散，主要承担因违反行政法规而产生的行政责任，严重的将会承担刑事责任。此外，参与人还面临大量的民事责任，该民事责任分为两种情形，即伴随行政责任或刑事责任出现的民事责任和以独立形态出现的民事责任。

其三，与股权众筹相关的其他人的责任承担，该类责任的主体不是特定的，具体表现在特定案例或具体法律关系中，可能涉及的主体主要有司法机关、政府、媒体等等，在某个具体的股权众筹投融资关系中，涉及上述"其他主体"时，该主体也会因其不当或不法行为而承担相应的法律责任。但该类主体的法律责任主要以行政责任和刑事责任为主，在一定条件下也会产生民事责任，如媒体侵权。所以，在股权众筹融资中，责任的承担主要分为三类主体和三种法定责任，即监管者、市场参与人和其他人，以及刑事责任、民事责任和行政责任。

股权众筹融资关系中，发行人和在线平台在规则制定、合同谈判、信息控制与交流，以及利益分享与分配等方面占据明显优势，投资者利益可能被忽视。因而，市场呼吁要强化投资者利益的保护，要牢记过去因忽视投资者利益的保护而导致金融风险频发的经验教训，务必将投资者利益作为股权众筹金融消费者权益保护的核心内容，并将其落实到整套市场规则的设计中。

研究美国和意大利的股权众筹融资法律，发现其主要围绕"发行人和投资者利益的动态平衡"来构建规则，其中，以投资者利益为主要内容的股权众筹金融消费者的保护，始终是其规则制定时的核心考量因素。在两国所制定的股权众筹规则中，金融消费者的保护主要体现在两个方面，一是从积极的方面去构建保护股权众筹金融消费者的规则，即解决如何保护的问题；二是从消极的方面搭建违反股权众筹金融消费者保护规则的预防与处罚办法，即解决不保护怎么办的问题，也就是本章所要论述的责任承担和救济问题。

积极构建保护股权众筹金融消费者的规则，主要通过对投资者、在线平台和发行人的准入资格、行为规则和信息披露义务的规定，来保障金融消费者的知情权、决策权、撤销权、隐私权、受教育权、收益权、诉讼权等权益，这些内容在第二、三、四章中做了详尽的讨论。

而对违反股权众筹金融消费者保护规则的预防与处罚办法，就是通过对违反金融消费者权益的行为给予预防和处罚，构建系统化的责任承担与追究体系，在动态的监管执法过程中构筑保护金融消费者权益真正的"牙齿",① 因而,相比而言,该部分比较繁杂和重要。

二 股权众筹金融消费者保护责任的监管理论问题

监管通常情况是指监督管理,强调管理者对被管理者的检查、约束和控制,该词汇在经济学领域较多适用,意指对市场机制的校正,是对偏离既定目标行为的强制性干预,旨在追求稳定的市场秩序;而在法学中,监管多指代表公共利益的机构,通过制定法律法规,对市场参与者行为的合规性进行持续监督检查,对其违法或不合规行为实施制裁和处罚的活动。而处罚是指有权机构追究违法者或违规者法律责任的一种制裁措施,处罚规则就是系统化、规范化了的制裁措施,但是,在证券市场中对于处罚规则的范畴认识并不一致,尤其是在中国证券市场,普遍的认知认为处罚规则就是指行政处罚规则,特指国家行政机构对证券市场参与人违反行政法规或规章的行为进行制裁的措施的总和,即狭义上的处罚规则。但是,认真分析证券市场上现存的处罚法律关系,会发现行政处罚规则只是证券市场处罚规则的一种表现形式,除此之外,还存在纪律处分、行政处分、某些具有惩戒性质的行政处理措施、刑事处罚等处罚规则。因而,如何看待处罚规则的范畴可能影响证券市场秩序的有效调控。

要分析这个问题,必须从市场和法律两个角度去观察。

从证券市场的基础理论研究来看,证券市场的功能是逐渐延伸或扩大的,从起初单纯的投融资功能,到中期的资源配置和资本定价功能,再到后来的宏观经济调控功能和促进科技创新功能等,无不反映了人们累加在证券市场本身的价值期望,已经远远超出了单纯的经济功能,即伴随着证券市场的逐渐发展,人们赋予了该市场更多的社会价值,甚至政治价值。这种累加的期望,表面折射的是对古典经济学和新古典经济学自由竞争市场理论的批评,认为不存在完全有效的竞争,市场不是万能的,看不见的手不一定有效,实质是借政府干预的

---

① 这里所讲的"牙齿"主要是指监管处罚。参见杨志华《证券法律制度研究》,中国政法大学出版社1995年版,第250页。

市场需要囚禁了市场的价值，将市场塑造成政府需要的模式。尽管管制经济学理论美化了政府在干预市场过程中所扮演的角色，认为其代表了公共利益，追求的是普遍福利和高效率，但是芝加哥学派一语道破天机，认为政府表面是为公共利益的代表，实际上是利益集团的代言人，因此，政府的管制和干预，对证券市场的监管和不断改造，是为了迎合特殊利益集团的需要。毫无疑问，芝加哥学派的观点揭开了"政府的面纱"。

芝加哥学派戳破了真相，告诫人们政府监管的不可靠，但是，他们也没有给出维护市场完全竞争的途径和方法，然而，对于证券市场的参与者而言，可能其重要的意义就在于提醒人们警惕政府的谎言。因此，除了建设民主化程度较高的政府以保证其能代表最大范围的公共利益之外，在监管规则，尤其是监管处罚规则的制定过程中，要尽可能地将政府的监管权限制在一定的、必不可少的范围中，切不能放大或放任政府的监管权力和监管职责。要严格限制行政处罚措施，要尽可能地减少证券市场正常秩序的运转依赖行政干预，要强化市场参与者自身监管力量的聚合和强大，要培育更为市场化的监管力量，要制定更为市场化的监管处罚措施。

从法律的视角来看，监管规则是具体的，是固定的。尽管立法时可能会对调整的社会关系进行一些前瞻性的预测，但立法本质上是解决立法时现存的社会问题。因而，就监管规则的针对性而言，总有一定的滞后性，因此，除了要求提高立法技术之外，要对现存的监管规则进行及时的修改，而这主要取决于立法者对市场动态有敏锐的感知，以及立法者能够站在公共利益的立场上看待监管规则的存废改问题。这两个前提条件缺一不可，但是令人叹息的是上述两个条件都很难做到，因为要求对市场运作有敏锐的感知，除了要摆脱行政机关的官僚主义作风和冗长拖沓的程序限制之外，还必须要求立法者有良好的业务素养和深厚的专业功底；另外，期待出台良好的处罚规则，取决于立法者的公正、良知和敬业，而恰恰这一点，在任何一个国家，都是无法得到保证的。也就是说，监管规则本质上是有缺陷的，在各个国家之间的差异，只是缺陷大小的差异，是管理缺陷能力的差异。

另外，法律视角的另一个问题是，监管规则的执行问题，也就是执法问题。因为就一般的法理而言，立法所追求的就是法律的确定性和可预见性，即不同的法官面对同样的法律会得出相同的结论，不同的个人面对相同的法律会得出相同的结论，并且每个人都清楚地知道违反法律会得到什么样的惩罚，而这个惩罚对所有人而言都是相同的。鉴于此，执行问题只是关系到如何把行为套用到正确的法律条文中，并找出充分的证据而已。但是如前所述，立法总是有缺陷的，规则不可能穷尽所有的问题，监管处罚只是保护市场的一种手段，而且是最后一道防线，因此，当证券市场严重依赖法律保护时，执法者对监管处罚的依赖就越强，但是法律天生的缺陷就会导致执法者的手足无措，并影响到证券市场秩序的稳定。所以，要培育健康的证券市场，必须消减市场对法律的依赖性，要培育更加多元的市场维持手段。

三 股权众筹金融消费者保护监管处罚的理论问题

（一）股权众筹市场与监管

股权众筹，作为一种证券公开发行方式，从行为的属性来看，属于私法行为，是典型的民事权利义务关系，但是，因为股权众筹面向不特定的对象，公开发行的是证券，对社会公共利益有很大的影响力，因而各国一般都将股权众筹监管纳入证券监管法的范畴当中，适用公法进行约束。但我们知道，自古罗马法学家乌尔比安把法律区分为国家的法（公法）和市民社会的法（私法）之后，关于公法私法之间的关系一直存在争论，原因不仅是对公法私法划分标准的争论，更多的是对划分后的公法与私法之间如何共存的关系进行争论。在这些争论中，最突出的就是公法优先说和私法优先说关于法律应该以什么样的利益为优先保护对象的争执，公法优先说强调国家利益，私法优先说强调市民社会利益，其争执的核心是国家应该在多大程度上介入市民社会，反映了市民社会对国家权力过度干预私人自由的担忧。

尽管 20 世纪福利主义等思潮的兴起，要求各种权力都应该在阳光下运作，客观上促进了世界范围内的私法公法化和公法私法化，淡化了公私法划分的意义，但是不容忽视的是公私法划分时最古老的担忧——对国家权力的防御，应该在今天被重新审视。特别是在股权众筹市场，政府应该在什么程度上进行监管，应该对什么样的市场行为进行监管处罚，政府应该在多大程度上将监管权力赋予或授予私人，都将影响到股权众筹市场的发展。这个新兴市场的兴起本身就隐含着对传统证券市场下国家干预过多的不满，试图借助互联网的普世性，寻找市民社会之间的单纯市场关系，搭建远离政府干预的自由交易。但问题是如今的市场，已经和政府紧紧地捆绑在一起，国家无所不能，已经将国家的权力扩张到市场的每一个角落，在强有力的强制性制裁的吓阻下，市场的兴起与发展已经完全依附于国家权力的指挥，市场只是扮演为政府实现其治理社会功能的工具性角色，较少关注市民社会的需求，这无疑扼杀了股权众筹服务普罗大众的天性，严重束缚了股权众筹市场的发展。

因此，在股权众筹监管处罚规则中，[①] 支持与反对的立场非常明显，这就要求我们必须思考如何在规则的制定中竭力还原市场的本源，注重剥离政府对股权众筹市场过多的价值依附。只有在这种背景下，研究股权众筹金融消费者保护监管处罚规则才会有更多的意义。

（二）股权众筹金融消费者保护的监管处罚问题

1. 股权众筹金融消费者保护的监管处罚主体问题

与一般的监管处罚相比，股权众筹监管处罚的基本要素有所不同，体现了股权众筹的市场特性和减少中间环节的特点，这体现在监管处罚的主体方面，主要是国家有权机关和法律授权的主体。

在这里国家有权机关主要是指因当事人违反刑事法律规定而行使审判职权的审判机关，如各国的法院；因当事人违反行政法规规定而行使行政处罚、行政处分、行政管理措施的行政机关，如美国的SEC，意大利的CONSOB，中国的证监会等；行业协会对协会会员的

[①] 本章所讲的监管处罚，是指广泛意义上的，不仅包括行政处罚，还包括行政处分、某些具有行政惩戒性质的行政处理措施、刑事处罚、行政机关的纪律处分、自律机构某些类似于行政惩戒的纪律处分和处罚。

自律监管处罚。另外，鉴于股权众筹证券的发行是在在线平台上进行的，因此，传统证券市场中，交易所对在本所上市交易成员的监管处罚，相应的变成在线平台对在该平台上发行证券发行人的自律监管处罚。①

2. 股权众筹金融消费者保护的监管处罚与法律责任问题

股权众筹金融消费者保护的监管处罚同样是一种制裁措施，是对各种违反股权众筹金融消费者保护法律法规的行为进行制裁，是维护股权众筹市场健康运行的牙齿，也是通过惩戒违法者或违规者不遵守规则的一种强制性矫正手段，起到恢复正义和警示后者的作用。但是这种"惩前毖后，治病救人"的措施并不是违法者或违规者承担法律责任的唯一方式，也就是说违法者或违规者的违法违规行为，除了可以给予监管处罚之外，并不影响金融消费者通过其他途径要求违法者承担其他的法律责任。因此，在这一点上，必须将监管处罚措施与刑事诉讼和民事诉讼区分开来。所以，在下文股权众筹监管处罚规则的讨论中，虽然只是围绕监管处罚规则的问题展开，但对监管处罚规则的讨论，并不能解读为对违法者追究刑事责任和民事责任的有意忽视。相反，认真研究美国证券法，就会发现"证券交易委员会的行政诉讼和强制执行以及潜在的刑事指控只是对私法救济起补充作用"②，因而，在开始设计制度时，立法者就应该综合考虑刑事责任、行政责任、民事责任、执业道德、自律责任等违法者所要承担的法律责任的方式和程度，要确保违法者不能故意再犯和不敢故意再犯。只有这种多管齐下的立体式责任追究模式，才能有效维护金融消费者的合法权益和股权众筹市场的正常秩序，如果缺乏任何一个环节，如同"短板水桶"理论一样，终不能行，这对中国股权众筹证券市场的发展具有

---

① 但是值得思考的是，目前的各国股权众筹立法，对股权众筹证券发行后的交易和流通没有详细规定。这涉及二级市场的交易问题，因为从理论上来看，现在承担股权众筹发行功能的在线平台，未来也有可能演变成集证券发行和交易于一体的交易所功能，在这种情况下，在线平台对该平台上发行交易的会员也应该有相应的监管处罚权利。

② [美] 托马斯·李·哈森：《证券法》，张学安等译，中国政法大学出版社2003年版，第65页。

重要的启示意义。

3. 股权众筹处罚规则与传统证券监管处罚规则之间的关系

股权众筹虽然在发行方式和发行途径上,与传统的证券发行不同,主要表现在市场准入的资质要求、参与者的行为规则和信息披露的方式与内容等方面与传统的证券发行上市有所区别,这些区别也是作为新兴的市场模式能够形成的一个重要原因,是其重要的市场特征。但是目前的市场动态和立法实践反映出各国的监管思路比较保守,一是因为立法本来就是社会利益的重新分配,会对现有利益者造成直接的冲击,因而会遇到很大的立法阻力;二来是证券行业与生俱来的潜在风险,特别是欺诈风险,让市场战战兢兢,因此,面临可能存在较大风险的股权众筹模式时,监管者如临大敌,在不了解该模式的运行特征和详细内容之前,监管者往往倾向于采取更严格的监管姿态。但正是由于这两种畏惧心态,使得目前在各国立法中所表现出的股权众筹模式已经与其本应有的市场特点有所区别,也就是说各国的立法规则所确立的条条框框,已经无形中限制了股权众筹的特性。因此,在现行各国的立法实践中,作为证券发行的一种方式,股权众筹面临与传统的证券发行相同类型的监管处罚,即对于传统证券发行施加的大多数监管处罚措施,都同样适用于股权众筹,因此,在本章的论述中,对于与传统证券监管处罚相似或相同的处罚规则,只是简单概括,并不计划深入论述,重点在于对股权众筹特有的或独有的处罚规则进行深入分析。但是,本章仍然会反思传统证券监管处罚措施是否契合股权众筹证券市场。

第二节 股权众筹融资责任承担与救济机制的设计

一 股权众筹融资的刑事责任与救济问题

股权众筹监管处罚中的刑事处罚,是指国家司法机关根据刑事法律的规定对构成犯罪的证券违法行为给予的刑事法律制裁,是最严厉的处罚手段和制裁措施。因而,在股权众筹证券市场中,如果参与人的行为触犯了刑事法律的规定，就应该承担相应的刑事法律责任。但对于证券违法刑事责任的规定，各国立法范例不同，其规定也不相同，譬如美国虽然有《刑法典》和《联邦量刑指南》，但对于证券违法刑事责任的规定，直接体现在相关的证券法律法规中，如《1933年证券法》、《1934年证券交易法》、《控股公司法》、《投资公司法》，2002年《萨班斯—奥克斯利法》等法律法规中都有规定。与美国不同，中国的立法惯例是，除了专门的刑事法律《中华人民共和国刑法》外，其他法律一般不规定犯罪和刑罚问题，因而，在中国其他法律和法规中出现的刑事责任的条款，都是对《刑法》规则的衔接性规定和指引性规定。所以，从这个层面而言，美国有些证券法律的确可以被看作是刑事法规，如索德奎斯特就认为"《证券法》（美国《1933年证券法》）可被看作是一部刑事法规"。①

根据美国《1933年证券法》第20条（b）款、第24条，《1934年证券交易法》第32（a）款，《控股公司法》第29条，《信托契约法》第325条，《投资公司法》第49条，《投资顾问法》第217条的规定，参与人故意违反以上法律规定的任何条款，都被认为是应当给予刑事处罚的刑事违法行为，并且在上述制定法中规定，故意在各种文件中进行虚假陈述的行为，也属于刑事违法行为。因此，有学者认为在美国，只要参与人故意违反任何SEC管辖下的制定法条款或者任何相关规则或者任何相关命令的行为，都属于刑事违法行为，② 都应该给予刑事处罚。

对于股权众筹监管处罚而言，有个问题值得注意，即"故意"的内涵。在美国证券法上，对违法行为刑事处罚的关键要素，就是要求行为人在作为或不作为时，主观方面必须是故意的。该要求源自《1933年证券法》第5（b）款的规定，③ 并在第20（b）款的授予SEC相关诉权

---

① ［美］莱瑞·D. 索德奎斯特：《美国证券法解读》，胡选之、张云辉译，法律出版社2004年版，第172页。
② ［美］路易斯·罗斯、乔尔·赛里格曼：《美国证券监管法基础》，张路等译，法律出版社2008年版，第1006—1007页。
③ U.S. 1933. SEC. ACT. §.5（b）.

中给予了细化，① 最终明确地出现在第 24 条的处罚规则中。② 从《1933 年证券法》其本身就是关于上市发行的规制监管这一角度分析，在刑事处罚规则中出现的"故意"，其含义就是有意为之，或者是清楚地知道不能违反却违反，并且在任何情况下，严重疏忽或不关心事实即等于知道，例如，就《1933 年证券法》第 5（b）款而言，"故意一词的含义是知道没有注册说明书或未交付招股说明书"，③ 就第 17 条（a）款规定的欺诈祖父条款而言，故意就是指"知道虚假或遗漏"。④

但这种解释也在现实中遇到困境，主要来自两个方面：

其一，故意是否构成证券法中刑事处罚的必不可少的要件？在证券法中，有一般性质的违法，如遗漏披露事项，也有较恶劣性质的违法，如发行欺诈，因此，在 SEC 决定向司法部长会商启动刑事诉讼时，对两种性质不同的违法行为，是否考虑同样的故意程度，这一点，在《1933 年证券法》中并没有明确的规定。因此，有学者认为，"根据证券法律，在刑事起诉中所要求达到的故意的程度是混乱的"，"主要问题在于：在不涉及欺诈的违法行为的追诉中，故意是否为必要"。⑤

其二，故意的内涵是否可以分层解释？根据上述《1933 年证券法》中故意的解释，尽管是否构成刑事处罚的构成要件，在理论上并不一致，但毫无疑问，故意的内涵是比较清晰的。但问题在于在随后的《1934 年证券交易法》第 15 条中，⑥ 在相似条款中又提出了"知情"⑦（有的版本翻译为"知悉"⑧）的概念，而在 1935 年《公共事

---

① U. S. 1933. SEC. ACT. §. 20（b）.

② U. S. 1933. SEC. ACT. §. 24.

③ [美] 路易斯·罗斯、乔尔·赛里格曼：《美国证券监管法基础》，张路等译，法律出版社 2008 年版，第 1009 页。

④ [美] 路易斯·罗斯、乔尔·赛里格曼：《美国证券监管法基础》，张路等译，法律出版社 2008 年版，第 1009 页。

⑤ [美] 莱瑞·D. 索德奎斯特：《美国证券法解读》，胡选之、张云辉译，法律出版社 2004 年版，第 173 页脚注 [3]。

⑥ U. S. 1934. SEC. EX. ACT §. 15.

⑦ [美] 路易斯·罗斯、乔尔·赛里格曼：《美国证券监管法基础》，张路等译，法律出版社 2008 年版，第 1009—1010 页。

⑧ 《美国证券交易法律》，王宏译，法律出版社 1999 年版，第 208—229 页。

业控股公司法》第 29 条的相似条款中，又没有同时出现"故意和知情"，而只是提到"知道有关陈述……在重大方面虚假或误导时，故意进行虚假或误导性陈述的人"，① 这种前后不一致的表述，不得不使人产生怀疑，在证券刑事诉讼中，是否可以对"故意"的内涵做分层解释，即行为人在作为或不作为时，主观认识方面存在上下两种情况，即二分层，上层是行为人知道存在相关的法律法规，行为人同样知道自己的行为已经违反相关的法律法规，并且行为人依靠这种违法行为来诱导他人产生依赖或作出承诺；下层是行为人不知道存在相关的法律法规，但行为人知道自己的行为可能已经违法，并且行为人依靠这种违法行为来诱导他人产生依赖或作出承诺。

  从美国证券法的相关案例来看，② 尽管还是不明确，但基本可以判断这种二分层关系是存在的，因为在《1934 年证券交易法》第 32 (a) 款中明确规定，③ 若任何人能够证明其不知道相关规则，则不得因为违反该规则而被判处监禁。因此，在 United States V. Peltz 案件中，弗兰德力（Friendly）法官认为："某人即使不知道存在某项证券交易委员会规则，也可能故意违反该规则"，因为"违反制定法、规则或条例的标准（即故意标准），与虚假或误导性陈述之标准（即故意、知情标准）之间存在差异"。④ 所以，可以看出，虽然在美国目前的证券刑事处罚中，对故意的判断比较凌乱，但是从大的方向看，还是有个基本的界限，即二分层中的上层解释为"故意"的内核，是其核心，可以解释为行为人主观方面存在恶意；而下层解释为其外缘，是"故意"的边界，意在强调行为人客观行为的非法性。尽管各种案例的判决在上下之间反复回旋，有时支持上层解释，有时支持下层解释，有时两种解释都符合立法目的，但从犯罪理论角度来分析，违法

---

 ① U. S. Public Utility Holding Company Act §. 29.
 ② ［美］哈威尔·E. 杰克逊、小爱德华·L. 西蒙斯：《金融监管》，吴志攀等译，中国政法大学出版社 2003 年版，第 704 页。
 ③ U. S. 1934. SEC. EX. ACT. §. 32 (a).
 ④ ［美］路易斯·罗斯、乔尔·赛里格曼：《美国证券监管法基础》，张路等译，法律出版社 2008 年版，第 1010 页。

行为在主观方面存在恶意的行为要比只是在客观行为方面出现违法的要严重，对社会的危害性更大。所以，对于行为性质比较恶劣的，应该适用上层解释，行为性质比较一般的，应该适用下层解释。

另一方面，对上下层解释的不同适用，还会影响到刑事责任的承担问题，即刑罚问题。如上所述，在《1934年证券交易法》第32（a）款中规定，① 若任何人能够证明其不知道相关规则，则不得因为违反该规则而被判处监禁，1935年《控股公司法》和《1940年投资公司法》也有这方面的规定。因此，行为人若能证明自己在违法时，不知道存在相关规则，则刑事处罚只能给其课以罚金，而不能判处监禁。

美国的刑事处罚制度继承了普通法上的犯罪分类方法，将犯罪分为叛国罪、重罪和轻罪，在美国法上，除了在法律中直接规定重罪和轻罪，还按照刑罚的等级和监禁的处所来区分重罪和轻罪，一般来说，法定刑期在1年以上的犯罪为重罪，只处以罚金或1年以下的监禁期的，为轻罪。值得注意的是，美国对于重罪的判罚一般是不定期刑，即判罚一个监禁期间，具体的执行时间，主要由监狱根据罪犯在狱中的表现来决定，而对轻罪的判决属于定期刑。

所以，根据美国证券法律的规定，违反证券法律的刑事处罚主要有两种，罚金和监禁。根据《1933年证券法》第24条的惩罚规则，刑罚主要是5年以下的监禁或者1万美元以下的罚金或者两者并罚；②《1934年证券交易法》第32条（a）款规定，对自然人的刑罚主要是20年以下的监禁或500万美元以下的罚金或两者并罚；对法人的刑罚主要是2500万美元以下的罚金；③ 2002年《萨班斯—奥克斯利法》第802条规定，对联邦调查和破产中篡改或伪造记录的行为，处以20年以下的监禁；对于销售公司审计记录的行为处以10年以下的监禁；第807条规定，证券欺诈可以处以25年以下的监禁；第903条规定，

---

① U. S. 1934. SEC. EX. ACT. §. 32（a）.
② U. S. 1933. SEC. ACT. §. 24.
③ U. S. 1934. SEC. EX. ACT. §. 32（a）.

邮寄或电信欺诈可处以 20 年以下的监禁；第 906 条规定，首席执行官和首席财务官违反书面核证要求的应该承担刑事责任，如果是知情违法，可以处以 100 万美元的罚金和 10 年以下的监禁；第 1107 条规定，报复举报人的，处以罚金或 10 年以下的监禁或并罚。① 当然，具体的量刑依据还参照《联邦量刑指南》。

二 股权众筹融资的行政责任与救济问题

（一）禁制令

美国法上的禁制令是国家证券行政管理机关以及法律法规授权的具有管理证券类公共事务的组织，对公民、法人和其他组织，违反证券行政管理秩序的行为，依法请求法院给予制裁的活动。禁制令在美国属于一个比较严厉的处罚行为，是指暂时或永久禁止行为人的某项行为，类似于中国行政处罚法中的能力罚。禁制令是 SEC 使用的最主要的处罚手段，在 SEC 管辖的制定法法律群中，都有对禁制令使用的规定，② 其中最典型的如《1933 年证券法》第 20（b）款和《1934 年证券交易法》第 21（d）（1）项的规定。第 20（b）款规定 SEC 无论何时发现任何人从事或即将从事的行为或做法违反本法或本法项下的规则或条例，SEC 均可酌情在美国适当的地区法院提起诉讼，以禁止该行为或做法；③ 而第 21（d）（1）项规定 SEC 无论何时发现任何人从事或即将从事的行为或做法违反本法或本法项下的规则或条例、该人作为会员或会员关联的人所在的全国性证券交易所或注册证券协会之规则、该人作为参与者所在的注册结算机构之规则……SEC 均可酌情在美国适当的地区法院……提起诉讼，以禁止该行为或做法，在经过适当的说明依据和理由后，法院应该签发永久、临时禁制令或限制性命令，不准保释。④

---

① 2002 年《萨班斯—奥克斯利法》第 802 条。
② U. S. 1933. SEC. ACT. §20（b）；SEC. EX. ACT. §.21（d）；INV. CO. ACT. §.42（d）；INV. ADV. ACT. §.209（d）.
③ U. S. 1933. SEC. ACT. §. 20（b）.
④ U. S. 1934. SEC. EX. ACT. §. 21（d）（1）.

根据制定法的规定，可以总结出禁制令适用的两条标准：

1. 如果没有直接证据证明过去的错误行为可能会再次出现，也没有证据证明这种行为再次出现的可能性，就不应该使用禁制令；

2. 非法活动的自愿终止和宣告未来守法的意愿，其本身并不保证不发出禁制令。

因此，可以看出，禁制令处罚的行使，需要 SEC 更多的举证责任，因为，"只有过去违法的简单事实，并不是给予禁制令处罚的充分条件"，① SEC 在该处罚中需要证明"行为人过去的违法行为存在未来进一步违法的合理可能"。② 法院在评估未来可能考虑的因素有："被告过去是否曾违法；过去违法中所涉及的故意程度，过去的违法是否可适当确定为孤立事件；被告是否已经承认过去行为的非法性并保证不会再违法；被告的职业是否使其处于进一步违法的位置；法院还会考虑禁制令对被告职业声誉和合法业务活动的影响"。③

另外，需要注意的是，禁制令的适用，对违法行为产生的损害后果没有直接的要求，意思是该种处罚是行为罚，而不是结果罚，强调的是行为本身的违法性，而不是行为违法而造成的损失。同样的，禁制令适用之前对行为人是否获得其他救济并没有要求，这是与民事诉讼中私力救济不同之处，意思是指在罚处之前，不需要其他必须的前置救济程序。

（二）罚款

1. 民事罚款

民事罚款（Civil Money Penalty），在美国证券法上是一项行政处罚措施。一般来讲，各国立法传统不一样，对于行政处罚的分类和规定也不同，如在中国，根据处罚的性质不同，可以将行政处罚分为四

---

① ［美］路易斯·罗斯、乔尔·赛里格曼：《美国证券监管法基础》，张路等译，法律出版社 2008 年版，第 1003—1004 页。

② ［美］路易斯·罗斯、乔尔·赛里格曼：《美国证券监管法基础》，张路等译，法律出版社 2008 年版，第 1003—1004 页。

③ ［美］路易斯·罗斯、乔尔·赛里格曼：《美国证券监管法基础》，张路等译，法律出版社 2008 年版，第 1003—1004 页。

种、申诫罚、财产罚、能力罚和人身罚,其中,警告属于申诫罚,罚款、没收违法所得、没收非法财物属于财产罚,责令停产停业、暂扣或吊销许可证、暂扣或吊销执照属于能力罚,行政拘留属于人身罚。当然,在广义范畴上的行政处罚中,还应该包括行政处分、纪律处分、具有行政处罚性质的行政管制措施,如取消从业资格和取消专业人士的任职资格等。而在美国,证券行政处罚的行为主要集中在政府诉讼中,大体来说,主要处罚有政府诉讼中的民事罚款、停止禁令、公司禁止任职令、公开谴责、没收违法所得、自律组织的纪律处分等。

而美国法上的民事罚款,意思是指对违反 SEC 管理项下的任何一部制定法或者违反 SEC 制止令的人,给予罚款处罚。该项民事罚款是一项财产罚,类似于中国行政处罚中的罚款,是强制性赋予违法行为人一定的财产给付义务,强调的是对违法行为的惩罚或威慑,而不是对违法行为造成损害的赔偿或补偿。相似的规定也出现在意大利《18592 号规则》中,在该规则中,① 同样将罚款作为一项基础性处罚措施。

美国证券法律中的民事罚款处罚,源自 SEC 一项特殊的强制执行权,即在 1984 年美国《内幕交易制裁法》中,授权 SEC 可以对内幕交易者罚处非法所得 3 倍以内的民事罚款的特殊权力,这种新的强制执行措施被随后的 1988 年《内幕交易和证券欺诈制裁法》进一步确认和补充,但这时的民事罚款只是有限范围中的处罚,是一项特殊的处罚措施,并不具有普遍意义;直到 1990 年《证券执行救济和小额股票改革法》的通过,授权 SEC 在行政诉讼中给予民事罚款的权力,才扩大了 SEC 民事罚款的处罚范围。根据 1934《证券交易法》第 21B 第(a)款的规定,SEC 如果在通知和听证之后发现,行为人故意违反证券法的,或故意违反自律组织已经生效的规则的,或在必须提交的报告中故意做了虚假陈述或重大遗漏的,或故意没有对负有责任的人进行充分监管的,SEC 应该根据 1934《证券交易法》第 21B

---

① Regulation No. 18592. ART. 23(1).

(b) 款规定的三级罚款规定，依据违法行为的程度以及影响给予自然人 5000 美元到 10 万美元之间的民事罚款处罚，给予其他人 5 万美元到 50 万美元的民事罚款处罚。①

SEC 在考虑对行为人处以民事罚款的处罚时，主要考虑的是对公共利益的保护，即罚款是否有利于保护公共利益，或者是否有利于在私人通过违法获得利益与公共利益之间保持衡平，根据路易斯·罗斯的理解，SEC 主要应该考虑六个要素，② 即《1934 年证券交易法》第 21B (c) 款规定的公共利益内容，主要有行为人的作为或不作为是否涉及欺诈、欺骗、操纵或故意或大意无视监管要求；对他人直接或间接造成的损害；给予该行为伤害人员的补偿以及任何人从该行为中获得的不当得利的情况；行为人是否是累犯，是否曾经因违反《1934 年证券交易法》第 15 (b) (4) (B) 目规定任何重罪或轻罪；阻止 (威慑) 行为人和其他人不再违反该法条规定的需要；为了维持公平所需要的其他事项。

因此，民事罚款处罚与禁制令处罚相比较，民事罚款处罚虽然也是对违法行为的威慑和惩罚，但罚处金额的数量要考虑违法行为造成的后果，包括直接和间接的后果，如最重要的就是违法行为造成的损失和社会影响。此外，在民事罚款的处罚金额的计算时，SEC 还需要考虑被处罚对象的承担能力，尤其是对小型企业的民事罚款，要考虑适当的减免政策。

SEC 认为在决定是否为小型企业减免民事罚款时，应该考虑违法违规行为的严重程度、是否累犯或再犯、行为时的主观状态、过去是否有不良经历、在调查处理期间的合作态度、事后是否努力进行补救以挽回损失或减少负面影响、事后是否积极预防违法违规行为的再次发生、合理数额的民事罚款对行为人的威慑程度以及其他相关事实。③ 当然，SEC 也强调，如果小型企业过去有过被执法行为；或违法违规行为处于蓄意或涉及刑事犯罪；或未尽善意努力遵守法律的，不得减

---

① U. S. 1934. SEC. EX. ACT. §. 21B (b).
② ［美］路易斯·罗斯、乔尔·赛里格曼：《美国证券监管法基础》，张路等译，法律出版社 2008 年版，第 1066 页。
③ 17 C. F. R. §. 202.9 (a) (2).

免罚款,① 除非"小型企业能以令证券交易委员会满意的方式,证明其没有立即或在合理期限内支付全部或部分罚款的财务能力"。②

2. FINRA 的罚款

除了 SEC 可以在行政诉讼中提起民事罚款之外,FINRA 也可以对违反 FINRA 组织纪律规定的会员行为课以罚款处罚。根据《JOBS 法案》的要求,欲从事《1933 年证券法》第 4(a)(6)项下证券发行的集资门户,需要在自律组织注册,FINRA 根据该项授权,在 2014 年制定了《集资门户规则》,③ 该规则规定,如果集资门户有该项中规定的违规行为,则按照 FINRA9216(b)款的规定,给予罚款。④

《集资门户规则》第 900(a)(4)项规定的违规行为主要有:未能及时提交门户表格的修正信息的;⑤ 未能按照该规则第 200(c)款建立交流平台的;⑥ 未能按照该规则第 300(a)款的规定,对 FINRA9217 条规定下的行为保持充分的书面监督程序的;⑦ 未能对该规则第 300(c)款规定的事项及时报告的;⑧ 未能按照该规则第 300(d)款的要求及时更新或提供相关的信息的;未能按照 SEC 股权众筹监管规则第 303(f)款的规定,⑨ 对交易进行确认的;未能根据《众筹监管规则》第 404 条的规定,没有依据法律、法规以及实施意见、本规则的规定保存信息记录的。⑩

(三)停止禁令

停止禁令(Cease-and-Desist Order),又称停止令,是 SEC 使用最广泛的行政处罚措施,是一种能力罚。在美国证券法律中,制止令处

---

① 17 C. F. R. §.202.9(a)(1).
② 17 C. F. R. §.202.9(a)(3).
③ FINRA. Funding Portal Rules;在这里用"集资门户"一词,是为了方便了解该规则的名称,而在全书中,为了理解方便,统一称为"在线平台"。
④ FINRA. Funding Portal Rules 900(a)(4).
⑤ FINRA. Funding Portal Rules 900(a)(4)(A).
⑥ FINRA. Funding Portal Rules 900(a)(4)(B).
⑦ FINRA. Funding Portal Rules 900(a)(4)(C).
⑧ FINRA. Funding Portal Rules 900(a)(4)(D).
⑨ 这里指 2013 年《众筹规则建议稿》。
⑩ FINRA. Funding Portal Rules 900(a)(4)(E);(F);(G).

罚意味着SEC可以就违法行为采取快速救济行动，这种救济行动可以是临时的，也可以是永久的，并且这种快速救济行动不需要求助于联邦法院获得临时限制令或求助于联邦地区法院寻求其他异常紧急救济。

目前，美国证券系列法律中，有四部法律明确规定了停止令处罚的适用，即《1933年证券法》第8A条规定的制止程序、《1934年证券交易法》第21C条规定的制止程序；《投资公司法》第9（f）款规定的程序和《投资顾问法》第203（k）款规定的程序。

停止令作为一种能力罚，与禁制令相比，其最大的特点在于启动条件比较简单，并且有累加救济的特征。启动条件比较简单主要是针对SEC的举证责任而言的，即SEC只需要证明已经发生的行为违法即可，不需要证明该行为在未来再次违法的可能性；而累加救济是指在停止令处罚的执行过程中，若对该处罚的每一次违反都将构成一项单独的违法行为，将累加进行救济，但是该累加救济有一个例外，即对于连续违反该行政处罚的每一次违法行为，只能视为一个整体的单独违反行为，而不能视为多个违反行为而进行累加救济。①

停止令分为临时停止令和最终停止令，一般而言，临时停止令是紧急状态下的一种紧急救济措施，只有在行为人的违法行为或可能的违法行为将会带来严重的损害后果时，才予以启动。根据《SEC规则和章程》的解释，这种严重的损害后果主要是指已经或可能：对投资者造成极大的损害，或对社会公共利益造成实质性的损害，或造成重大资产流失或转移。②

停止令使用的范围比较广泛，最典型的停止令处罚就是停止营业制止令和暂停或撤销注册令。停止营业制止令又称停止营业令或停业令，其功能相对比较单一，与中国行政处罚中的责令停产停业比较相似，是针对正在违反或已经违反或者将要违反任何证券法规则或条例的人，也包括明知自己的行为或遗漏会造成违反法律的结果，但仍作

---

① ［美］托马斯·李·哈森：《证券法》，张学安等译，中国政法大学出版社2003年版，第370—371页。
② 同样的要求出现在《美国法典注释》15. §. 77h-1（c）（1）；15. §.78u-3（c）（1）；15. §.80a-9（f）（3）（A）；15. §.80b-3（k）（3）（A）。

为或不作为的人。在任何停止营业的程序中，SEC 可以命令会计审查违法主体财务，也可以发布冻结财产令，并有权要求违法主体交出非法利益，包括合理的利息。而撤销注册令相对比较复杂，对股权众筹而言，美国和意大利的立法动态是倾向于强化股权众筹豁免资质的监管，其最主要的行政处罚方法就是撤销豁免注册资格。意大利《众筹监管规则》中，对撤销注册进行了比较详细的规定，而美国在《JOBS 法案》中只是原则性规定了对从事股权众筹发行人和在线平台等中介机构给予撤销注册资格处罚，尽管 SEC 在随后的实施细则《众筹规则草案》中也提出了预想的实施细则方案，但是就这些细则方案来看，存在很多的问题，这一点，在后一节专门论述。

（四）禁止任职令

禁止任职令是对自然人的一种能力罚，是对特定的自然人担任某些特定职位的限制，目的是通过排除或限制危险人物的任职资格，保护公共利益和投资者利益，预防危险行为的发生。禁止任职令同样是对特定自然人的一种惩罚，这种惩罚表面上针对的是自然人过去的违法违规行为，其本质是对违法违规者思想或道德或职业责任感的否定或怀疑。

根据美国《1933 年证券法》和《1934 年证券交易法》的授权，对于"使用任何设备、计划或诡计进行欺骗"[①] 或"使用操纵的和误导的手段和方法，违反 SEC 为了公共利益或者保护投资者利益而必须适当地制定的规则和规章"的人，[②] 若该人被 SEC 认为"不适宜"担任任何发行人的高管或董事，则可请求"法院有条件或无条件地、永久地或在其决定的一段时期内，禁止该人担任任何发行人的高管或董事"；[③] 相类似，意大利《18592 号规则》中，也有对违法违规人员暂停或撤销任职资格的处罚，根据该规则规定，中介机构的管理人员和监管者，如果在诉讼中被指控犯有第 8（1）（c）项所列的罪行的或者在诉讼中被指控犯有第 8（1）（c）项所列的罪行

---

① U. S. 1933. SEC. ACT. §.17 (a) (1).
② U. S. 1934. SEC. EX. ACT. §. 10 (b).
③ U. S. 1933. SEC. ACT. §. 20 (e); 1934. SEC. EX. ACT. §. 21 (d) (2).

第五章 股权众筹融资责任承担与救济法律问题研究

的当事人之一的、被临时指控而受到 2011 年 9 月 6 日第 159 号法令第 67 条和第 76（8）款的规定的限制措施的或被指控受到个人预防措施的，执行管理职能的主体应该自接到第 1 款指控事项后 30 日内根据特殊程序宣布暂停管理人履行职责；若管理人员因犯有第 1 款所列罪行而被暂停任职资格，则应该在下次股东大会中根据议程予以撤销；若犯有第 1 款 c 项和 d 项所列事项，则在整个采取措施期间暂停履行职责。①

就禁止任职令而言，美国证券法律中限制的是特定的职位和特定的违法行为，特定的职位主要是指在公司中，能够影响公司决策或运营的管理人员，主要包括高管和董事；而特定的违法违规行为，主要是强调欺诈，因为实施欺诈行为的人主观上一定是有恶意的，在性质上是严重的，造成的后果和社会影响比较恶劣。因此，SEC 的该项处罚就是为了防止或者说隔离特定的职位与特定的违法行为者相结合，杜绝违法者未来违法的机会。

但是，该项处罚的一个关键问题，就是如何判断违法者"不适宜"担任任何发行人的高管或董事，在这方面，SEC 和法院可能存在不同的判断。譬如，在 SEC V. PATEL 一案中，② SEC 认为 PATEL 作为 PAR 公司的创始人、高管兼董事，利用其公司地位进行非法活动，"不适宜"担任任何发行人的高管或董事，并认为如果不限制 PATEL 的这种地位，在将来可能会再次发生违法行为；地区法院支持了 SEC 的诉求，认为 PATEL "不适宜"任职，并且未来有可能违法，应该禁止其任职资格；但是第二巡回法院推翻了该判决，发回重审，其理由是初审法院判决的证据不足，"'PATEL 作为 PAR 公司的创始人，利用其作为高管兼董事的地位进行非法活动'只是有关案情事件的一般说明，并不能合理预测未来会出现违法行为"，③ 意思是 SEC 提交

---

① Regulation No. 18592. ART. 11：Suspension from the office as persons who perform managerial and supervisory functions.

② SEC V. PATEL, 61 F. 3d 137（2d Cir. 1995）.

③ SEC V. PATEL, 61 F. 3d 141（2d Cir. 1995）；并参照［美］路易斯·罗斯、乔尔·赛里格曼《美国证券监管法基础》，张路等译，法律出版社 2008 年版，第 1069 页。

的证据并不能有效证明 PATEL "不适宜"担任任何发行人的高管或董事，因为 SEC 没有有效证明 PATEL 有可能在未来再次违法。为此，第二巡回法院进行了详细解释，认为要证明行为人是否适宜任职，除了要综合考虑行为人的主观和客观方面的表现，即违法行为的严重性、是否累犯或重犯、在犯罪中的作用或地位、从违法中获得的经济利益、犯罪的故意程度等，还必须考虑违法行为反复出现的可能性，并且，第二巡回法院强调未来是否可能违法，通常是决定所认定的重大不适宜性是否足以给予终生禁止任职时的一个重要因素。在随后的 SEC V. First Pac. Bancorp 一案中，① 第九巡回法院遵循了上述理念。

（五）纪律处分

作为行政处罚措施的纪律处分（Disciplinary Sanction），在美国证券法律中主要是指谴责、暂停或永久取消行为人出席 SEC 程序或办理业务的资格，② 其中，谴责是一种申诫罚，类似于中国行政处罚法中的警告，而暂停或永久取消行为人资格是一种能力罚，根据《SEC 规则和章程》第 201 条 102（e）的规定，给予谴责、暂停或永久取消资格的行为人只有两类，即一类是 SEC 根据规章自己判定应该给予该项处罚的人，另一类是其他有权机关已经判定并给予相类似处罚的人。

1. SEC 自己判定的情形

SEC 在发送通知并提供听证机会后，认定任何人存在下述情形的，可予以谴责、暂停或永久取消行为人出席 SEC 程序或办理业务的资格：

（1）不具备代理他人的必要资格；

（2）人格或诚信缺失，或曾有从事不道德或不当职业的经历；对获得会计师执业许可的人而言，不当职业行为是指在故意或明知（包括疏忽大意）的主观状态下从事相关行为，导致违反相关职业准则的，或是在过失的主观状态下，明知或应知从严审查的情况下仍然出现了单次高度不合理行为，导致违反职业准则，或在过失的主观状态下，重复性地从事违反职业准则的不合理行为，表明其缺乏在 SEC 办

---

① SEC V. First Pac. Bancorp, 142 F.3d 1186, 1193 – 1194 (9th Cir. 1998).
② 17 C.F.R. §.201.101（a）(3) 和 17 C.F.R. §.201.102（e）.

理业务的能力的；

（3）故意违反或故意协助、教唆他人违反联邦证券法或依其颁发的规则与章程的任何规定的。①

2. 其他有权机关判定的情形

被其他有权机构判定有以下情形的，一律应该立即暂停出席 SEC 相关程序并办理业务的资格：②

（1）被联邦法院或任何州法院暂停或永久取消执业资格的人；

（2）被任何州暂停或永久性取消执业资格的会计师、工程师、其他专业人士或专家；

（3）被判决犯有重罪或被判决犯有涉及反公德行为的轻罪的人。

值得注意的是，SEC 对其他有权机构的判断持高度关注的态度，如果行为人一旦被其他有权机关做出永久取消、暂停资格或定罪的决定，那么有权机关决定做出之时，就被推定为是 SEC 决定暂停行为人出席 SEC 程序并办理业务的资格的时间。③ 就 SEC 而言，有权机构的决定是否生效或者决定是否被申请复议、上诉等，都不影响 SEC 暂停资格的决定。

但是，关于上述 SEC 纪律处分的权力能力问题，在美国曾引起争论。因为就 SEC 的上述规则制定权而言，在法律上并没有明确或直接的授权，也就是说上述纪律处分的处罚有超越立法对 SEC 授权的嫌疑。但是在 TOUCHE ROSS & Co. V SEC 一案中，第二巡回法院认为，上述处罚规则与 SEC 的法律授权是一致的，意思是 SEC 的上述处罚并没有超越法定授权。但是，值得思考的是第二巡回法院的认定理由，法院认为"SEC 制定上述处罚规则的目的不是为了为证券违法行为提供救济，而是作为一种工具以保持 SEC 所监管的执业行为的一致性"，④ 因为，"上述处罚也可以适用于尽管并没有构成违反证券法的

---

① 17 C. F. R. §.201.102（e）（1）.
② 17 C. F. R. §.201.102（e）（2）.
③ 决定做出的时间不等于决定生效的时间，根据《SEC 规则和章程》第 201 条 102（e）（3）的规定，暂停资格决定于暂停资格令送达相对人之时生效。
④ Touche Ross & Co. V SEC, 609 F. 2d 570, 579（2d Cir. 1979）.

不当行为"。① 随后，第九巡回法院在 Davy V. SEC 一案中，也作出了不超越法定授权的判断。②

三 股权众筹融资的民事责任与救济问题

民事责任是责任承担与救济机制中非常重要的一种救济手段，是通过司法途径对违法行为人施加的一种强制性法律后果，与刑事责任和行政责任严格的惩罚性质相比，这种强制性后果在法律性质上具有双重性，主要是补偿性质的，旨在使受害人或被侵害的权益得到恢复，但也有可能是惩罚性质的，通过不利法律后果的追加，旨在惩罚违法行为人，通过加大其违法成本，从而威慑该人及其他主体不得再犯。根据民商法理论，民事责任的承担方式很多，但是在股权众筹融资领域涉及的民事责任的承担方式主要有赔偿损失、返还财产、收缴非法所得。

但是，奇怪的是，在美国和意大利的股权众筹监管规则中，并没有对民事责任的详细规定；有关的责任承担和监管处罚，只是设计了大量的刑事与行政责任，追究其缘由，可能与民事责任的私法性质有关，因为监管规则主要是公法性质。但是，在公法性质的监管规则中没有民事责任的规定，并不表示股权众筹融资中没有民事责任，相反，在公私法的二元划分中，潜在地将股权众筹融资中的民事责任内嵌在整个证券法律体系中的民事责任规定里；也就是说，如无相反规定，其他证券领域使用的民事责任及其救济方法都可以适用于股权众筹融资。

根据美国证券法的规定，民事责任的来源主要依据当事人是否具有诉权，如果法律赋予个人私人诉权，那么当事人就可以依据该条授权规定提起相应的民事诉讼，并要求违法行为人承担相应的民事责任。一般情况下，当事人是否具有诉权，或者说法律是否授予个人私人诉权，主要有两种情况，一是法律明确授予个人私人诉权，即明示私人诉权，譬如《1933 年证券法》第 11 条、第 12 条就明确规定了个人诉权，这种情

---

① [美] 托马斯·李·哈森：《证券法》，张学安等译，中国政法大学出版社 2003 年版，第 373 页注 184。

② Davy V. SEC, 792 F. 2d 1418, 1421 – 22 (9th Cir. 1986).

况下,个人可以直接提起诉讼,要求违法者承担民事责任;二是默示私人诉权,即法律并没有直接或者明确地规定个人拥有私人诉权,但是对于相关法律关系调整或者相关规定,却暗含了一定的个人诉权的存在。

默示私人诉权又可以分为两种情况,第一种是法律并没有直接或者明确地规定个人拥有私人诉权,但是对于相关法律关系调整却暗含了一定的个人诉权的存在,譬如《1934 年证券交易法》第 29(b)项的规定;在这种情况下,如果个人要提起民事诉讼,首先必须要证明法律默示规定或者立法者的立法意图暗含了个人诉权,只有成功证明了个人诉权的存在,才能进一步提起诉讼,要求违反者承担相应的民事责任;第二种情形是,法律并没有直接或者明确地规定个人拥有私人诉权,但是法律却直接规定了某些行为是非法的,或者法律直接禁止参与人从事某项行为;在这种情形下,个人可以依据该项禁止性规定,推定如果相关参与人违反该规定,那么法律或立法者就默示个人拥有私人诉权。所以,个人需要首先证明相关人的行为是违反法律禁止性规定的,然后才能主张诉讼请求,并要求违法者承担相应的民事责任。

此外,在美国,股权众筹融资民事责任的规定主要规定在《1933 年证券法》和《1934 年证券交易法》中,① 因此,股权众筹融资中民事责任和救济机制的具体内容,与传统证券市场上证券发行和交易中的民事责任的具体设计和救济途径并无区别,学界已经有大量的专门研究,在此不作赘述。

第三节 股权众筹责任承担与救济机制中的撤销豁免注册资格问题

一 《JOBS 法案》对撤销豁免注册处罚的原则性规定

撤销注册令是指当经纪商、自营商或其他依据《1934 年证券交易法》注册的实体违反法定条款或规则时,SEC 给予的撤销注册资格

---

① U. S. 1933 SEC. ACT. §.5, 11, 12, 15, 17; U. S. 1934 SEC. EX. ACT. §.10, 18, 20, 20A.

的处罚，同样，该处罚是一个能力罚。撤销注册资格是正式的处罚，而暂停注册资格是特殊情况下的紧急处理措施，是临时性的处罚措施，也是正式处罚前的一个过渡管制措施。因此，暂停注册的处罚有着比较严格的要求和条件，根据《SEC 规则和章程》的规定，暂停注册的处罚必须在作出是否撤销注册的最终决定之前作出，并且必须是站在保护公共利益或者保护投资者的立场认为确有必要或者适宜暂停注册资格的，才能给予暂停注册资格处罚。①

从实践的角度来看，暂停或撤销注册资格主要考虑以下因素：违法违规行为，或者潜在的违法违规行为；已经造成的损害；或者如果不给予处罚，未来可能造成的损害；对公共利益或对投资者利益的影响；违法违规行为人的主观意识。

根据《JOBS 法案》第 302（d）款的规定，SEC 应该对没有资格从事《1933 年证券法》第 4（a）（6）项下证券交易的发行人和中介机构撤销豁免注册资格。② 该条处罚的对象是"没有资格"的发行人和中介机构，强调的是对已经获得第 4（a）（6）项下法定豁免资格的监管，即如果发行人或中介机构不能持续满足已经获得法定豁免资格的条件或者因为法令或裁判而取消已经获得的法定豁免资格。这与申请注册程序中的"拒绝注册令和停止注册令"有区别，③ 也与证券

---

① 17 C.F.R. §.201.522（a）.

② U.S. JOBS ACT. §.302（d）.

③ 停止注册令和拒绝注册令是美国证券法中重要的两类行政注册管理程序。（1）拒绝注册令。根据《1933 年证券法》第 8 条第（b）项的规定，如果 SEC 经过表面审查，发现申请人的注册说明书不完整或不准确，可以在注册文件生效前，要求申请人补充和修改；在补充修改之前，注册文件不发生登记效力。（2）停止注册令。根据《1933 年证券法》第 8 条第（d）项的规定，如果 SEC 在任何时间发现申请人的注册说明书存在下列问题，包括但不限于对重大事实的虚假陈述、遗漏了重大事实、遗漏了为使该说明书的陈述不致产生误导而必须陈述的任何重大事实等情形，则可以在任何时候签发停止注册令，中止该注册文件的登记效力。停止注册令和拒绝注册令都是针对申请人不符合法定注册要求的具体登记行为，决定拒绝或中止注册效力的一种行政管理措施，而不是一种行政处罚措施。在意大利众筹监管规则中也有类似的规定，如在意大利《众筹监管规则》第 7 条中，第（2）款、（3）款、（4）款和第（5）款规定，如果申请人的申请材料不完整，并且在法定期间内不予补充的，则 CONSOB 不准许其注册登记；第 10 条第（2）款与第 10 条第（3）款规定，如果在注册登记生效之后，发现注册登记信息不完整的，CONSOB 不准许其发行新股；已经发行的，中止发行，即中止注册登记效力；中止发行的，若在规定时间内没有补充登记，则撤销其注册登记。

交易中的"暂停交易令"不同。①

另外,《JOBS法案》还为SEC制定撤销豁免资格条款提出两项明确要求,一是要求撤销豁免资格条款必须包含《JOBS法案》第302(d)款中列举的州监管机构确定的不当行为;② 二是要求撤销豁免资格条款应该与A条例第262条包含的内容"基本相似"。③

二 《众筹规则建议稿》对撤销注册处罚的规定

(一)对发行人撤销豁免注册处罚

1. 一般规定

SEC根据《JOBS法案》的要求,在《众筹规则建议稿》中对撤销豁免注册资格处罚进行了8项规定:④

发行人及发行人的前身组织或关联人;发行人的董事、经理、普通合伙人或管理人员;实际拥有投票权20%及以上的股东;与发行

---

① 暂停交易,在美国证券法中是指SEC和交易所在紧急情况下,暂停特定证券的上市交易,又称为交易所交易停牌和SEC停牌。暂停交易与暂停注册或撤销注册的区别在于,在暂停交易状态下,被暂停交易的证券其注册登记仍然是有效的。

② 第302(d)(2)项规定的不当行为包括:(1)被联邦银行监管机构、国家信用社管理机构以及各州证券、银行、储蓄协会、信用社和保险监管机构认定存在不当行为的;(2)自发行或销售备案之日起10年内,发生任何违反法律或法规规定的欺诈、操纵或欺骗行为的;(3)因购买或销售证券而被判重罪和轻罪的;(4)向SEC提交虚假资料的。

③ 第262条规定的不当行为包括:(1)发行人在过去5年之内,其他人在过去10年之内,曾因购买或销售证券(包括向SEC提交虚假材料)而被判重罪和轻罪的;(2)在过去5年之内,曾因从事证券交易(包括购买或出售证券)或者向SEC提交虚假文件而被给予停止禁令和法院禁制令处罚的;(3)在过去5年之内,发行人曾因触犯美国邮政服务虚假订单条款或者被注册登记为承销商,而被禁止从事特定证券的发行交易的;(4)在过去5年之内,发行人之外的其他参与人,存在下列行为的:被SEC给予警告处分的;被SEC撤销或暂停经纪人、经销商、市政证券交易商或投资顾问资格的;被SEC限制业务范围的;被禁止参与便士股票发行的;被SRO暂停或开除会员资格的。值得注意的是,罗列在第262条中的不当行为要求同样适用于其他与发行人有特定关系的人,包括发行人的前身组织、附属机构、董事、管理人员和一般合伙人;占有发行人股本10%以上的受益人;发行人的发起人以及发起人的董事、员工和合作伙伴;承销商以及承销商的董事、员工和合作伙伴。

④ 《JOBS法案》第302(d)款修改了《多德—佛兰克法案》第926条的规定,要求撤销豁免注册资格处罚应该和第262条的规定相似,应该包括D条例第506条规定的不当行为。2013年7月10日,SEC根据D条例第506条的规定,草拟了撤销豁免注册资格处罚的条款,因此,该条款是仿照第506条的内容制定的,与第262条的规定基本相同。

有关联的发起人；在证券发行销售中已经或将要接受报酬的促销商以及促销商的董事、经理、普通合伙人或管理人员，如果存在下述不当行为，应当撤销豁免发行资格：

（1）发行人在过去 5 年之内，其他人在过去 10 年之内，曾因购买或销售证券（包括向 SEC 提交虚假材料）而被判重罪和轻罪的。5 年或 10 年的期间从根据《1933 年证券法》第 4A（b）款的规定提交申报材料时起算。

（2）因从事任何证券的买卖或者向 SEC 提交了虚假材料或者作为证券承销商、经纪商、交易商、市政证券交易商、投资者顾问或有偿促销商在经营时存在不当行为，被有管辖权的法庭判决、裁定或者命令，限制或禁止在 5 年之内，不得从事特定证券交易的。

（3）因联邦银行监管机构、美国商品期货委员会和全国信用社管理机构以及各州证券、银行、储蓄、保险等监管机构认定存在不当行为，禁止从事相关业务的；或者因违反法律或法规的规定，存在欺诈、操纵、欺骗等非法行为，被禁止在 10 年内不得从事证券交易的。

（4）SEC 根据《1934 年证券交易法》第 15（b）款或 15B（c）款，或者根据《1940 年投资顾问法》第 203（e）款、第 203（f）款的规定，暂停或撤销经纪商、交易商、市政证券交易商、投资顾问资格的；或者限制业务范围的；或者禁止参与便士股票发行的。

（5）因违反联邦证券法反欺诈条款的规定或者违反《1933 年证券法》第 5 条的规定，被 SEC 给予停止禁令处罚，禁止在 5 年内参与交易的。

（6）因故意或过失行为违反公正与公平交易原则，而被全国证券交易所、全国证券协会或州证券协会暂停或开除会员资格的。

（7）注册登记为承销商的，在 5 年之内，存在下列事项的：被 SEC 拒绝登记注册、终止登记注册效力的；被 SEC 暂停 A 条例下豁免资格的；正在被有关机构调查是否终止登记注册效力或中止登记注册效力的。

（8）过去 5 年内，曾因触犯美国邮政服务虚假订单条款或者违反美国邮政法律的规定，企图通过虚假订单获取钱财或知识产权，而被给予停止禁令或禁制令处罚的。

2. 一般例外

SEC 在《众筹规则建议稿》中，除了从积极立法的视角对撤销豁免注册资格规定了一般性的处罚条款之外，还从消极立法的视角规定了一般例外条款，也可以称为撤销注册处罚的安全港条款。从总体来看，撤销注册的安全港条款主要包括 5 种情况：

（1）在众筹最终实施细则生效之前，因违反法律而产生的命令、判决、裁定、暂停、开除、禁止等事项都不纳入撤销资格处罚范围；

（2）发行人不知道，或者有了合理的注意，或者不可能知道撤销豁免注册资格事项的，不纳入撤销注册资格处罚范围；

（3）如果确定发行人已显示出良好的意愿，认为没有必要撤销豁免注册资格的，SEC 可以批准放弃撤销资格处罚；

（4）如果在依据证券法第 4A（b）提交材料之前，法庭或监管机构发布书面命令、判决或裁定，认为不应该撤销资格的，将不纳入撤销资格处罚范围；

（5）发行人的关联人在关联之前发生的行为或事件，如果关联人能够证明其没有被发行人控制或在事件发生时没有与发行人一起被同一个第三方控制的，将不属于撤销资格处罚的事件或行为。

（二）对中介机构撤销注册资格处罚

《JOBS 法案》第 302（d）款要求 SEC 对中介机构没有资格参与第 4（a）（6）项下的证券交易的情况给予撤销注册资格处罚，SEC 据此在《众筹规则建议稿》第 503（d）款中规定了撤销股权众筹中介机构注册资格的条件。第 503（d）款是一条指引性规范，指示股权众筹中介机构直接适用《1934 年证券交易法》第 3（a）（39）项中规定的"法定资格取消"条件，按照 3（a）（39）项的规定，中介机构法定资格取消的情形主要有 5 大类，大致包括禁止、开除、中止、撤销、犯罪等处罚事项，主要是规定"任何法定取消资格的人"根据第 3（a）（39）项的规定不得从事或成为某个自律组织的成员。因而，2013 年《众筹规则建议稿》第 503（d）款的规定就是，除非 SEC 规则和命令授权同意，否则禁止证券交易法第 3（a）（39）的定义的"任何法定取消资格的人"成为股权众筹中介机构或中介机构的关联人。

与美国的间接规定不同,意大利在众筹监管规则中,对中介机构直接规定了撤销注册处罚的条件,意大利规定,如果中介机构提交的登记注册信息不完整或者未能及时缴纳 CONSOB 规定的监管费用,或者违反监管规则第 23(1)(b)项的规定,CONSOB 将撤销中介机构的登记注册。① 在《18592 号规则》第 23(1)(b)项规定,在不符合第 24 条规定的条件下募集风险资金或者代表的公司不是法令 25 条第 2 款和第 4 款规定的创新型初创企业,包括初创型社会组织;在合同文本或其他数字文本或类似文件上伪造投资者签名;有效地非法占有他人的金融工具或钱财,即使是暂时性的非法占有;向投资者或 CONSOB 发送虚假或不真实的信息或文件;未经投资者同意,向银行和投资公司发送买卖证券的订单;当投资者依据第 13 条第 5 项行使撤回权或者依据第 25 条行使撤销权时,没有通知银行和投资公司;重复的行为导致第 23(1)(a)项规定的暂停令的执行和其他违反具体规则的特别严重行为。

此外,CONSOB 还规定了一个紧急适用条款,即 CONSOB 在需要和紧急的情况下,可以暂停在线平台的运营,暂停时间不超过 90 天;如果有充分理由认定存在着严重违法行为或者违反 CONSOB 一般的或者具体的规定,CONSOB 可以撤销其注册资格。②

三 《众筹规则建议稿》撤销注册处罚存在的问题

(一)处罚对象问题

就《JOBS 法案》的立法目的来看,撤销注册处罚的对象主要有两个,一个是发行人及其关联人,第二个是中介机构及其关联人。但是,对于发行人及其关联人或中介结构及其关联人的内涵或者范围,有着不确定的判断。就上文的法条规定来看,SEC 在《众筹规

---

① Regulation No. 18592. ART. 12.
② Regulation No. 18592. ART. 22.

第五章 股权众筹融资责任承担与救济法律问题研究

则建议稿》中，试图按照《JOBS 法案》的要求，借鉴 A 条例的立法规定，试图对两者的范围进行缩小化界定，但是，在整体缩小的情况下，对一些特殊的条件又进行扩大化解释，这就造成一些理解上的混乱。

1. 发行人的管理人员

《众筹规则建议稿》中，撤销资格的处罚对象包括发行人的"管理人员"（Officer），而不是 A 条例下的"高级管理人员及其参与发行的其他管理人员"①。因为 SEC 认为从事第 4（a）（6）条项下证券发行的发行人，与 A 条例 506 条项下的发行人相比，都是比较小的实体，管理人员数量比较少，有时可能只有几个人，可能没有正式头衔，因此，套用第 506 条中"高级管理人员及其参与发行的管理人员"的规定，可能大而不当，没有操作性，或者说没有实际意义，还有可能因为要区分"管理人员"与"高级管理人员"而给股权众筹发行人带来额外的负担。因此，SEC 认为对于第 4（a）（6）条项下的发行人而言，简单的要求其管理人员合规，是比较简便易行的，也是节省成本的，这与第 506 项下要求"高级管理人员及其参与发行的管理人员"合规也是为了缩小范围、降低 A 条例下的发行人的发行成本的立法精髓是一样的。但是，SEC 却没有注意到对"管理人员"的模糊定义，将可能扩大发行人的合规对象范围，对于股权众筹发行人而言，管理人员有可能是发行人的所有成员或者大多数成员，如此规定，无疑会增加发行人潜在的合规成本，并可能影响发行人的有效人员配置。并且，就长远发展来看，股权众筹业务的快速发展，将迫使发行人不断快速扩大其团队组建，因此，基于发行人团队较小的过于模糊的规定，可能在很短的时间内就不能适应新形势的需要。

因此，就处罚的对象而言，SEC 在制定草案的过程中，出现了理解上的偏差，SEC 的本意是试图缩小 A 条例下的处罚范围，降低发行人的合规成本，但实际的规则却扩大了处罚的范围，或者说至少从字面意思上扩大了处罚的范围，有违反 JOBS 法案的立法目的的嫌疑。

---

① Executive Officer and Other Officer Participating In The Offering.

2. 利益相关者

A条例262条规定拥有发行人10%及以上股份的利益相关者要合规，但是《众筹规则建议稿》中规定，拥有发行人20%及以上股份的利益相关者要合规，否则，给予撤销资格处罚。从规定来看，在股权众筹发行中，降低了利益相关者的合规门槛，从A条例的10%降低到20%。对于监管门槛的降低，SEC的解释有三点，其一是如果仍坚持10%的门槛会增加发行人的合规负担；其二是如果坚持10%的门槛，则监测持股水平波动的管理工作比较复杂，发行人没有能力来控制如此多持股股东；其三是如果坚持10%的门槛，则发行人可能会遇见要披露更多的不合规行为或事件，① 会影响发行人的积极性。因此，SEC认为采用20%的门槛，持股股东相对比较稳定，数量也比较有限，有利于发行人更加容易地遵守规则。

但是，SEC的这种规定，也是存在风险的。首先，20%的门槛，降低了准入标准，将使得许多有过不良行为的实体和个人进入股权众筹证券的发行与销售领域，将为本来就存在欺诈风险的众筹市场带来更多的不安全因素，可能诱发更多的欺诈或违规行为；其次，SEC认为20%的门槛，持股股东比较稳定，有利于发行人更加容易遵守规则，但是正是这一点，恰恰说明SEC在有意或者隐瞒一些可能不符合注册豁免条件的事件或行为，此种隐瞒的目的可能是为了培育股权众筹市场而不得不放弃一些可能潜在的风险监管。但是，这涉及该类风险破坏性的评估和SEC对于建立一种怎么样的股权众筹市场的价值判断，按照SEC的监管经验来看，主要是借鉴A条例或D条例下的小额发行经验，并始终强调在一定风险和一定监管之间尽最大可能找到平衡，其潜在的蕴意是允许一定风险的存在，恰恰是这种允许存在一定的风险，并自信监管机构能够预防或者控制这种风险的心态，促使了之后较大风险的发生，也就是说监管者以一定数量的投资者风险为筹码，换取投机者或不良行为者对市场的参与与支持。但是鉴于股权众筹是建立在普通大众的储蓄投资基础之上，如果监管仍然坚持在机

---

① SEC, *Proposed Rule of Regulation Crowdfunding*, 2013, p.286.

构投资者或者合格投资者占据主导地位的投资监管模式中,试图通过牺牲一部分普通大众的储蓄投资利益,来换取不良行为者或"坏孩子"参与股权众筹市场,将可能带来更具挑衅意味的破坏性风险,可能反过来会危机市场的建立。就这个层面而言,SEC 拟议的规则,已经放松了监管标准,可能与《JOBS 法案》的要求相背离。

因此,只是设立 20% 的门槛,对于预防风险而言,可能不是有效的,还是应该强化职业经历和业务经历的清白审查,应该借助于互联网的便捷性和大数据,着眼于未来,努力克服传统证券市场的种种缺陷,创建一种高质量、高要求、高标准的发行交易市场,而不应该只是将股权众筹定义为传统市场的有益补充。

3. 有偿招揽人及其关联人

《JOBS 法案》第 302（d）款的规定,对证券承销商、经纪商、交易商、市政证券交易人、投资者顾问或有偿促销者存在不法行为而犯有重罪或轻罪的,没作出处罚规定,但是《众筹规则建议稿》却规定上述人因存在不法行为而犯有重罪或轻罪,规定应该给予撤销注册资格处罚。[①] 因此,股权众筹立法动向是倾向于将有偿招揽人及其关联人纳入撤销资格的处罚对象中,这一点与 506 规则的规定是一样的。SEC 的解释主要有三点,首先,第 4（a）（6）项下的发行和销售,不包括承销发行,所以取消资格的规则不适用于承销商,因此,有偿招揽人实际上代替了承销商在传统证券发行中的角色,所以,应该将有偿招揽人包括在内;其次,虽然《JOBS 法案》对有偿招揽做出了严格的限制,但是毫无疑问,法律允许发行人对在中介机构提供的沟通渠道上推销其依据第 4（a）（6）条发行的证券的招揽人支付报酬,所以,应该纳入监管的范畴;最后,有偿招揽人在推销发行人证券的时候,要从发行人处获得相应的报酬,因此,他们在第 4（a）（6）条项下的证券交易中有利益冲突,在本质上与 A 条例项下交易中的承销商相似,也应该受到取消资格条款的约束。[②]

---

① U. S. JOBS. ACT. §. 503（a）（1）（iii）.
② SEC, *Proposed Rule of Regulation Crowdfunding*, 2013, pp. 285 - 288.

但是，问题是 SEC 的建议规则将有偿招揽人及其关联人界定在"有偿招揽人的董事、管理人员、普通合伙人、管理团队的成员"，这样扩大化的解释，无形中提高了发行人的审核难度，并置发行人于两难境地，如果不要招揽人，则可能面临购买不足而导致发行失败，如果使用招揽人，则没有足够的时间和精力去审核其是否合规，唯一可能做到的是要求有偿招揽人自己申报或主动披露，但是，如果一旦招揽人隐瞒真相，则可能导致取消发行资格。所以，从股权众筹市场本身的发展来看，传统证券市场下的承销商或招揽人所扮演的角色是在降低，也就是说在互联网广泛普及性的条件下，承销商和招揽人对证券发行所能起到的作用可能是日趋减少的；另一方面，传统的承销商和招揽人可能对股权众筹小额证券的发行是没有什么兴趣的。鉴于这两方面的原因，可能的选择应该是直接禁止股权众筹中存在有偿招揽人，一方面，可以减少发行人的成本，另一方面，又能培育全新的市场模式，可以完全杜绝在招揽行为中可能出现的欺诈或不实风险，保护投资者安全。而这种做法唯一的担心可能就是有效购买不足，原因是信息不对称，如果在借助互联网渠道的同时，监管机构能够赋予发行人更多的宣传自由，可能会解决这个问题。

（二）回溯期问题

在撤销注册资格的触发事件方面，《JOBS 法案》只是提出了原则性的要求，要求包括 302（d）款中列举的不当行为，并与 A 条例第 262 条包含的内容"基本相似"。SEC 根据上述规定，在《众筹规则建议稿》中具体罗列了 8 项内容，包括刑事犯罪、法院禁制令、监管机构的最后命令、SEC 的制止令、SEC 的处分、暂停或开除 SRO 会员或协会成员资格、暂停或取消 A 条例下的豁免资格和美国邮政服务虚假订单。在这 8 项事件当中，有 5 项规定了回溯期，分别是刑事犯罪的，发行人必须恪守 5 年期限的回溯期，其他人须恪守 10 年期间的回溯期；法院的禁制令，当事人须恪守 5 年的回溯期；监管机构的最后命令，如果是违反任何法律或规定关于反欺诈、反操纵、反欺骗条款而引起的，须恪守 10 年的回溯期；SEC 的制止令，如果是违反反欺诈条款或者违反《证券法》第 5 条的规定的，须恪守 5 年的回溯

第五章 股权众筹融资责任承担与救济法律问题研究

期；暂停或取消 A 条例下的豁免资格，须恪守 5 年的回溯期；存在违反美国邮政法律规定的虚假订单规定的，须恪守 5 年回溯期。

1. 回溯期规定的合理性问题

对《众筹规则建议稿》中关于撤销资格处罚的回溯期规定的合理性，是存在质疑的。因为：

（1）《众筹规则建议稿》对于有些回溯期的设置，有的涉嫌超越法律授权，如对刑事犯罪的回溯期的安排。《众筹规则建议稿》第 503（a）（1）项规定了因为刑事犯罪而被撤销注册资格的处罚，并设置了 5 年或 10 年的回溯期，但是《JOBS 法案》第 302（d）（2）（B）（ii）条款的规定，对犯罪并没有做具体的时间限制。SEC 的解释是该项安排参照了 A 条例 262 条款的规定，按照《JOBS 法案》的授权，SEC 认为自己制定的规则完全与 262 条的规定内容"基本相似"，并没有逾越授权范围。但是，该立法实际上减轻了发行人及其关联人的合规负担，并且从立法目的方面，就违反了《JOBS 法案》对股权众筹强化发行人和中介机构监管的立法目的，仍然存在"越权"的质疑。

（2）上述 5 种回溯期的设计，按照 SEC 的解释来看，主要是参考 A 条例 262 条款的规定，但是 A 条例下的小额发行与第 4（a）（6）项下的发行，有着很大的区别。因为在股权众筹市场，发行人对于发行证券的直接影响要比传统证券发行市场中发行人的影响要大得多，股权众筹缩减了中间环节，使得发行人直接面向投资者，就需要发行人承担更多的责任，这个时候，如果仍用传统证券市场中对发行人的要求来约束股权众筹发行人，明显对投资者不利。所以，对发行人和其他人采用 A 条例 262 条中的追溯期限，并且是对发行人采用比较宽松的时间限制，将不符合股权众筹市场的实际情况。

（3）回溯期的设立，反映了 SEC 对引发撤销注册资格处罚的事件或行为的重视，这种重视并不单纯只是为了处罚，更多的是一种积极的预防，或者说是为了更好地保护投资者利益，然而通过《众筹规则建议稿》规定的 5 种回溯期可以获知，自律组织的处分或处罚没有回溯期，SEC 仍然倚重官方的监管，而忽视自律组织的监管，但是在股权众筹目前日趋大众化、民主化的情势下，官方监管可能不足，也可能不专业，因而，强调自律组织监管的重要性将会更加紧迫。因此，在将自律组织的处分或处罚纳入撤销注册资格的同时，也应该为自律组织的处分或处罚设立一个与官方处罚相同的回溯期，强调自律组织处分或处罚的重要性。

所以，在回溯期的设计上，要依靠法律的授权，应该按照违法行为的性质来统一规定，而不是按照处罚主体来进行划分；并且对股权众筹违法行为的处罚，要重于传统证券下违法行为的处罚，可能采取分期回溯的办法，将严重的证券违法行为如欺诈、操纵、欺骗等行为规定一个较长的回溯期，如15年，而对于一般违法行为统一规定一个比较适中的回溯期，如5年，可能对保护投资者利益更加有利。

2. 回溯期间相关命令的执行问题

SEC在《众筹规则建议稿》中罗列了5种情况下的撤销注册资格回溯期，但是，从文本内容来看，并不清楚在回溯期间相关命令的执行状态。从SEC的解释来看，也有很多的不明确的地方，如SEC认为，《JOBS法案》第302（d）（2）（B）目下的监管者最后命令，对于违反反欺诈、反操纵、反欺骗条款的最后命令要恪守10年的回溯期，SEC认为这个文本内容至少澄清了两点内容，最后命令只要是有效的，就应该取消注册资格；最后命令应该是在回溯期间作出的。① 但是，SEC在随后的解释中又举例说明，法院的禁制令与监管机构的最后命令不同，因为法院禁制令中的回溯期有"切断"（Cut-off）的功能，所以如果禁制令是依据第4A（b）款的规定在提交信息之前5年发出的，即使该禁制令仍然有效或者是永久性禁制令，那么也不能成为取消注册资格的理由。② 这样，在理解上就存在一定的混乱，SEC关于最后命令回溯期的解释，比较容易理解，就是阐明只要在提交信息时最后命令有效，就不能登记注册；如果最后命令是在回溯期间做出的，即使在提交信息时已经失效，也不能登记注册。但是对于

---

① SEC, *Proposed Rule of Regulation Crowdfunding*, 2013, p. 294.
② SEC, *Proposed Rule of Regulation Crowdfunding*, 2013, pp. 295 - 296.

第五章 股权众筹融资责任承担与救济法律问题研究

法院禁制令回溯期的"切断"功能,理解起来比较困难,按照监管机构"最后命令"回溯期的解释,只要禁制令生效,就不能登记注册,但是,SEC 的解释却是只要禁制令不是在回溯期间做出的,无论在提交信息时是否有效,都可以登记注册。因此,可能有两种解释,一是法院禁制令回溯期的功能和其他处罚回溯期的功能,在美国证券法上是不同的,二是回溯期没有具体的法定功能,完全在于 SEC 的解释。对此,有待进一步研究。

(三) 处罚例外问题

《JOBS 法案》对撤销注册资格的处罚并没有直接规定例外情形,但是在《众筹规则建议稿》中,SEC 通过几种不同的措辞,实际上为撤销资格处罚规定了 5 种例外情况,但是存在以下问题:

1. SEC 认为在众筹最终实施细则生效之前,因违反法律而产生的命令、判决、裁定、暂停、开除、禁止等事项都不纳入撤销资格处罚范围,SEC 将这个例外称之为"过渡"(Transition)条款,立法初衷是为了解决对取消资格规定追溯应用的潜在不公平问题,采用的方法是直接将众筹规则生效之前发生的行为排除在引起第 4(a)(6)条项下的取消资格的原因之外。[①] 但是,问题是《众筹规则建议稿》在不同的情形下规定了回溯期,如果按照过渡条款的解释,将最终规则生效之前的不合规行为排除在外,那么就有可能出现回溯期在股权众筹市场被赋予合法地位之后的前几年(最大期间范围是与回溯期等同的期间)将失去保护投资者利益的功能;与此相反,这几年又是建立股权众筹市场的关键时期,这样规定有点得不偿失。按照 SEC 的解释,对于实施规则生效之前的不合规行为可能对投资者利益产生的负面影响,应该通过公开披露信息的方式来解决,SEC 认为:"这种披露会使投资者关注这些事件,如果不及时掌握这些不合规事件信息,投资者将不能很好地评估他们潜在的投资"。[②] 很明显,通过这种解释,SEC 将规则生效前不良行为可能带来的风险完全转移到投资者身

---

① SEC, Proposed Rule 503 (b) (1) of Regulation Crowdfunding, 2013.
② SEC, *Proposed Rule of Regulation Crowdfunding*, 2013, pp. 309 – 310.

上,并且为自己的"踢皮球"行为找了一个理由,即"我们也相信,这种披露尤为重要,因为,作为302(d)条款的执行结果,投资者可能认为参与4(a)(6)项下的发行中,所有不良行为都被取消",① 意思是投资者不能太依赖 SEC,要靠发行人的披露和投资者自己的判断。这个理由太牵强,并且与 SEC 的身份不符。

就过渡条款而言,SEC 担心可能产生不公平问题,主要是担心实施细则生效后可能涉及效力溯及的问题,并且有些市场人士直接向 SEC 建议"规定应该不溯及最终规则通过之前的不合格事件",② 但是就实施细则生效前的不合规行为或事件而言,并不是单纯的事实或行为,而是监管机构或司法机关或自律组织为了维护公共利益而给予的处罚措施,具有一定的惩戒期限,对于生效后的规则而言,并不是将生效后的规则强加在生效前的客观行为上,进行溯及追加处罚,而是对于规则的一种维护,将不符合规则的行为排除在外的一种守法行为。如果行为人不主动请求适用该规则,则不可能产生排除问题,如果行为人请求适用该规则,该请求行为发生在规则生效之后,所有申请人一视同仁,按照规则进行审查,并不产生不公平的问题。

所以,应该坚持回溯期的统一适用,不能将规则生效前的所有不合规行为排除在取消资格处罚之外,也就说,这条例外并没有实际意义。

2.《众筹规则建议稿》第 503(b)(4)项规定,发行人不知道,或者有了合理的注意,或者不可能知道撤销注册资格事项的,不纳入撤销注册资格处罚范围。从立法背景资料分析,SEC 是借鉴了 A 条例 506 条的规定,目的是为了解决发行人在判断参与人是否合规方面的困难。因为从技术方面分析,如果没有这个例外,只要参与人有不合规行为,按照 503(a)款的规定,就会取消发行人的豁免注册资格,这样就影响发行人的发行。但是,就股权众筹发行人的能力或者监管技术手段来分析,目前无论是发行人还是监管者都不能充分了解和掌握证券市场中存在的不合规事件或违法违规人,因此,如果

---

① SEC, *Proposed Rule of Regulation Crowdfunding*, 2013, pp. 309 – 310.
② SEC, *Proposed Rule of Regulation Crowdfunding*, 2013, p. 284. note 752.

第五章 股权众筹融资责任承担与救济法律问题研究

把所有参与人的合规审查义务全部累加在发行人的身上,一方面,发行人会面临很高的合规成本和很大的合规压力;另一方面,过重的责任承担,会让一些潜在的发行人远离股权众筹市场。

这是一个现实的问题,要解决这个问题,必须同时兼顾发行人的利益和整个市场的共同利益,既要让发行人积极承担审查监管参与人合规的义务,又不能给发行人太重的压力,进而影响市场的形成。所以,SEC选择了制定这条例外办法,即只要发行人不知道,或者有了合理的注意,或者不可能知道不合规事项,就不予处罚,按照SEC的解释,这条规定将"会保护第4(a)(6)条豁免的预期利益,并避免在筹资活动中不必要的负担"。[①]

但是,在提出这个解决思路之后,面临一个更为艰难的任务,即如何证明发行人"不知道,或有了合理的注意,或不可能知道违规行为"? SEC的思考结果是将这个难题交给发行人自己解决,即在《众筹规则建议稿》第503(b)(4)项下,插入一项举证责任倒置的要求,[②]要求发行人做一个事实调查以判断其是否存在合理的注意,并将该事实调查作为证据来证明发行人有"合理注意"的主张,如果发行人没有能够成功举证或者举证没有能够说服监管者或法官,那么发行人有"合理注意"的主张就不能成立,应该承担撤销注册资格的处罚。

---

① SEC, *Proposed Rule of Regulation Crowdfunding*, 2013, p. 305.
② SEC, *Proposed Rule of Regulation Crowdfunding*, 2013, p. 522.

第六章 对境外股权众筹监管规则的分析与评价

第一节 境外股权众筹监管规则立法技术分析

一 美国股权众筹监管规则立法理念分析

法律反映的是立法者的价值取向,同样,规则折射出制定者的价值判断。因此,立法者的世界观、价值观会影响到法律的价值倾向,制定者的视野大小、知识储备、教育背景、人生阅历,甚至身体状况和心理素质,都会对规则的形成产生重大影响。因而,要全面了解域外股权众筹监管规则的形成,就需要分析规则制定者的立法理念和其对股权众筹市场的基本价值判断。

美国和意大利都是有影响的市场导向的经济体系,私人企业在其中扮演着重要但并不是毫无限制的角色,尽管两国之间存在着相当大的类似性,但却以不同的方式在组织政府与企业的关系。[①] 按照约翰·西斯曼(JOHN ZYSMAN)的观点来看,"美国是一个公司领导经济的国家,私人公司指导经济运行,政府的干预有限",[②] 而意大利则更像英国,是"一个没有一致性模式来管理经济的国家,政府经常在经济上采取主动,但是公司保持他们的自

---

① [美] 夏尔·菲利普·戴维、路易·巴尔塔扎、于斯丹·瓦伊斯:《美国对外政策基础、主体与形成》,钟震宇译,社会科学文献出版社2011年版,第52页。
② [美] 夏尔·菲利普·戴维、路易·巴尔塔扎、于斯丹·瓦伊斯:《美国对外政策基础、主体与形成》,钟震宇译,社会科学文献出版社2011年版,第52页。

第六章 对境外股权众筹监管规则的分析与评价

主性"。① 与此相呼应的是，美国《JOBS 法案》的立法动议是由小企业论坛率先提出的，而意大利的立法动议是在政府的推动下形成的，因而，对美国立法者而言，股权众筹立法是被动发起的，但是意大利是主动发起的，这个区别对监管规则的形成有重要影响。

一般而言，被动发起的立法动议，除非是突发事件需要紧急处理，否则要经过漫长的层层讨论甚至争论周期，如果是在法制不完善的国家，很多被动发起的立法动议，可能最后都不了了之。但是，被动立法动议在美国却有不同的处境，因为美国动力机制与协调机制的独特性和政治体制的开放性，有助于处于任何动机的代表们能够在听证中取胜，并且鼓励利益集团的形成和利益的表达，通过其在政策争论中的表现，支持新观点的集团可以排挤反应迟钝的组织，从而在社会运动和立法活动中获得更多的资源。②

正是因为上述原因，美国立法者在证券市场面临股权众筹新问题时，反应非常迅速，但同时也存在诸多理念争论。无论是从小企业论坛首次提出建议，还是到 Patrick Mchenry 提出首份众筹草案，还是直到最后参议院版本的高票通过，美国社会对于众筹监管一直处于两种截然不同的理念争论之中。支持者认为放松监管下的股权众筹，可以为市场带来新的融资渠道，有助于促进市场竞争、小企业融资和促进就业，并且有利于该行业规则在国际的率先制定；而反对者认为股权众筹小额豁免发行，将置中小投资者于欺诈横行的危险境地，是美国证券立法的倒退，并且放松监管并不能促进小企业的融资与发展，其纯粹是利益集团为放松监管而设计的说辞。

因而，在规则建立之前，必须在不同的立法理念之间做出取舍，确定立法的基本价值，立法理念的选择将决定立法的大致走向，也决定股权众筹市场参与者之间的利益分割。如何选择一种符合股权众筹市场发展规律的，并有助于本国证券市场健康、长远发展的立法理

---

① [美] 夏尔·菲利普·戴维、路易·巴尔塔扎、于斯丹·瓦伊斯：《美国对外政策基础、主体与形成》，钟震宇译，社会科学文献出版社 2011 年版，第 52 页。
② [美] 夏尔·菲利普·戴维、路易·巴尔塔扎、于斯丹·瓦伊斯：《美国对外政策基础、主体与形成》，钟震宇译，社会科学文献出版社 2011 年版，第 84 页。

念,将考验立法者、政治家和参与者的智慧。当然,如前所述,这种选择与一个国家的政治体制、法治水平和文化教育有很大关系。

回顾美国证券立法史,在立法理念的选择上,有过成功的先例,也有不太成功的选择。如在1933年制定《证券法》时,美国曾对采取何种有效的标准监督证券市场犹豫不决;在1990年制定《低价股改革法案》时,也曾有过美好的预期;而在1999年制定《金融服务现代化法案》时,曾陷入激烈的争论中。时过境迁,站在美国证券市场发展的逻辑上回顾,会发现1933年选择仿照1844年英国公司法的规定,要求上市公司披露重要和相关信息来防止证券欺诈的立法理念是成功的,时至今日,尽管实质审核的观点仍有不少支持者,但是信息披露监管立法理念对于政府、投资者、发行人在证券市场中扮演角色的清晰判断,[①] 更有助于政府与市场的相对分离,为证券市场的健康、有序运行打下坚实的基础。然而,1990年制定《低价股改革法案》时,对市场需求评估过于乐观,显然是一个不太成功的选择。

但是,1999年《金融服务现代化法案》的情况比较复杂一些,因为当时支持者的理由是,该法案"将刺激该产业的竞争,降低价格,提高国家的金融服务体系的稳定性,培养金融服务公司更为有效地面向全球金融市场展开竞争,并提高他们对消费者偏好的回应性";[②] 反对者认为"新的立法主要是为了巨型企业的联合铺平道路,该法不但不会刺激竞争,反而会减少竞争……伴随着这些合并,高级执行官们将会挣到更多的钱,而普通消费者的选择空间则会更少……

---

① 当时主要有三种理念,一种理念认为法律只适用于惩罚已经发生的证券欺诈行为,任何预防性质的法律都不会有效;另一种理念认为应该仿照州蓝天法中的实质审核做法,通过联邦政府的审查来预防证券欺诈;第三种理念认为应该仿照1844年英国公司法的规定,要求上市公司披露相关信息来防止证券欺诈。美国最后选择第三种,理由是证券法无意阻止投资者做出坏的投资决定,而是想通过信息披露来帮助投资者评估证券质量,防止发行公司的欺诈行为,使投资者和发行公司尽可能地站在同一起跑线上。第三种理念对政府、投资者、发行人和市场的关系,做了比较清晰的界定。详细见高如新、王敏祥《美国证券法》,法律出版社2000年版,第4—5页。

② Clinton, Statement on Signing Legislation to Reform the Financial System. 转引自 [美] 理查德·雷恩《政府与企业,比较视角下的美国政治经济体制》,何俊志译,复旦大学出版社2007年版,第323—324页。

该法削弱了私人和社区的投资标准,让国家金融体系长期稳定面临危险"。① 结果是支持者占了上风,但随后爆发了金融丑闻、大而不能倒的银行、次贷危机和金融危机。

非常值得注意的是,虽然在金融丑闻和次贷危机之后,美国金融立法趋于严格,但不能简单地认为 1999 年《金融服务现代化法案》中选择的立法理念是不成功的,或错误的。因为,该法案的立法者考虑更多的是美国金融服务企业在全球的竞争力问题,尽管反对者的理由足够充分,并且事后的实践也证明反对者的观点很准确,但是,立法者的视野已远远超出美国国内市场的建设和竞争问题,力主混业经营的立法理念,旨在放眼于全球市场、国家间竞争和国际竞争,而法案生效后美国金融企业在全球金融市场上的纵横捭阖,足以证明立法者的远见、务实和精明。

当然,关涉股权众筹发展前景的众筹草案在几经修改之后,获得两党的支持并高票通过,《JOBS 法案》成了股权众筹市场建设的基本法律依据,说明立法者的视野再次越过美国国内,放眼于规则和制度的国际竞争,"占领"新市场"游戏规则"制高点的潜在蕴意已不宣而露,体现了立法的长远规划安排,这与美国政府努力为国际金融改革提供"模范蓝本"的努力是相一致的。②

尽管 SEC 的实施细则因为国会的审议而迟迟不能出台,但这一点恰好说明了美国立法技术的成熟,与其立法理念的远见,一松一紧,相得益彰,共同维护着美国的国家利益。

二 美国股权众筹监管规则立法技术分析

(一)立法监督与制衡

美国分权主义思想在证券立法领域的显著体现,莫过有二,一是

---

① [美] 理查德·雷恩:《政府与企业,比较视角下的美国政治经济体制》,何俊志译,复旦大学出版社 2007 年版,第 323—324 页。
② 2010 年 7 月 21 日,奥巴马签署了《2010 年华尔街改革与消费者保护法案》,并认为"这项法案将是美国史上最严格的消费者保护措施,将令美国以至于全球金融服务业出现巨大变化,应该作为推定国际金融改革的蓝本",见 [美] 加里·贝克尔《美国金融监管改革的五大缺陷》,《中国金融》2010 年第 15 期,第 17—18 页。

行为人在遵守联邦法律的同时，必须接受相关州法律的约束；二是证券立法活动受到多方监督和制衡。这种立法体例在美国开放性政治体制和多元利益诉求的助推下，表现得极富弹性和张力，能够迅速捕捉证券市场发生的新动态和新变化，并且根据变化迅速做出新的调整。对美国立法者而言，这种敏锐的洞察能力和管控能力来自于美国成熟的立法环境，即当市场发生新变化时，社会各界包括国会、各州、SEC、法院、律师协会、证券业界、投资者团体、学术界等纷纷建言献策，捍卫自己的价值观和利益，这种多元化的诉求在不断辩论、争吵中，对新问题进行多方位审视，能够最大化地暴露风险、疏漏和隐患，进而为立法防御提供有力支持。

（二）平衡与协调

美国立法者在立法中使用平衡与协调的技术，与美国分权体制和政治文明有直接的关系，因为平衡意味着管制，即使用公权力平衡私人利益与公共利益，[1] 但是在利益诉求多元，链条复杂勾连的资本市场，很难说服参与者相信管制就是为了解决市场失灵，而其结果对所有参与者都是有利的。因而，坦白地告知参与者管制是一种利用政府权威来将一个群体的收入再分配给另一个群体的努力，[2] 只不过实现的是政府所认同的目标，这个目标是个最大公约数，也有可能是预期的最大公约数。因而，为了做出适应性调整以保护自己的权益，参与者需要与政府进行协调，要争取在管制破坏既有利益格局的情况下，尽可能挤进最大公约数中，获得公权力平衡带来的利益。

但是在现在的美国证券市场，令人担心的是平衡的立法技术可能越来越多地被用来为矫枉过正的法律和过激的立法行为（或超出市场客观情况的法案）收拾残局，其实质是用错误的方法来纠正错误的行为，这是分权制衡机制固有的缺陷。有意思的是，这种应该被批评或引以为戒的东西，却被有些学者奉为圭臬而津津乐道。

---

[1] Louis Galambos and Joseph Pratt, *The Rise Of the Corporate Commonwealth*: *United States Business and Policy In the 20th Century*, New York: Basic Books, 1988, p. 56.

[2] ［美］理查德·雷恩：《政府与企业，比较视角下的美国政治经济体制》，何俊志译，复旦大学出版社 2007 年版，第 318—320 页。

所以，在效率与安全，融资者利益与投资者利益的相互关系中，美国立法者努力的方向是找到最大公约数，或者最佳平衡点，但因为选举政治和分权制衡的体制所附带的政治因素，迫使努力平衡的两方像跷跷板一样上下起伏，这是他们在努力克服或避免的东西，不是他们的优点。

（三）成本收益分析

美国在《众筹规则建议稿》中，对规则进行了成本收益分析（Cost—Benefit Analysis，简称 CBA），这种法经济学中最主要的量化分析方法，对股权众筹监管规则的形成、效率、成本和未来发展做出了大概的实证分析。CBA 在规则制定中的使用，核心目的是为了解决法律制度在分配稀缺资源中的效率问题，是立法者对所立法律的有效性进行自我论证的过程，有助于社会以更加通俗易懂的方式了解该规则的立法目的和立法理由，方便在不同观点者之间进行交流，并且有助于解决传统法律定性分析讨论中标准不清的难题。因此，CBA 的使用，对立法者而言是一种负担，因为一方面使用 CBA 需要付出成本；另一方面，如果 CBA 的论证数据不严谨或不科学，会导致社会对所立法律的反对以及对立法者本身职业素养的批评；再者，有些法律制度或法律运行的目标价值确实很难量化计算。所以，美国金融监管部门对于 CBA 的使用，经历了比较曲折的发展历程。

但是有一点我们必须认同，CBA 的使用将迫使立法者或政府提升立法水平或管理水平，CBA 的运用不仅可以帮助立法者在诸多候选立法措施中选择最有效率的方案，而且有利于预防不当规则或不当监管对社会带来的危害和风险。

第二节　对境外股权众筹监管规则的整体评价

一　境外股权众筹监管规则宏观方面的特征

综观美国和意大利的股权众筹监管规则，会发现该项规则具有很强的时代性和地域性，是各自国家在 2008 年金融危机后面对新的国际国内金融环境,做出的应对性和规划性安排。就其内容而言,体现的是对国内股权众筹市场兴起而产生的新法律问题的及时应对,并随同对新形势下投融资市场进行的再次调整。而就其立法目的而言,还有"占领"新市场"游戏规则"制高点的潜在意蕴,体现了立法的长远规划安排。因此,美国和意大利的股权众筹监管规则,都是其国内金融法制的自然延续,并不是以独立的形态突然出现的,虽然股权众筹是一个新兴的市场,但对该新兴市场的监管没有单独设立一套规则,而是纳入国家整个金融监管的大框架中,只是在原有监管规则的基础上针对新问题而"修修补补"。所以,理解两国的股权众筹监管规则,必须立足于规则的地域性质,寻找规则的本土化根源。

(一)股权众筹监管规则是对本土问题的直接反应,具有很强的地域性

美国和意大利的监管规则都是为了解决各自本土出现的新问题,是有的放矢,而不是无病呻吟。就美国而言,其股权众筹规则的立法,是为了解决企业融资难的现实问题,特别是小企业融资难问题。根据资料显示,美国上市公司存量从1997年的8829家衰减下滑到2013年的4900家,下滑幅度达43%;美国企业在1991年到2000年这10年间,平均每年有436家通过IPO获得融资,但是在2001年到2012年这12年间,平均每年只有111家,下滑幅度达75%;其中小企业通过IPO获得融资的数量更少,在2001年到2012年间,年均不足30家,数量和占比远低于20世纪正常水平。[①] 与小企业IPO数量严重下降形成鲜明对比的是,企业通过一次IPO获得的融资额度却不断上升,"1980—2000年每笔IPO平均募资9129万美元,2001—2009年提高到单笔IPO募资2.73亿美元,最近三年(2010—2012年)更高达每家3.15亿美元"。[②] 由此可见,小企业与小规模融资在IPO市场处于边缘化位置。

---

① Gao X, Ritter J R, Zhu Z, "Where Have All the IPOs Gone?" *Journal of Financial and Quantitative Analysis*, Vol. 48, No. 6, 2013, pp. 1663 – 1692.

② 王啸:《〈JOBS法案〉能否化解小企业IPO危机——证券法修改思考笔记(二)》,http://opinion.caixin.com/2014-08-05/100713141.html, 2015 – 10 – 25.

第六章 对境外股权众筹监管规则的分析与评价

美国小企业严峻的融资环境，再一次引起立法者的注意。因为美国小企业的融资来源，主要有四个，AI，VC、PE（包括 PE 和 PIPE）、和 PO（包括 IPO 和 DPO），其中，AI 和 VC 对小企业而言，是可遇而不可求的；PE 有不合格投资者人数、禁止劝诱和限制流转的规定，而且不能公开发行；因此，IPO 中 500 万美元以下的小额发行是小企业直接公开募集资金的主要方式。但是，小企业在 IPO 中的上述严峻形势，基本上断绝了大多数小企业可能的直接融资渠道，危及到小企业的生存和发展，这迫使立法者、监管者和美国社会不得不反思其中的根源和问题。就反思的结果来看，原因比较繁杂，但主流的观点认为小企业进入资本市场的困难，主要原因是美国证券监管法律有问题，其中具有代表性的是 2011 年 10 月 SEC 向美国财政部提交的"让 IPO 重新驶入资本市场高速路口"的报告，① 该报告认为，美国小企业和小规模融资目前所处的尴尬情景，与美国证券法律制度的演进、变化有很大的关系。其依据是：

1. 金融自由化政策对小企业融资不利。自 20 世纪 80 年代里根政府推行自由化政策以来，就在不断动摇 20 世纪 30 年代建立的证券监管基础，尤其是克林顿政府 1999 年推行的《金融市场自由化法案》，在废除了《格拉斯·斯蒂格尔法案》，打破商业银行与投资银行分业经营的禁锢之后，市场陷入了混业经营的规模竞争混战之中，大大小小的并购整合，消灭了许多为小企业服务的小型投行，促成了金融寡头的形成，但是金融寡头却因为利润而不愿意为小企业提供中介服务。

2. 监管过严，阻却了小企业与资本市场的沟通。《2000 年公平披露规则》和《2002 年全球研究分析师协议》为了减少内幕交易，禁止发行人向股东、分析师等人选择性披露重大非公开信息；分析师不得在证券承销过程中披露有关的研究报告，也不得将其报酬与承销商

---

① 即 Rebuilding the IPO On-Ramp，王啸：《〈JOBS 法案〉能否化解小企业 IPO 危机——证券法修改思考笔记（二）》，http：//opinion.caixin.com/2014-08-05/100713141.html，2015 - 10 - 25.

收入绑定，其结果是小企业发行人缺少分析师的跟踪、研究、推广和介绍，实际上阻却了小企业与资本市场的沟通交流渠道，发行上市关注度不高。

3. 监管过严，加重了小企业的合规负担。2002 年《萨班斯·奥克利斯法案》和 2009 年的《华尔街改革和消费者保护法案》在公司治理、信息披露和投资者保护方面提出严格要求，对小公司而言，加重了其合规成本；并且就这些严苛的合规要求而言，主要是因为大公司的投机和违规行为引起的，结果却让小公司来共同承担，很明显，这对小公司是不公平的。

4. 交易方式的变化，不利于小企业融资。电子化的竞价交易方式，击败了场内专家做市交易的传统方式，[①] 迫使场内专家转向大宗交易，小企业股票缺少做市商的支持，流动性不足，价格比较低迷，再融资困难重重。

5. 投资模式的变化，不利于小企业融资。传统的投资者注重挖掘小微公司的成长性和持续盈利的能力，通过长期持有小公司证券来获得价值增值收益，但是现在的投资者更倾向于在各种股票与商品的相对波动中寻找价格差异，目的是通过短期交易套取买卖差价。因此，小公司的股票因为规模小、市值不高、交易不活跃等因素，不受投资者的青睐。

因此，为了解决美国证券市场存在的上述问题或难题，美国社会各界和 SEC 提出了一系列对现有联邦证券法律进行修改或补充的建议，核心的体现在《JOBS 法案》中，而股权众筹正是这一系列建议中的一个关键组成部分，被视为是提高市场竞争、促进创新创业和解决小企业融资难的一个关键措施。但是与《JOBS 法案》中提出修改 A 条例和 D 条例被视为是对"矫枉过正"措施的及时补救不同，股

---

① 2001 年《百分位报价规则》（Decimalization Rule）的出台，将所有交易所上市股票的报价单位从八分位（1/8 美元）彻底修改为百分位（即 0.01 美元为基础单位），专家做市的盈利空间受到挤压。2005 年 SEC 推行"全国市场体系"（National Market System，简称"NMS"），纽交所场内专家模式对市场的垄断被击垮，形成了以电子化竞价交易为主，专家做市为辅的混合交易制度。

第六章 对境外股权众筹监管规则的分析与评价

权众筹是一种新发现,是小企业募集资金的一种新渠道,是对原有规则的一种全新突破,被寄予解决小企业融资难的厚望。所以,美国股权众筹规则其本质是美国证券市场发展、演变的产物,其规则的建构突出地表现为解决美国证券市场存在的问题,具有很强的本土特色和问题导向。

而意大利的股权众筹监管规则同样反映的是意大利国内金融市场的发展需求。鉴于意大利是一个中小企业王国,[①] 中小企业在就业、产出、出口等国家经济生活中扮演非常重要的角色,[②] 意大利也因中小企业杰出的创新能力而在世界广受赞誉。但是,进入21世纪以来,随着经济全球化和高新技术产业的蓬勃发展,意大利中小企业面临前所未有的压力和挑战,主要表现在增长急剧下降、竞争力减弱、技术落后。意大利经济从20世纪90年代起,经济增长就一直处于下滑状态,20世纪90年代GDP平均增长率为1.9%,而60年代平均为5.7%,70年代平均为3.6%,80年代平均为2.2%;[③] 与经济增长下滑相伴随的是,意大利企业的竞争力日趋下降,主要表现在意大利产品所占有的世界市场份额明显下滑,从1995年的4.5%下降到2003年的3.6%;[④] 在高新技术产品的研发和出口方面,意大利也落后于其他西方工业发达国家。[⑤]

对此,意大利各界忧心忡忡,纷纷开始反思造成这种窘境的根本原因,结果发现问题的根源在于创业能力和创新能力不足。[⑥] 造成该

[①] 潘青山、刘春辉、张沥文、赖世平:《态度决定成败——本刊专访意大利对外贸易委员会北京办事处首席代表赖世平》,《中国电子商务》2008年第2期,第20—23页。

[②] Marco Calabro, Paolo Carnazza, "The role and strategies of small and micro firms in Italy", *Review of Economic condition in Italy*, No. 3, 2004.

[③] 江建云:《意大利中小企业及其创新研究》,《湖南科技大学学报》(社会科学版) 2007年第5期,第65页。

[④] 江建云:《意大利中小企业及其创新研究》,《湖南科技大学学报》(社会科学版) 2007年第5期,第65页。

[⑤] 2002年,意大利在高技术产品出口方面保持在大约8%左右,而其他领先的工业国家则不断上升:德国从12%上升到15%,法国从20%上升25%,美国从26%上升到30%。

[⑥] Mariano D'Antonio, "Small Enterprise: Still a Strong Suit for Italy?", *Review of Economic Conditions in Italy*, No. 3, 2002, pp. 407 – 430.

问题的原因很多，除了家族式管理方式的固有弊端之外，最主要的原因在于国家缺乏对创业的支持，以及中小企业缺乏创新研发的资金投入，即一方面中小企业缺乏融资渠道，也缺乏对创新研究，尤其是高新技术创新研究的资金投入；另一方面，国家也缺乏对创业的支持。

因而，意大利政府对症下药，根据意大利国内出现的实际问题，借助股权众筹市场的兴起，积极制定股权众筹监管规则，突出的表现是在监管规则的制定方面，强化政策指引，一方面将股权众筹纳入证券监管的框架中，为中小企业公开募集资金开启一条全新的渠道，以解决中小企业融资难的问题；另一方面，在监管规则中指引股权众筹的投资资金流向创业企业和创新企业，并特别强调创业企业或创新企业的研发团队和研发能力建设，具有很明确的国家政策导向。所以，意大利股权众筹监管规则也是围绕解决意大利的实际问题而制定的，同样具有很强的问题导向和地域特色。

（二）股权众筹监管规则是金融监管法律体系中的一环，不具备独立体系

虽然股权众筹是一种新的公开发行融资渠道，在发行方式、发行渠道、参与人和参与标准方面与传统的证券发行截然不同，但是，在立法选择上，美意两国的股权众筹监管规则都是在传统的金融监管框架中镶嵌进入新的内容，而不是单独设立一套独立的程序和规则，即对股权众筹的监管，除了股权众筹监管规则之外，还要受到其他证券监管法律法规的调整。

就美国的实践而言，将股权众筹纳入证券监管范畴，是在对过去证券监管法律法规彻底反思的基础上，提出的一揽子修法计划的一部分，对于美国立法者而言，这一系列的修法活动共同担负维护金融市场的稳定和有效解决中小企业融资困难的责任。因此，在《JOBS法案》中，立法者很清晰地围绕放松监管和降低标准的修法主线，对过去金融市场出现的问题进行了及时修改，包括放松了发行人财务信息合规要求，主要豁免2002年《萨班斯·奥克利斯法案》第404（b）项规定的公司内部控制的审计和披露要求，并豁免了审计师轮换要求。总体而言，降低了信息披露透明度的合规要求，主要将财务数据

第六章 对境外股权众筹监管规则的分析与评价

公开披露的报告期缩短，由原来要求的"最近5年"缩短到"最近2年"，对新兴成长企业对高管薪酬的披露提出了比2009年《华尔街改革和消费者保护法案》较为宽松的要求，并且允许在发行前可以向SEC秘密提交《招股说明书》；修改《1934年证券交易法》第12（g）（1）（A）目的要求，将报告公司的法定股东人数由500人调高为2000人；对A条例和D条例也提出了修改，对A条例下的小额豁免发行金额由500万美元调高到5000万美元，并对D条例506规则进行修改，允许面向合格投资者使用广告和公开招揽；将股权众筹纳入证券监管的框架，在修改相关的联邦证券法律的同时，要求SEC提供相应的配套措施等等。

由此可见，在美国股权众筹监管规则只是金融监管法律体系中的一个有机组成部分，或者说股权众筹是对传统证券发行机制的一种补充，并没有推翻传统证券发行机制或者颠覆旧有机制的企图，也没有完全去中介化或建立一个与传统证券市场完全分离的操作机制。

相比于美国的大规模修法和配套措施的艰难商讨，意大利股权众筹监管规则的形成则相对比较平静，并且立法速度较快。CONSOB根据意大利《统一金融法》①和《创新型初创企业法》②的基础上制定了股权众筹监管规则，即《对部分创新型初创企业通过在线平台吸收风险资本的规定》，根据第179号法令的名称《为了国家经济的增长而采取进一步紧急措施》就可以看出，意大利政府视股权众筹为解决小企业创新不足的关键措施。

但是，值得注意的是，CONSOB的这部实施细则核心是为准备从事在线证券发行融资服务的门户中介制定权利和义务规范，并引导门户中介合法从事股权众筹在线发行服务。因而，从其立法的出发点就可以获知，该项监管规则只是对旧有监管法律无法涵盖新出现事务时的一种有效补充，并不构成自成体系的法律。

---

① 1998年2月24日第58号法令。
② Decree on Innovative Start—ups，2012年10月18日通过的第179号法令，并在2012年12月17日进行修改的第221号法令。

二 境外股权众筹监管规则微观方面的特征

尽管美国和意大利的股权众筹所处的法制、经济、社会等环境不同,监管规则的内容和立法的动因也不相同,但是仔细研究两国的立法文本,会发现有些规定具有相似性,或者有些监管规则具有趋同化的倾向。

(一) 发行注册豁免

美意两国都将股权众筹证券发行作为小额证券发行的一种新渠道,从而给予发行注册豁免,也就是说将股权众筹发行作为公开发行的一种例外。这样规定的目的是为了减轻小企业的发行合规负担,避免大小公司"一刀切"从而给小公司施加潜在的不公平性。从这个角度讲,立法者已经认识到市场竞争规则总体而言是有利于大公司的,为了调控市场的健康发展,也是为了培育有效的可持续的市场竞争,政府必须通过干预保护中小企业的融资利益。

但是,值得注意的是要对"发行注册豁免"进行准确理解,不能以偏概全,也不能生搬硬套。发行注册豁免是对证券公开发行实行注册管理制国家的一种例外情况,是在该国整体法治语境下的一项豁免措施,注册豁免不等于"放弃发行前的监管"、或者"未经监管就进行发行",恰恰相反,发行注册豁免也要求对发行进行事前监管,并且,实行发行注册豁免已经暗含了一个前提条件,即豁免注册不能减损或牺牲投资者利益。

例如,在美国证券法语境下,豁免主要有两种情况,一种是对特定"证券"的豁免,主要针对一些特殊证券,如市政证券等,这些证券因为有公共机构的公信力作为潜在背书,风险较小,所以豁免;二是对特定"交易"的豁免,这些交易主要包括州内发行、面向合规投资者的发行和小额发行,主要表现为 147 规则、D 条例 504 规则、505 规则、506 规则、A 条例和股权众筹。但是,必须认识到的是,美国对于小额发行实行豁免,是立足于美国联邦和州复杂监管的法治背景下的,豁免了联邦证券法上的注册,实际上还必须接受各州的实际审查,譬如,147 规则、D 条例 504 规则、505 规则和 A 条例

第六章　对境外股权众筹监管规则的分析与评价

要接受各州的审查,就是根据 1995 年《国家证券市场促进法案》脱离各州注册审查的 D 条例 506 规则,在转售的时候,也要重新注册,除非获得豁免;而股权众筹虽然获得了联邦和各州发行注册豁免,但是关于发行欺诈,各州仍然有管理权。

(二) 赋予在线平台关键角色和监管职责

美意两国都将在线平台作为股权众筹市场建设的一个核心组成部分,对在线平台的定位和权利义务关系做了精细的安排。首先,对在线平台及其构成设置了较高的准入门槛,严格要求门户组成人员的职业素养和道德水平,从而保证在线平台的运营和服务能力;其次,立法要求在线平台必须在监管机构登记注册,通过事前审核的方式,筛选合格的在线平台,预防因中介机构不适当可能带来的投融资风险,并且,立法还对在线平台在登记注册后的运营和服务行为,提出了事中和事后持续性监管要求,对违反要求或出现不适当行为者,规定了严格的处罚措施;最后,立法还为在线平台设立了一套监管职责,即让在线平台对发行人和投资者的适格性行使初步审查权,对发行人和投资者在门户平台上的参与行为行使监督管理权,并授权对违反监管规则和在线平台管理规定的参与人,给予限制或禁止参与的权利。

(三) 发行人身份的限定

美意两国的监管规则对发行人的身份都做出了限制性规定,即发行人只能是创新型初创企业。但两国的文本,对于"创新型初创企业"的内涵解读并不一样,美国《JOBS 法案》中,认为"创新型初创企业"就是指"新兴成长企业"(Emerging Growth Companies,简称"EGC"),但是文本并没有解释"新兴成长企业"的标准,只是笼统地认为公开发售申请前 1 年销售收入低于 10 亿美元的公司,都属于新兴成长企业;意大利则对"创新型初创企业"有着严格的标准要求,除了对年产值、成立时间、总部地理位置、主要经营项目、成立原因等有严格的要求之外,还明确对发行人的研发费用、雇员的学历背景和创新性发明情况有着严格的要求。

(四) 发行金额的限定

美意两国都对发行人通过一个或多个在线平台在年度内的总发行

金额做出了限制，美国规定是 100 万美元，意大利规定是 500 万欧元，如上述第二章、第三章中的讨论，限定发行总额的目的是为了防范可能出现的欺诈风险，保护投资者利益，并且也有利于促进市场竞争，有效利用投资资源。但是，规则将监管发行金额在法定范围内的职责交给了在线平台，实践中，在线平台很难做到多平台之间的资料整合和信息收集，因此，只能依靠发行人的自动申报和披露，所以，其执行还有待观察。

（五）投资者身份的不限定

美意两国的监管规则，对于投资者身份都没有做出限制，这是一个显著的特征。因为在证券市场，强调对投资者利益的保护，其实核心强调的是对没有能力保护自己的投资者利益的保护，所以在一些预期风险性较大的投资领域，一般都会对投资者设置较高的准入门槛，如教育背景、工作背景、财富总额、收入水平、投资经验等，如美国证券法上，根据上述标准，一般将投资者划分为"获许投资者"、"成熟投资者"、"合格投资者"等等。所以，在股权众筹中，对投资者身份不做限制性规定，在某些方面，的确体现了"普惠金融"或"民主金融"的理念，是金融资源从"贵族"走向普罗大众的一个重要表现。

（六）投资金额的限定

美意两国都对投资者的年度投资金额作出了限制性的规定，但是两国的限制方法并不相同。美国只是对个人投资者和法人投资者的单笔投资总额和年度投资总额作出了限制性规定，而意大利除了对个人投资者和法人投资者的单笔投资总额和年度投资总额作出限制之外，还规定个人投资者参与的发行项目，必须有合格投资者或专业投资者认购拟发行总额的 5% 以上。从风险预防的角度来看，意大利的规定更安全，更有利于保护储蓄投资者或无投资经验的小投资者利益。

三 境外股权众筹监管规则其他亟须讨论的问题

意大利股权众筹监管规则已经生效，成为世界上第一个在股权众筹领域颁行规则的国家，但是，意大利的规则也存在很多问题，在第

第六章 对境外股权众筹监管规则的分析与评价

二、三、四、五章中都有讨论，如只是规定了在线平台的权责，对于发行人的权利义务，规定得比较笼统，在实践中容易出现立法空白而容易引起纠纷；并且 CONSOB 将发行人仅限于创新型初创企业，虽然强调了政策的导向性，但仍有阻碍公平竞争之嫌疑；再者，立法时刻意回避了一些敏感和棘手的难题，如融资水平、抵免税和税率的问题，对市场的风险明显评估不足，并且对投资者的保护措施不完善等。

美国股权众筹的基本法律已经出台，但是配套的监管规则久拖不出，说明国会对 SEC 制定的监管草案并不满意，认为有逾越法律授权之嫌。但是就《JOBS 法案》和《众筹规则建议稿》而言，如在上文各章中进行的详细讨论，也有很多问题。当然，还存在一些原则性的问题，如《JOBS 法案》的假设前提是否成立？即美国中小企业融资难的根本原因是否是监管法律过于严格；相应的，《JOBS 法案》的解决方案是否有效？即放松监管能否解决小企业融资难的困境；再者，股权众筹发行的证券，如何在二级市场流转的问题；还有，如诺贝尔经济学奖获得者加里·贝克尔反思《多德法》一样，[1]《JOBS 法案》是建立在认真分析小企业融资危机原因的基础之上的，还是只是面对危机时的一种政治性和情绪化的反应？等等。

当然，还有一个问题可能要在以后实践中认真思考，即在线平台的管理行为是否属于承担公共职能或准公共职能？是否需要遵守美国宪法上的正当程序保障条款？司法如何介入？等等，这一问题可能仍旧属于股权众筹法律中的"灾难区域"。[2]

---

[1] ［美］加里·贝克尔：《美国金融监管改革的五大缺陷》，《中国金融》2010 年第 15 期，第 17—18 页。

[2] Steven J Cleveland, "The NYSE as State Actor?: Rational Actors, Behavioral Insigts &Joint Investigation", Am. U. L. Rev., Vol. 1, No. 2, 2005, p. 55.

结 束 语

股权众筹融资是在金融市场的持续变动中产生的，是一种借助于互联网信息技术作为基本实现工具，对传统融资方式做出改造后的有效创新。作为互联网与金融相互融合的一种新型商业模式，股权众筹融资在促进金融创新的同时也方便了中小企业融资，其通过为资金供需双方提供机会发现的平台，运用现代信息技术最大限度减少信息不对称和中间成本，压缩了传统投融资市场的金字塔形结构，弱化证券行业金融中介功能，提高了市场资源的配置效率。

股权众筹融资的兴起，"打破了传统的融资模式，在解决中小企业融资难的同时，引领着资本市场投融资领域的革命性创新。这一代表未来趋势的投融资创新实现了社交网站和种子基金、股权投资的融合，是投融资业务脱媒的开端"。[①] 然而，这一开拓性的创举无疑将会加剧市场的竞争，为资本市场的管理带来更大的难题。与此同时，股权众筹融资对传统的金融监管体制带来的冲击，使得法律与现实需求之间的缺口扩大，这种扩大一方面影响到普通大众的金融需求，另一方面触及了现有金融市场既得利益者的"面包"。因而，美国和意大利试图通过立法的方式平衡利益冲突，并引导股权众筹安全、有序发展。

综观美国和意大利的股权众筹监管规则，会发现该项规则具有很强的时代性和地域性，是各自国家在2008年金融危机后针对新的国

---

① 龚映清：《互联网金融对证券行业的影响与对策》，《证券市场导报》2013年第11期，第6页。

际国内金融环境做出的应对性和规划性安排。就其内容而言，体现的是对国内股权众筹市场兴起而产生的新法律问题的及时应对，并随同对新形势下投融资市场进行的再次调整；同时，这些规则是国内证券市场发展、演变的产物，其建构突出地表现为解决本国证券市场存在的问题，具有很强的本土特色和问题导向。而就其立法目的而言，还有"占领"新市场"游戏规则"制高点的潜在意蕴，体现了立法的长远规划安排。

对于股权众筹证券发行，美意两国都将其作为小额证券发行的一种新渠道，将股权众筹发行作为公开发行的一种例外，其目的是为了减轻中小微企业的合规负担，避免大小公司"一刀切"从而对小公司构成潜在的不公平性。但是，对"发行注册豁免"应该准确理解，不能以偏概全，也不能生搬硬套。发行注册豁免是对证券公开发行实行注册管理制国家的一种例外，是在该国整体法治语境下的一项豁免措施；注册豁免不等于"放弃发行前的监管"或者"未经监管的发行"，恰恰相反，发行注册豁免也要求对发行进行事前监管，并且，实行发行注册豁免已经暗含了一个前提条件，即豁免注册不能减损或牺牲投资者利益。

对于在线平台，美意两国都将其作为股权众筹市场建设的一个核心组成部分，对在线平台的定位和权利义务关系做了精细的安排。在线平台有较高的准入门槛，并严格要求其组成人员的职业素养和道德水平，从而保证其运营和服务能力；在线平台必须在监管机构登记注册，通过事前审核的方式，筛选合格的在线平台，预防因中介机构不适当可能带来的投融资风险，并且还对在线平台的运营和服务提出了事中和事后持续性监管要求，对违反者规定了严格的处罚措施；法律还授权在线平台对发行人和投资者的适格性行使初步审查权、监督管理权和一定的处分权利。

对于发行人的准入，美意两国的监管规则都做出了限制性规定，即发行人只能是创新型初创企业。值得注意的是，意大利对"创新型初创企业"有着严格的标准要求，除了对年产值、成立时间、主要经营项目、成立原因等有严格的要求之外，还明确对发行人的研发费用、雇员的学历背景和创新性发明情况有着严格的要求。美意两国都对发行人通过一个或多个在线平台在年度内的总发行金额作出了限制，限定发行总额的目的是为了防范可能出现的欺诈风险，保护投资者利益，并且也有利于促进市场竞争，有效利用投资资源。但是，规则将监管发行金额合规的职责赋予了在线平台，实践中，在线平台很难做到多平台之间的资料整合和信息收集，因此，只能依靠发行人的自动申报和披露，所以其效果还有待观察。

对于投资者的准入，美意两国的监管规则都没有做出限制，这是一个显著的特征。对投资者身份不做限制性规定，体现了"普惠金融"或"民主金融"的理念，是金融资源从"贵族"走向普罗大众的一个重要表现。但是美意两国都对投资者的年度投资金额做出了限制性的规定，只是两国的限制方法各不相同，美国只对个人投资者和法人投资者的单笔投资总额和年度投资总额做出了限制性规定，而意大利除了对个人投资者和法人投资者的单笔投资总额和年度投资总额作出限制之外，还规定个人投资者参与的发行项目，必须有合格投资者或专业投资者认购拟发行总额的5%以上。从风险预防的角度来看，意大利的规定更安全，更有利于保护储蓄投资者或无投资经验的小投资者利益。

但是美意两国的股权众筹监管规则也存在很多亟需讨论的问题，如意大利只是规定了在线平台的权责，对于发行人的权利义务，规定得比较笼统，在实践中容易出现立法空白而引起纠纷；并且CONSOB将发行人仅限于创新型初创企业，虽然强调了政策的导向性，但仍有阻碍公平竞争之嫌疑；再者，立法者刻意回避了一些敏感和棘手的难题，如融资水平、抵免税和税率的问题，对市场的风险明显评估不足，并且对投资者的保护措施不完善等。美国股权众筹监管规则的架构，建立在《JOBS法案》的基础上，但是《JOBS法案》的假设前提是否成立？即美国中小企业融资难的根本原因是否是监管法律过于严格；相应的，《JOBS法案》的解决方案是否有效？即放松监管能否解决小企业融资难的困境；再者，股权众筹发行的证券，如何在二级市场流转？还有，《JOBS法案》是建立在认真分析小企业融资危机原因

结束语

的基础之上的,还是只是面对危机时的一种政治性和情绪化的反应？当然,还有一个问题可能要在以后实践中认真思考,即在线平台的管理行为是否属于承担公共职能或准公共职能？是否需要遵守美国宪法上的正当程序保障条款？司法如何介入？等等。

对于我国股权众筹市场的建设,由于在我国目前的金融环境下,法律的供给滞后,造成市场参与者对股权众筹融资的组织架构进行任意性异变,不仅从根本上制约了对股权众筹融资的功能支持,破坏了互联网金融改革带来的市场活力,而且会损害整体金融服务的格局,不利于多层次资本市场的建设。需要注意的是,这种缺陷可能会导致市场"倒逼"法律制度供给的恶性循环,因为这种被动的供给一般情况下难以满足市场对有效法律制度的需求,因为生产力、科学技术、市场主体、资源稀缺程度都处于不断发展变化中,如果围绕以谋求私利为主要目的的倒逼进行法律制度的滞后供给,将会产生错误的路径依赖,并可能被锁定在无效率状态之下,进而限制技术和社会的进步,尤其是试错性的立法传统不但会贻误国内市场发展的先机,可能会导致制度间国际竞争的失败,从而损害国家利益。

但是,良好法律规范的设计,是一项艰巨的工作,不仅需要成熟的立法体制、优秀的立法人才、长远的立法规划和符合市场规律的立法价值取向,还需要仔细的调查研究、谨小慎微的工作态度和严谨缜密的规则逻辑,而美国和意大利的立法工作,正好给了我们全面了解这种立法范式的绝佳机遇。学习他国的经验和教训,可以为我国的实践提供相关指导。"尤其是当下的中国,多层次资本市场的建设、中小企业融资问题与民间资本投资问题已是困扰中国金融制度改革的三个难题,为此,借鉴美国和意大利的股权众筹融资的立法与实践,可能能够为我国破解上述难题提供另一种思路"。[①]

但是需要注意的是一个社会有其自身解释法律的基本思想方法,这些思想方法取决于这一社会的文化与结构,外国的经验是在外国土

---

① 王建雄：《美国众筹融资法律的新发展及其对中国的启示》,《国际经济法学刊》2014年第2期,第151页。

地上产生的，并不一定适合中国。我们需要学习的是外国的法治是如何安排的，法律是如何产生的，立法者在立法时是如何思考的，法律如何适应其本国的环境并服务于本国的需要，此外，也要思考外国法律制度嵌入各种社会关系时所引发的冲突与教训。

　　最后，需要我们警惕的是，随着中国经济与金融体系和世界经济与金融体系的逐渐融合，我国可用的制度借鉴空间日趋狭小，如果再没有原创性的智力贡献，将会被新的国际产业分工及其规则裹挟进西方国家的治理体系中，因此，互联网支持的金融创新将快速助推国际金融秩序扩散性变动，逼迫我们急需提升管理资本市场和金融秩序的能力，要求我们必须拥有一套具有竞争力的金融监管法制。因此，如何建设这套制度，将是一个紧迫而现实的问题。

参考文献

一 中文著作

陈安：《国际经济法学刍言》（上下卷），北京大学出版社 2005 年版。

陈安、李国安主编：《国际货币金融法学》，北京大学出版社 1999 年版。

陈云贤、张孟友：《美国金融体系考察研究》，中国金融出版社 2001 年版。

高如新、王敏祥：《美国证券法》，法律出版社 2000 年版。

宫占奎主编：《2011 亚太区域经济合作发展报告》，高等教育出版社 2011 年版。

韩德培、韩健：《美国国际私法（冲突法）导论》，法律出版社 1994 年版。

韩龙：《国际金融法前沿问题》，清华大学出版社 2010 年版。

何勤华主编：《美国法律发达史》，上海人民出版社 1998 年版。

胡鞍钢主编：《中国战略构想》，浙江人民出版社 2002 年版。

黄小莎主编：《公司银行业务：美国中小企业贷款管理》，经济科学出版社 2010 年版。

李国安主编：《金融服务国际化法律问题研究》，北京大学出版社 2011 年版。

李爱君：《电子货币法律问题研究》，知识产权出版社 2008 年版。

厉以宁主编：《中国资本市场发展的理论与实践》，北京大学出版社 1998 年版。

刘丰名：《国际金融法》，中国政法大学出版社1996年版。
刘积余：《美国银行业大变革透视》，中国金融出版社2001年版。
刘正峰：《美国商业信托法研究》，中国政法大学出版社2009年版。
马其家主编：《美国证券法案例选评》，对外经济贸易大学出版社2007年版。
马其家：《美国证券纠纷仲裁法律制度研究》，北京大学出版社2006年版。
苗壮：《美国公司法：制度与判例》，法律出版社2007年版。
潘福仁：《股权转让协议司法疑难问题》，法律出版社2007年版。
上海金融与法律研究院主编：《大国金融崛起：国际挑战与本土策略》，上海三联书店2013年版。
王继祖主编：《国际经济金融若干前沿理论问题研究》，南开大学出版社2005年版。
王继祖：《美国金融制度》，中国金融出版社1994年版。
王洛林、李扬：《金融结构与金融危机》，经济管理出版社2002年版。
王志军：《欧洲金融体系变革与发展研究》，南开大学出版社2009年版。
汪丽娜：《美国住宅金融体制研究》，中国金融出版社1999年版。
吴清：《美国投资银行经营失败案例研究》，中国财政经济出版社2010年版。
徐冬根、陈慧谷、潘杰编著：《美国证券法律与实务》，上海社会科学院出版社1997年版。
张定河：《美国政治制度的起源与演变》，中国社会科学出版社1998年版。
张幼文、周建明：《经济安全：金融全球化的挑战》，高等教育出版社1999年版。
郑永年：《中国模式经验与困局》，浙江出版联合集团、浙江人民出版社2010年版。
钟志勇：《网上支付中的法律问题研究》，北京大学出版社2009年版。
朱唯一：《美国证券法判例解析》，中国法制出版社2002年版。

二 中文译著

［美］埃网·纽伯格：《比较经济体制——从决策角度进行的比较》，吴敬琏等译，商务印书馆1985年版。

［英］艾利斯·费伦：《公司金融法律原理》，罗培新译，北京大学出版社2012年版。

［美］安妮·M.马凯蒂：《萨班斯法案执行指导》，张翼、林小驰译，郑洪涛审，经济科学出版社2007年版。

［美］保罗·A.萨缪尔逊、威廉·D.诺德豪斯：《经济学》（下册），萧琛等译，人民邮电出版社2008年版。

［美］伯纳德·施瓦茨：《美国法律史》，王军等译，中国政法大学出版社1997年版。

［葡］博温托·迪·苏萨·桑托斯：《迈向新的法律常识——法律、全球化和解放》，刘坤轮、叶传星译，中国人民大学出版社2009年版。

［美］查尔斯·金德尔伯格：《西欧金融史》，徐子健、何建雄、朱忠译，中国金融出版社2010年版。

［英］菲利普·伍德：《金融法的世界地图》，陈儒丹、黄韬译，法律出版社2013年版。

［英］菲利普·伍德：《国际金融的法律与实务》，姜丽勇、许懿达译，法律出版社2011年版。

［美］弗雷德雷克·L.努斯鲍姆：《现代欧洲经济制度史》，罗礼平、秦传安译，上海财经大学出版社2012年版。

［美］费正清：《美国与中国》，张理京译，世界知识出版社2002年版。

［美］汉密尔顿：《美国公司法》，齐东祥译，法律出版社2008年版。

［美］凯文·菲利普斯：《金融大崩盘》，冯斌、周彪译，中信出版社2009年版。

［美］劳伦斯·莱斯格：《代码2.0：网络空间中的法律》，李旭、沈

伟伟译，清华大学出版社 2009 年版。

［美］劳伦斯·莱斯格：《代码：塑造网络空间中的法律》，李旭、姜丽楼、王文英译，中信出版社 2004 年版。

［美］劳伦斯·M. 弗里德曼：《美国法律史》，苏彦新等译，苏彦新校，中国社会科学出版社 2007 年版。

［美］理查德·波斯纳：《法律的经济分析》（下册），蒋兆康译，中国大百科全书出版社 1997 年版。

［美］理查德·布克斯塔伯：《我们自己制造的魔鬼——市场、对冲基金以及金融创新的危险性》，黄芳译，中信出版社 2008 年版。

［美］路易斯·罗斯、乔尔·塞里格曼：《美国证券监管法基础》，张路等译，法律出版社 2008 年版。

［美］罗伯特·考特、托马斯·尤伦：《法和经济学》，上海三联书店、上海人民出版社 1994 年版。

［美］伦德尔·卡尔德：《融资美国梦》，严忠志译，世纪出版集团、上海人民出版社 2007 年版。

［美］迈克尔·赫德森：《金融帝国，美国金融霸权的来源和基础》，嵇飞、林小芳译，中央编译出版社 2008 年版。

［英］迈克·费恩塔克：《规制中的公共利益》，戴昕译，中国人民大学出版社 2014 年版。

［美］美国金融危机调查委员会：《美国金融危机调查报告》，俞利军等译，中信出版社 2012 年版。

［美］曼纽尔·卡斯特：《认同的力量》，曹荣湘译，社会科学文献出版社 2006 年版。

［英］梅特兰等：《欧陆法律史概览：事件、渊源、人物及运动》，屈文生等译，上海人民出版社 2008 年版。

［美］米尔顿·弗里德曼、安娜·J. 施瓦兹：《美国货币史（1867—1960）》，巴曙松、王劲松等译，北京大学出版社 2009 年版。

［美］莫顿·J. 霍维茨：《美国法的变迁（1780—1860）》，谢鸿飞译，中国政法大学出版社 2005 年版。

［美］乔尔·塞里格曼：《华尔街的变迁：证券交易委员会及现代公

司融资制度演进》，徐雅萍等译，中国财政经济出版社2009年版。

[英] 乔治·G. 布莱基：《伦敦证券市场史（1945—2008）》，周琼琼等译，上海财经大学出版社2010年版。

[法] 让-马克·夸克：《迈向国际法治——联合国对人道主义危机的回应》，周景兴译，生活读书新知三联书店2008年版。

[澳] 萨特·雅吉特·达斯：《结构化产品（第二卷）：股权、商品、信用与新兴市场》（上、下），刘澜飚、王博、张骅月等译，中国时代经济出版社2012年版。

[美] 索罗斯：《索罗斯带你走出经济危机》，刘丽娜等译，机械工业出版社2009年版。

[德] 尤尔根·哈贝马斯、[法] 雅克·德里达等：《旧欧洲、新欧洲、核心欧洲》，邓伯宸译，中央编译出版社2010年版。

[美] 约翰·F. 道宾：《美国保险法》，梁鹏译，法律出版社2008年版。

[美] 詹姆斯·R. 巴斯、小杰德勒卡·普里奥、罗斯·列文：《金融守夜人：监管机构如何捍卫公共利益》，杨农、钟帅等译，生活·读书·新知三联书店2014年版。

[美] 詹姆斯·M. 布坎南：《自由、市场与国家》，平新乔、莫扶民译，上海三联书店1989年版。

三　中文论文

巴曙松：《第三方支付国际监管研究及借鉴》，《财政研究》2012年第4期。

财政部会计司公共部门会计准则考察团、冯卫东、于小旺、喻灵：《瑞士、意大利的政府会计改革及其借鉴》，《会计研究》2006年第9期。

陈琼娣：《意大利中小企业互助担保模式的经验及借鉴》，《南方金融》2008年第12期。

陈晓敏：《意大利不动产登记制度研究》，《苏州大学学报》（法学版）

2014年第4期。

陈雨露：《大金融战略的内涵和实践路径》，《中国金融》2013年第12期。

陈雨露：《金融发展中的政府与市场关系》，《经济研究》2014年第1期。

程炼：《中国金融战略：在不确定中拓展未来的选择空间》，《国际经济评论》2011年第2期。

池仁勇：《意大利中小企业集群的形成条件与特征》，《外国经济与管理》2001年第8期。

邓建鹏：《互联网金融时代众筹模式的法律风险分析》，《江苏行政学院学报》2014年第3期。

丁灿、许立成：《全球金融危机：成因、特点和反思》，《中央财经大学学报》2010年第6期。

段毅才、赖永添：《意大利中小企业管理模式及对我国的启示》，《财务与会计》2006年第3期。

范家琛：《众筹商业模式研究》，《企业经济》2013年第8期。

樊云慧：《股权众筹平台监管的国际比较》，《法学》2015年第4期。

盖红波、尹军：《2014欧盟产业研发投资概况及意大利的表现》，《全球科技经济瞭望》2015年第7期。

郭雳：《创寻制度乔布斯（JOBS）红利——美国证券监管再平衡探析》，《证券市场导报》2012年第5期。

龚映清：《互联网金融对证券行业的影响与对策》，《证券市场导报》2013年第11期。

韩丹丹：《中小企业集群融资：模式选择、融资边界与竞争优势》，《财会通讯：综合》（中）2014年第4期。

何帆、张明：《美国次级绩危机是如何酿成的》，《求是》2007年第20期。

黄健青、辛乔利：《众筹——新型网络融资模式的概念、特点及启示》，《国际金融》2013年第9期。

黄飙、屈俊：《国外P2P和众筹的发展》，《中国外汇》2013年第

12 期。

黄韬：《股权众筹的兴起与证券法理念的更新》，《银行家》2015 年第 6 期。

江道琪、闫永光：《德国意大利法律信息网上发布情况》，《法律文献信息与研究》2002 年第 2 期。

姜洪：《关于国家金融战略若干问题的思考》，《国家行政学院学报》2007 年第 3 期。

江平、孔祥俊：《论股权》，《中国法学》1994 年第 1 期。

江平：《金融危机与法制建设》，《甘肃社会科学》2009 年第 1 期。

姜作利：《意大利法律教育制度及其对我们的启示》，《法学论坛》2002 年第 1 期。

焦微玲、刘敏楼：《社会化媒体时代的众筹：国外研究述评与展望》，《中南财经政法大学学报》2014 年第 5 期。

李朵、徐波：《基于国际经验对我国股权众筹监管制度的研究》，《浙江金融》2015 年第 6 期。

李国安：《金融自由化的危机本源性及其法律矫正》，《国际经济法学刊》2012 年第 3 期。

李加宁、常嵘：《境外股权众筹监管启示》，《中国金融》2015 年第 3 期。

李雪静：《众筹融资模式的发展探析》，《上海金融学院学报》2013 年第 6 期。

黎四奇：《对钓鱼欺诈中第三方支付机构作为或不作为法律问题的思考》，《法律科学》（西北政法大学学报）2012 年第 3 期。

刘明：《美国〈众筹法案〉中集资门户法律制度的构建及其启示》，《现代法学》2015 年第 1 期。

刘明：《论私募股权众筹中公开宣传规则的调整路径——兼评〈私募股权众筹融资管理办法（试行）〉》，《法学家》2015 年第 5 期。

刘士余：《秉承包容与创新理念，正确处理互联网金融发展与监管的关系》，《清华金融评论》2014 年第 2 期。

刘宪权：《互联网金融股权众筹行为刑法规制论》，《法商研究》2015

年第 6 期。

刘会春：《意大利仲裁法律制度探要》，《广州大学学报》（社会科学版）2015 年第 7 期。

刘军辉、吴春高：《法国意大利税收征管与税务稽查经验对我国的启示》，《涉外税务》2010 年第 8 期。

刘耀春：《意大利城市政治体制与权利空间的演变（1000—1600）》，《中国社会科学》2013 年第 5 期。

柳叶青：《意大利中小企业发展的成功经验对中国民营经济发展的启示》，《商场现代化》2006 年第 12Z 期。

鲁公路、李丰也、邱薇：《美国 JOBS 法案、资本市场变革与小企业成长》，《证券市场导报》2012 年第 8 期。

陆青：《合同解除有无溯及力之争有待休矣——以意大利法为视角的再思考》，《河南省政法管理干部学院学报》2010 年第 3 期。

陆青：《意大利法中违约解除效果实证考察》，《法学》2010 年第 5 期。

陆青：《试论意大利法上的高利贷规制及其借鉴意义》，《西安电子科技大学学报》（社会科学版）2013 年第 1 期。

卢依奇·莫恰、王立民、陆立华：《比较法视野中的意大利法律制度》，《南京大学法律评论》2001 年第 2 期。

罗智敏：《意大利最新集团诉讼立法研究——兼议对我国的立法启示》，《比较法研究》2012 年第 1 期。

缪建民：《关于中国金融战略的思考》，《国际经济评论》2011 年第 2 期。

牛方：《中国时尚需要换个思路——访意大利对外贸易委员会中国区总协调官赖世平先生》，《中国纺织》2015 年第 11 期。

邱勋、陈月波：《股权众筹：融资模式、价值与风险监管》，《新金融》2014 年第 9 期。

邱永红：《证券跨国发行与交易中的若干法律问题》，《中国法学》1999 年第 6 期。

任军峰：《近代早期意大利经济衰退的原因》，《天津大学学报》（社会科学版）2014 年第 4 期。

彭云、王军伟、邹丹：《意大利中小企业融资体系对我国中小企业融资的启示》，《企业经济》2003 年第 6 期。

宋奕青：《众筹，创新还是违法？》，《中国经济信息》2013 年第 12 期。

宋臻：《意大利培育全球最高博士学徒》，《职业》2015 年第 31 期。

宋超群：《意大利包价旅游合同非财产上损害研究——兼论欧盟相关指令的影响与推动》，《法学论坛》2013 年第 4 期。

宋伟清、丹尼尔·艾乐：《福利国家中的社会经济压力和决策者——德国和意大利家庭政策的比较研究》，《欧洲研究》2008 年第 6 期。

孙梦超、黄琳：《国外股权众筹的发展及监管对我国的启示》，《金融与经济》2015 年第 11 期。

孙彦红：《试析近年来意大利产业区的转型与创新》，《欧洲研究》2012 年第 5 期。

孙永祥、何梦薇、孔子君、徐廷玮：《我国股权众筹发展的思考和建议——从中美比较的角度》，《浙江社会科学》2014 年第 8 期。

盛斌：《透视中国的"新区域主义"——评〈经济全球化新趋势下我国自由贸易区的战略定位研究〉》，《国际商务研究》2015 年第 6 期。

王兰军：《经济金融战略新思想——习近平关于经济金融工作的新思想新观点新举措》，《中国金融》2014 年第 2 期。

王曙光：《互联网金融的哲学》，《中共中央党校学报》2013 年第 6 期。

王建雄：《美国众筹融资法律的新发展及其对中国的启示》，《国际经济法学刊》2014 年第 2 期。

王啸：《美国"注册制"的四大难题与中国资本市场改革的思考》，《证券市场导报》2015 年第 1 期。

王泽鉴：《迎接中国民法典的编纂》，《中国法律评论》2015 年第 4 期。

王周扬、魏也华：《意大利产业区重组：集团化、创新与国际化》，

《地理科学》2011 年第 11 期。

吴国志、宋鹏程、赵京：《资本市场监管：平衡的艺术——美国众筹融资监管思路的启示》，《征信》2014 年第 3 期。

吴晓求：《互联网金融：成长的逻辑》，《财贸经济》2015 年第 2 期。

郗希、乔元波、武康平、李超：《可持续发展视角下的城镇化与都市化抉择》，《中国人口资源与环境》2015 年第 2 期。

夏斌：《中国发展与国际金融秩序》，《理论视野》2011 年第 1 期。

夏斌：《2020：中国金融战略的主要思考》，《国际经济评论》2011 年第 2 期。

肖芳：《国内众筹网站举步维艰》，《互联网周刊》2013 年第 10 期。

肖凯：《论众筹融资的法律属性及其与非法集资的关系》，《华东政法大学学报》2014 年第 5 期。

肖本华：《美国众筹融资模式的发展及其对我国的启示》，《国际金融》2013 年第 1 期。

谢平、邹传伟、刘海：《互联网金融模式研究》，《金融研究》2012 年第 1 期。

谢佑平、邓立军：《意大利刑事侦查制度的改革与启示》，《政治与法律》2004 年第 4 期。

徐占忱：《中小企业集群式发展壮大国家实力——中小企业发展政策国际比较之意大利经验》，《经济研究参考》2011 年第 37 期。

杨紫烜：《论当前危机的性质、根源和经济法对策》，《法学论坛》2010 年第 2 期。

杨东、苏伦嘎：《股权众筹平台的运营模式及风险防范》，《国家检察官学院学报》2014 年第 4 期。

杨东、黄尹旭：《中国式股权众筹发展建议》，《中国金融》2015 年第 3 期。

杨存、郑晓瑛、陈曼莉：《意大利医疗保障体系建设及启示》，《中国卫生经济》2011 年第 5 期。

杨其广：《全力构建大国"大金融"战略》，《中国金融家》2014 年第 1 期。

张德芬：《电子货币交易的法律关系及法律规制》，《法学》2006 年第 4 期。

张一力、张敏：《海外移民创业如何持续——来自意大利温州移民的案例研究》，《社会学研究》2015 年第 4 期。

张雅：《股权众筹法律制度国际比较与中国路径》，《西南金融》2014 年第 11 期。

朱苏力：《金融危机和政府监管》，《湖南省社会主义学院学报》2009 年第 5 期。

周灿：《我国股权众筹运行风险的法律规制》，《财经科学》2015 年第 3 期。

周月秋：《建设中国特色新型金融智库》，《中国金融》2015 年第 11 期。

四　外文著作

Anne Marie Slaughter, *A New World Order*, New Jersey: Princeton University Press, 2005.

Frank B. Cross, Robert A., Prentice, *Law and corporate finance*, Cheltenham: Edward Elgar, 2007.

Jeffrey James, *Technology Globalization and Poverty*, Cheltenham: Edward Elgar Publishers, 2002.

Karen J. Alter, *Establishing the Supremacy of European law: The Making of an International Rule of Law in Europe*, Oxford: Oxford University Press, 2001.

Kevin Lawton, Dan Marom, *The Crowdfunding Revolution: How to Raise Venture Capital Using Social Media*, New York: McGraw-Hill Education, 2012.

Martin Wolf, *Why Globalization Works*, New Haven, CT: Yale University Press, 2004.

Oscar Schacter, *International law in Theory and Practice*, Dordrecht: Kluwer Academic Publishers, 1991.

Rosemary Foot, S. Neil Mcfarlane, Michael Mastanduno, Eds., *US Hegemony and International Organizations*, Oxford: Oxford University Press, 2003.

Steven Dresner, *Crowdfunding: A Guide to Raising Capital on the Internet*, New York: Wiley, 2014.

Walter Van Genven, *The European union: A polity of States and Peoples*, California: Stanford University Press, 2005.

五 外文论文

A. Montolio, F. Trillas, "Regulatory federalism and industrial policy in broadband telecommunications", *Information Economics And Policy*, Vol. 25, No. 1, 2013.

Andrew A. Schwartz, "Rural Crowdfunding", *UC Davis Business Law Journal*, Vol. 13, No. 2, 2012 – 2013.

Andrew A. Schwartz, "Keep It Light, Chairman White: SEC Rulemaking Under the CROWDFUND Act", *Vanderbilt Law Review En Banc*, No. 66, 2013.

Alan R. Palmiter, "Pricing Disclosure: Crowdfunding's Curious Conundrum", *Ohio State Entrepreneurial Business Law Journal*, Vol. 7, No. 2, 2012.

Andrew C. Fink, "Protecting the Crowd and Raising Capital Through the CROWDFUND Act", *University Of Detroit Mercy Law Review*, No. 90, 2012.

Brigitte Bradford, "Week in Review: The True Power of Crowdfunding", *Cornell Int'l J*, Vol. 46, No. 1, 2013.

Benjamin P. Siegel, "Title III of the JOBS Act: Using Unsophisticated Wealth to Crowdfund Small Business Capital or Fraudsters' Bank Accounts?", *Hofstra Law Review*. Vol. 41, No. 3, Spring 2013.

Bonnie J. Roe, "IPO On-Ramp: The Emerging Growth Company", Business Law Today, Vol. 21, No. 21, May 2012.

C. Steven Bradford, "Crowdfunding and the Federal Sceurities Laws", Columbia Business Law Review, Vol. 2012, No. 1, 2012.

Caitlin A. Bubar, "Improving Statutory Deadlines on Agency Action: Learning From the SEC's Missed Deadlines Under the JOBS Ac", Texas Law Review, Vol. 92, No. 4, 2014.

David Mashburn, "The Anti-Crowd Pleaser: Fixing the Crowdfund Act's Hidden Risks and Inadequate Remedies", Emory Law Journal, Vol. 63, No. 1, 2013.

Dale A. Oesterle, "Repair or Replace: Lifting SEC Regulation From Patchwork to Permanence", Ohio State Entrepreneurial Business Law Journal, Vol. 7, No. 2, 2012.

Douglas S. Ellenoff, "Making Crowdfunding Credible", The computer & internet lawyer, Vol. 32, No. 3, 2015.

E. Mollick, "The Dynamics of Crowdfunding: An Exploratory Study", Journal of Business Venturing, Vol. 29, No. 1, 2014.

Edan Burket, "A Crowdfunding Exemption? Online Investment Crowdfunding and U. S. Securities Regulation", The Tennessee Journal of Business Law, Vol. 13, No. 1, 2011.

Edward Lee, "Copyright-Exempt Nonprofits: A Simple Proposal to Spur Innovation", Arizona State Law Journal, Vol. 45, No. 4, Winter 2013.

Elizabeth Pollman, "Information Issues on Wall Street 2.0", Social Science Electronic Publishing, Vol. 161, No. 1, 2012.

Frode Jensen, "The Attractions of U. S. Securities to Foreign Issuers and the Alternative Methods of Accessing the U. S. Markets: From a Legal Perspective", Fordham International Law Journal, Vol. 17, No. 5, 1994.

J. Haskell Murray, "Choose Your Own Master: Social Enterprise, Certificati-ons, and Benefit Corporation Statutes", American University Business

Law Review, Vol. 2, No. 1, 2013.

J. Magretta, "E-finance: Status, Innovations, Resources and Future Challenges", *Harvard Business Review*, Vol. 80, No. 5, 2002.

Jacques F. Baritot, "Increasing Protection For Crowdfunding Investors Under the JOBS Act", *UC Davis Business Law Journal*, Vol. 13, No. 2, 2012.

James E. Bitter, Todd B. Skelton, "Reforms for Hire: The JOBS Act Legislation", *Transactions: The Tennessee Journal of Business Law*, Vol. 14, No. 1, 2012.

James J. Park, "Two Trends in the Regulation of the Public Corporation", *Ohio State Entrepreneurial Business Law Journal*, Vol. 7, No. 2, 2012.

Jenniferf Johnson, "Fleecing Grandma: A Regulatiory Ponzi Scheme", *Lewis & Clark Law Review*, Vol. 16, No. 3, 2012.

Jeff Schwartz, "The Law and Economics of Scaled Equity Market Regulation", *The Journal of Corporation Law*, Vol. 39, No. 2, 2014.

Jeremy Derman, "Does the SEC Rule the Job Creation Roost? Squaring SEC Rulemaking with the JOBS Act's Relaxation of the Prohibition Against General Solicitation and Advertising", *Suffolk University Law Review*, Vol. 47, No. 1, 2014.

Joan Macleod Heminway, Shelden Ryan Hoffman, "Proceed at Your Peril: Crowdfunding and the Securities Act of 1933", *Tennessee Law Review*, Vol. 78, No. 1, 2011.

Joan Macleod Heminway, "The New Intermediary on the Block: Funding Portals Under the Crowdfunding Act", *UC Davis Business Law Journal*, Vol. 13, No. 2, 2012.

Joan Macleod Heminway, "What is a Security in the Crowdfunding Era?", *Ohio State Entrepreneurial Business Law Journal*, Vol. 7, No. 2, 2012.

Joan Macleod Heminway, "To Be or Not to Be (A Security): Funding For-profit Social Enterprises", *Regent University Law Review*, Vol. 25, No. 1, 2013.

Joan Macleod Heminway, "Business Lawyering in the Crowdfunding Era", *American University Bussiness Law Review*, Vol. 3, No. 1, 2014.

John P. Fargnoli, "The JOBS Act: Investor Protection, Capital Formation, and Employment in an Increasingly Political Economy", *Brook. J. Corp. Fin. & Com. L.*, Vol. 8, No. 1, 2013.

John S. Wroldsen, "The Social Network and the Crowdfund Act: Zuckerberg, Saverin, and Venture Capitalists' Dilution of the Crowd", *Vanderbilt J. of Ent. And Tech Law*, Vol. 15, No. 3, 2013.

John S. Wroldsen, "The Crowdfund Act's Strange Bedfellows: Democracy and Start-Up Company Investing", *Kansas Law Review*, Vol. 62, No. 2, 2013.

Karina Sigar, "Fret No More: Inapplicability of Crowdfunding Concerns in the Internet Age and the JOBS Act's Safeguard", *Administrative Law Review*, Vol. 64, No. 2, 2012.

Lawrence A. Hamermesh, Peter I. Tsoflias, "An Introduction to the Federalist Society's Panelist Discussion Titled Deregulating the Markets: The JOBS Act", *Delaware Journal of Corporate Law*, Vol. 38, No. 2, 2013.

Lisa T. Alexander, "Cyberfinancing for Economic Justice", *William& Mary Business Law Review*, Vol. 4, No. 2, 2013.

Mann, R. J., S. R. Belzley, "The Promise of Internet Intermediary Liability", *William & Mary Law Review*, Vol. 47, No. 1, 2005.

Mann, R. J., "Regulating Internet Payment Intermediaries", *Texas Law Review*, Vol. 82, No. 3, 2004.

Matt Vitins, "Crowdfunding and Securities Laws: What the Americans Are Doing and the Case for an Australian Crowdfunding Exemption", Journal of Law Informnation and Science, Vol. 22, No. 2, 2013.

Nikki D. Pope, "Crowdfunding Microstartups: It's Time For the Security and Exchange Commission to Approve a Small Offering Exemption", *University of Pennsylvania Journal of Business Law*, Vol. 13, No. 4, 2011.

Neuman, Nicole B., "A Sarbanes-Oxley for Credit Rating Agencies? A

Comparison of the Roles Auditors' and Credit Rating Agencies' Conflicts of Interests Played in Recent Financial Crises", *University of Pennsylvania Journal of Business Law*, Vol. 12, No. 3, 2010.

Paul Slattery, "Square Pegs in a Round Hole: SEC Regulation of Online Peer-to-Peer Lending and the CFPB Alternative", *Yale Journal on Regulation*, Vol. 30, No. 1, Winter 2013.

Robert B. Thompsin, Donald C. Langevoort, "Redrawing the Public-Private Boundaries in Entrepreneurial Capital Raising", *Cornell Law Review*, Vol. 98, No. 6, 2013.

Robert B. Ahdieh, "Articles Reanalyzing Cost-Benefit Analysis: Toward a Framework of Function (s) and Form (s)", *New York University Law Review*, Vol. 88, No. 6, December 2013.

Ross S. Weinstein, "Crowdfunding in the U. S. and Abroad: What to Expect When You're Expecting", *Cornell International Law Journal*, Vol. 46, No. 2, 2013.

Samoff, J., "Institutionalizing International Influence", *The Journal of South African and American Comparative Studies*, Vol. 4, No. 1, 2003.

Shekhar Darke, "To Be or Not to Be a Funding Portal: Why Crowdfunding Platforms will Become Broker-Dealers", *Hastings Business Law Journal*, Vol. 10, No. 1, 2014.

Shruti Rana, "Philanthropic Innovation and Creative Capitalism: A Historical and Comparative Perspective on Social Entrepreneurship and Corporate Social Responsibility", *Alabama Law Review*, Vol. 64, No. 5, 2013.

Stefano, Pagliari, "Who Governs Finance? The Shifting Public-Private Divide in the Regulation of Derivatives, Rating Agencies and Hedge Funds", *European Law Journal*, Vol. 18, No. 1, 2012.

Stuart R. Cohn, "The New Crowdfunding Registration Exemption: Good Idea, Bad Execution", *Florida Law Review*, Vol. 64, No. 5, 2012.

Stacie K. Townsend, "The Jumpstart Our Business Startups Act Takes the Bite Out of Sarbanes-Oxley: Adding Corporate Governance to the Discussion", *Iowa Law Reeview*, Vol. 99, No. 2, 2014.

Thaya, Brook, Knight, Huiwen, Leo, Adrian A. Ohmer, "A Very Quiet Revolution: A Primer on Securities Crowdfunding and Title III of the JOBS Act", *Michigan Journal of Private Equity & Venture Capital Law*, Vol. 2, No. 1, Fall 2012.

Thomas G. James, "Far from the Maddening Crowd: Does the JOBS Act Provide Meaningful Redress to Small Investors for Securities Fraud in Connection With Crowdfunding Offerings?", *Boston College Law Review*, Vol. 54, No. 4, 2013.

Tim Kappel, "Exante Crowdfunding and the Recording Industry: A Model for the U. S. ?", *Loyola of Los Angeles Entertainment Law Review*, Vol. 29, No. 3, 2009.

Todd Blakeley Skelton, "2013 JOBS Act Review & Analysis of Emerging Growtth Company IPOS", *Transactions: The Tennessee Journal of Business Law*, Vol. 15, No. 2, 2014.

Usha Rodrigues, "In Search of Safe Harbor: Suggestions for the New Rule 506 (c)", *Vanderbilt Law Review En Banc.*, Vol. 66, No. 29, 2013.

Usha Rodrigues, "Securities Law's Dirty Little Secret", *Social Science Electronic Publishing*, Vol. 81, No. 6, 2013.

Van S. Wiltz, "Will the JOBS Act Jump-Start the Video Game Industry? Crowdfunding Start-Up Capital", *Tulane Journal of Technology & Intellectual Property*, Vol. 16, No. 1, 2013.

Williamson J. James, "The JOBS act and Middle-income Investors: Why It Doesn't Go Far Enough", *The Yale Law Journal*, Vol. 122, No. 7, 2013.

Zachary J. Griffin, "Crowdfunding: Fleecing the American Masses", *Journal of Law, Technology & The Internet*, Vol. 4, No. 2, 2013.

六　主要网站

证监会国际组织：http：//www.iosco.org/
世界证券交易所联合会：http：//www.world-exchanges.org/
美国联邦证券交易委员会：http：//www.sec.gov/
英国金融服务局：http：//www.fsa.gov.uk/
纽约证券交易所：http：//www.nyse.com/
伦敦证券交易所：http：//www.londonstockexchange.com/
东京证券交易所：http：//www.tse.or.jp/english/
法兰克福证券交易所：http：//deutsche-boerse.com/dbag/dispatch/en/kir/gdb_navigation/about_us/20_FWB_Frankfurt_Stock_Exchange
新加坡交易所：http：//www.sgx.com/wps/portal/marketplace/mp-en/home
香港联合证券交易所：http：//www.hkex.com.hk/index.htm
澳大利亚证券交易所：http：//www.asx.com.au/
韩国交易所：http：//www.krx.co.kr/index.jsp
加拿大全国众筹协会：http：//ncfacanada.org/
中国金融服务法治网：http：//www.financialservicelaw.com.cn/

缩略语表

SEC：United States Securities and Exchange Commission.
美国证券交易委员会

PCAOB：United States Public Company Accounting Oversight Board.
美国上市公司会计监督委员会

FINRA：the Financial Industry Regulatory Authority of the United States.
美国金融监管局

CONSOB：Commissione Nazionale per le Societa e la Borsa.
意大利全国公司和股票交易所委员会

JOBS ACT：Jumpstart Our Business Startups Act" of the United States.
美国《初创型企业融资法案》

Regulation No. 18592：Regulation on the Collection Of Risk Capital on the Part of Innovative Start-ups Via On-line Portals.
意大利《关于创新型初创企业通过网络平台融资的规则》，简称《18592 号规则》

Decreto Crescita Bis：
意大利《再增长法案》

IOSCO：International Organization of Securities Commissions.
国际证券委员会组织

FinCEN：The Financial Crimes Enforcement Network of the United States.
美国金融罪行执法网

CBA：Cost-Benefit Analysis.
成本收益分析

AML：Anti-Money Laundering.
反洗钱

致　　谢

　　中国近代社会的现代化转型,是在中华民族生死存亡的历史大背景下展开的。在那个风雨飘摇的年代,先辈们穿着粗布破衣,要么以唤醒民众为使命,著书立说,奔走呐喊,传播新知识、新思想,启迪民众觉悟;要么以救亡图存为己任,提刀上马,血溅疆场,运筹帷幄、御敌杀寇,拯救家国天下。

　　因此,研究国家的现代化问题就不能摆脱这个历史背景。我们的先辈们曾用炽热的生命和热情,通过启蒙或革命的方式极力挽救这个濒临灭亡的民族和国家,才奠定了国家现代化的精神基础。这些沉淀下来的爱国精神传统,应该是后来者倍加珍惜的集体意识,是我们这个民族深藏在内心深处的精神动力。

　　民族的复兴,在某种程度上离不开这些苦难的集体意识,民众不能忘记落后就要挨打的屈辱历史。

　　所以,要感谢那些衣衫褴褛、精神高贵的先辈们,有了他们,才有了我们今日平凡的生活。当然,要感谢我的祖国,这是一个伟大的时代,能够为她贡献些许力量,是我矢志不渝的信仰!

王建雄
二〇二〇年五月四日